LES ÉNIGMES DE L'UNIVERS
Collection dirigée par Francis Mazière

DES MÊMES AUTEURS

chez le même éditeur

LA FLANDRE INSOLITE

ROGER FACON

JEAN-MARIE PARENT

CHÂTEAUX FORTS MAGIQUES
de France

ÉDITIONS ROBERT LAFFONT
PARIS

Si vous désirez être tenu au courant des publications de l'éditeur de cet ouvrage, il vous suffit d'adresser votre carte de visite aux Éditions Robert Laffont, Service « Bulletin », 6, place Saint-Sulpice, 75006 Paris. Vous recevrez régulièrement, et sans engagement de votre part, leur bulletin illustré, où, chaque mois, se trouvent présentées toutes les nouveautés — romans français et étrangers, documents et récits d'histoire, récits de voyage, biographies, essais — que vous trouverez chez votre libraire.

ISBN 2-221-00981-9

AVANT-PROPOS

L'homme a toujours éprouvé le besoin de se sentir protégé. Les cavernes aménagées de la préhistoire, les oppida celtiques, les souterrains-refuges, les forteresses médiévales, les citadelles, les villes fortifiées de Vauban, les forts du XIXe siècle, les abris antiatomiques de la fin du XXe siècle en témoignent.

Aucune trace de symbolisme dans nos H.L.M., nos centrales nucléaires. Et pour cause ! Alors nombre de nos contemporains éprouvent le besoin inconscient et viscéral d'aller observer les tympans, flèches, verrières, rosaces, voûtes, fresques, statues, vitraux des cathédrales de Paris, Vézelay, Chartres, Laon, Amiens... Nombre de nos contemporains franchissent les pont-levis de Langeais, de Pierrefonds, escaladent les donjons de Bonaguil, de Provins, de Vincennes, parcourent les remparts de Carcassonne, hantent les salles souterraines de Loches, observent les ruines de Vaucouleurs...

Car on visite beaucoup les châteaux forts de nos jours. On admire la hauteur des donjons. On s'extasie devant l'épaisseur des murailles. On frissonne en s'enfonçant dans les souterrains. On scrute avec angoisse le fond des oubliettes. On enflamme son imagination à l'évocation des trésors cachés. Mais, curieusement, si l'on a quelque idée du rôle

7

protecteur et social joué par les châteaux forts dans la société médiévale — au même titre que les cathédrales, les châteaux ont constitué des pôles autour desquels la vie s'est organisée durant plus de cinq siècles —, on ignore généralement les considérations astrologiques, hermétiques, symboliques ayant présidé à leur édification. On ignore tout autant le rôle fondamental que certains de leurs possesseurs — grands féodaux volontiers mécènes, protecteurs des cathares, des troubadours, des alchimistes — ont joué dans l'histoire occulte de notre pays.

Brisons donc, sans plus tarder, la conspiration du silence. Libérons la fée Mélusine et la Dame Blanche de Bonaguil. Partons à la découverte de Mehun-sur-Yèvre, de Quéribus, de Coucy. Étudions le symbolisme des neufs preux. Errons dans la forêt de Brocéliande à la recherche du château de Merlin. Interrogeons les graffiti de Chinon et de Provins. Rouvrons, au passage, des dossiers sentant le soufre : ceux de Louis d'Orléans, d'Isabeau de Bavière, de Jeanne des Armoises, de l'évêque Cauchon, du maréchal de Rais...

Montrons, en un mot, que le mystère des châteaux forts — écrins-témoins de l'histoire — vaut bien celui des cathédrales.

FORTERESSES DE LA
FRANCE MÉDIÉVALE

Gand
Boulogne
Rambures
Dieppe • Arques • Guise • Bouillon
Rouen • Sedan
Briquebec • Coucy
Gisors • Pierrefonds
Mt-St-Michel • Caen • Falaise • Chât.Gaillard • La Ferté-Milon • Falkenstein
Chambois • Houdan • Vincennes
Tonquedec • St-Malo • Dourdan • Provins • Ht-Koenigsbourg
La Hunaudaye • Combourg • Étampes • Ortenberg
Josselin • Fougères • Nogent-le-Rotrou
Vitré • Laval • Châteaudun
Elven • Plessis-Bourré • Lavardin • Beaugency
Suscinio • Angers • Langeais • Sully • Druyes
Nantes • Saumur • Loches
Clisson • Tiffauges • Mehun-s/Yèvre • Chillon
Coudray • Chinon • Issoudun • Annecy
Ainay-Le-Vieil • Berzé
Niort • Montrottier
La Rochelle • Tournoël • Chambéry
Chalusset • Murols
Bourdeilles • Turenne • Polignac
Blanquefort • Beynac • Anjony • Crest
Villandraut • Biron • Rochemaure • Tallard
Roquetaille • Bonaguil • Roquebrune
Cahors • Najac • Avignon
Penne • Beaucaire • Tarascon
Orthez • Montaner • Lastours • Aigues-Mortes • Château d'If
Pau • Bassous • Foix • Carcassonne • Corte
Mauvezin • Montségur • Montechi
Lourdes • Lordat • Salses
Quéribus

I

L'ÉVOLUTION ARCHITECTURALE

Principes généraux des fortifications

Les principes généraux des fortifications ont été élaborés dans l'Antiquité (Assyriens, Achéens, Romains). Mais ils ont évolué en fonction des progrès de la poliorcétique qui est l'art d'assiéger les forteresses. Car il va de soi que la défense doit toujours s'adapter à l'attaque. Et réciproquement.

Au cours du Moyen Âge, l'attaque dispose d'abord de moyens classiques : l'investissement, la sape, les mines, les machines de jet (mangonneaux, trébuchets, catapultes, balistes), les béliers, les beffrois, les mantelets et les chattes. Viendront s'y ajouter, aux XIVe et XVe siècles, les armes à feu de l'artillerie (couleuvrines, bombardes, canons).

Au début du Moyen Âge, on utilise surtout le tir plongeant (du haut vers le bas). On profite ainsi de l'action de la pesanteur pour accroître la portée et la puissance de ses armes. Mais à partir du XIVe siècle, les armes à feu, utilisant le tir tendu ou rasant, modifient cette donnée.

À cause de la faible portée des armes (l'artillerie naissante ne modifiant guère ce problème), on est obligé de construire des défenses adaptées au combat rapproché.

Autant que faire se peut, le château doit dominer une

11

région, fortifier un point de passage obligé (col, gué, pont), faire partie d'un ensemble défensif.

Son emplacement est surtout déterminé par les avantages tactiques offerts par le terrain (rivière, lac, marais, forêt, colline, éperon rocheux). La présence d'un point d'eau (puits, source) est souvent un facteur déterminant.

Le tracé (plan de la forteresse) doit tenir compte du tir des défenseurs qui est, en principe, perpendiculaire au mur abritant ces derniers. Les angles morts étant les zones non battues par le tir de la défense, l'adversaire y est à l'abri. Aussi la nécessité du flanquement s'impose-t-elle pour réduire ou supprimer les angles morts.

Le profil (coupe verticale des constructions) exige que les fortifications soient surélevées par rapport au terrain ; dans le cas de deux enceintes concentriques, celle qui est à l'intérieur domine (ou commande) celle qui est à l'extérieur.

L'apparition du château fort

Le château fort proprement dit (forteresse familiale et centre politico-économico-administratif) apparaît au IXe siècle, en même temps que s'élabore la société féodale.

En règle générale, sa superficie est assez restreinte : 0,5 à 1 hectare. Elle est occupée par une enceinte composée d'un fossé (profond parfois de 10 à 15 mètres) et d'un rempart de terre garni de palissades ou de haies ; par une butte artificielle, appelée motte, de forme tronconique (haute de 8 à 10 mètres et d'un diamètre sommital de 20 à 30 mètres), entourée d'un fossé, et portant un donjon, solide construction en bois, où se concentre la défense et où habite le seigneur.

Le rez-de-chaussée du donjon n'a pas en principe d'ouvertures. Il sert de magasin. Le premier étage est occupé par la garde et le second constitue l'habitation du seigneur.

L'utilisation du bois s'explique par le fait qu'il s'agit alors d'un matériau abondant, peu coûteux et facile à travailler. Les constructions en bois sont difficiles à saper. Elles

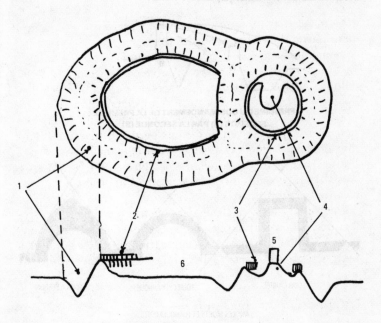

FORTIFICATIONS DU HAUT MOYEN AGE

1 - FOSSÉ	3 - CHEMISE	5 - DONJON
2 - PALISSADE	4 - MOTTE	6 - BASSE COUR

résistent bien aux chocs du bélier et des projectiles mais offrent l'inconvénient d'être facilement inflammables. Néanmoins, elles seront encore utilisées longtemps après l'apparition des donjons de pierre.

Les premiers donjons de pierre (Xe-XIe siècle)

On considère que la première construction en pierre, élevée à des fins défensives et datée avec certitude, est le donjon de Langeais (994). Œuvre de Foulques Nerra, c'est une tour

13

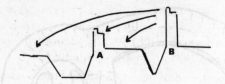

**PRINCIPE DU COMMANDEMENT DE LA PREMIÈRE
ENCEINTE (A) PAR LA SECONDE (B)**

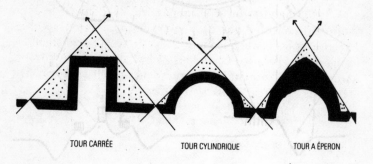

TOUR CARRÉE   TOUR CYLINDRIQUE   TOUR A ÉPERON

ANGLES MORTS ET FLANQUEMENTS

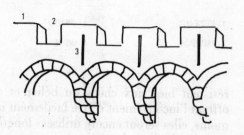

MACHICOULIS A ARCS
SUR CONSOLES

1 - Merlon

2 - Créneau

3 - Archères

compacte, de plan rectangulaire (17,5 × 10 mètres), très
haute, étayée de contreforts. Placée au travers d'une ligne de
crêtes, elle n'a pas de fossé, pas de flanquement, elle a peu
d'ouvertures. On y accède par un escalier de bois escamota-
ble aboutissant à une porte située au premier étage. Les murs
ont de 1,45 mètre à 2,15 mètres d'épaisseur. Langeais va

servir de modèle à toute une série d'ouvrages construits pendant le XIe siècle. (Signalons cependant que certains archéologues avancent l'hypothèse du premier donjon de pierre construit vers 900 à Doué-la-Fontaine.)

Citons, parmi les donjons quadrangulaires, ceux de Loches, de Montrichard, de Montbazon, de Loudun, de Beaugency, de Nogent-le-Rotrou, de Sainte-Suzanne, de Chauvigny, de Pouzauges, de Niort.

En Normandie, on voit apparaître le donjon de type normand constitué par deux tours de plan carré, accolées (l'une est plus petite que l'autre). À ce type appartiennent les donjons de Falaise, Chambois, Vire, Brionne, Domfront, Arques... Les Normands exporteront ce modèle en Angleterre (Tour de Londres) et en Sicile (Ziza).

Les châteaux des croisés

Lors de leurs expéditions en Terre Sainte et dans les pays environnants, les croisés entrent en contact avec une tradition architecturale militaire dont les origines sont assyriennes, et dont la filiation passe par la Syrie et par Byzance.

Les châteaux dont les croisés couvrent la Terre Sainte, la Syrie et le Liban étonnent par leur nombre et par leur puissance. Les raisons ? Le manque de frontières naturelles pour protéger les terres conquises et le manque d'hommes pour le combat en rase campagne. Les fortifications remplacent les hommes...

On distingue deux périodes. Dans la première, qui va de 1099 à 1144, les croisés, victorieux, occupent les ouvrages byzantins et arabes, les renforcent pour les transformer en bases offensives : Subeila, Montréal, Al-Kerak.

Dans la seconde (1144-1291), les croisés sont sur la défensive. Ils se voient contraints d'édifier d'énormes châteaux : le krak des Chevaliers, Margat, Chastel-Pèlerin.

15

Les châteaux des croisés offrent les caractéristiques suivantes :

— existence de deux enceintes concentriques dont les tours rondes, saillantes, permettent le tir de flanquement ; elles sont aussi dotées de deux ou trois postes de tir répartis sur leur hauteur ;

— l'enceinte intérieure commande l'enceinte extérieure ;

— le donjon (carré ou cylindrique) est le dernier refuge de la défense ;

— les murs sont garnis de mâchicoulis et de bretèches ;

— les portes sont aménagées pour permettre les sorties rapides des assiégés. Elles sont munies de chicanes, de herses, de barbacanes.

La plupart des châteaux ont été construits au bénéfice d'ordres religieux et militaires. Les Hospitaliers possèdent Gibelin (1136), le krak des Chevaliers (1142) et Margat. Les Templiers sont maîtres de Gaza (1149), de Tortose, d'Athlit, de Beaufort, de Saphet, de Château-Blanc et de Château-Pèlerin. Montfort appartient aux chevaliers Teutoniques.

Le krak des Chevaliers est considéré comme l'un des chefs-d'œuvre de l'architecture militaire. Bâti sur une éminence haute de 300 mètres, c'est, si l'on en croit Lawrence d'Arabie, « le plus admirable de tous les châteaux du monde ». Construit en deux étapes (XIIᵉ et fin XIIIᵉ siècle), il est constitué par deux enceintes concentriques (600 mètres de périmètre pour l'extérieur) garnies de vingt tours et enserrant trois donjons aux murs épais de 7 à 9 mètres. Le château renferme une chapelle, d'énormes magasins, des berquils (bassins à eau), des citernes à eau, des salles immenses (l'une fait 120 mètres de long). Wilbrand d'Oldenbourg qui visita le krak au milieu du XIIIᵉ siècle nous assure que celui-là pouvait abriter jusqu'à 2 000 hommes d'armes. La forteresse subit de très nombreux sièges (1115, 1163, 1167, 1180, 1188, 1205, 1207, 1218, 1239, 1252, 1267, 1270, 1271). Mais seul le dernier siège fut couronné de succès. Il est vrai que le sultan Babbar usa de ruse pour obtenir la reddition...

On a beaucoup discuté l'influence de l'architecture des

croisés sur celle de l'Occident. Pourtant elle paraît indéniable. Citons André Chatelain, « Évolution architecturale et essai d'une typologie » (*Châteaux et guerriers de la France du Moyen Âge*, t. II, Publitotal, 1981) : « À partir de la troisième croisade — autour de 1191 — et tout le long du XIIIe siècle, existe un va-et-vient constant entre l'Occident et le Moyen-Orient. Le nombre de chevaliers, de seigneurs ou de Templiers qui ont fait le voyage de Palestine et ont fréquenté un jour ou l'autre la Morée, Chypre, l'Empire byzantin, la Cilicie, la Syrie ou l'Égypte est considérable. Là ils ont pu voir des forteresses qui, dès le XIIe siècle, étaient plus perfectionnées que les leurs. Ils ont dû se frotter avec des méthodes de combat et surtout des sièges très élaborés. Ils ont pu également élever à leur tour des châteaux avec de moindres contraintes qu'en Europe quant à l'étendue des sites ou l'importance numérique de la main-d'œuvre. De tout ceci ils ont ramené des leçons et des recettes qui ont enrichi les méthodes occidentales de bâtir. »

Le château fort roman (XIe-XIIe siècle)

Au cours des XIe et XIIe siècles, l'art de la fortification fait de gros progrès. Certes, à côté des forteresses en pierre, il subsiste des palissades en bois et des remparts en terre qui seront employés occasionnellement. Mais le château fort tend à posséder une triple enceinte :

— la première et la plus extérieure délimite la *basse cour* occupée par les communs, les étables et les écuries ;

— la seconde enserre la chapelle, les logis de la garnison, les magasins ;

— la troisième ou *chemise* protège le donjon qui dispose généralement d'un puits ou d'une citerne, d'un four à pain et de réserves à grains.

Les défenses extérieures sont constituées :

— de haies vives (Flandres), d'étangs artificiels (Fougères) ;

17

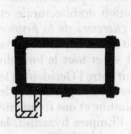

LANGEAIS (994)

TOUR GUINETTE - ÉTAMPES (1140)

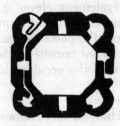

LAVARDIN (XIᵉ)

TOUR CÉSAR - PROVINS (XIIᵉ)

DONJON DE COUCY (XIIIᵉ)

DONJON D'ELVEN (XIVᵉ)

TYPES DE DONJONS

— de fossés, de palissades (palis) ;
— d'une barbacane défendant le pont-levis ;
— de fossés larges et profonds.

L'enceinte, constituée par des courtines et des tours, se dresse sur l'escarpe du fossé (paroi du côté de la forteresse). La courtine est la muraille réunissant les tours. Son principe de construction est simple : on dresse deux parements parallèles et l'intervalle est rempli par un blocage de cailloux et de mortiers. Afin de rendre la sape difficile, on élargit la base des tours en talus (Angers, Château-Gaillard). Les courtines sont généralement dépourvues de baies et de meurtrières, et les tours sont pleines aux étages inférieurs pour augmenter leur stabilité et pour renforcer les courtines. Courtines et tours sont couronnées de hourds en bois ou de mâchicoulis en pierre.

Parce qu'elles constituent les points faibles du système défensif, les portes et les entrées sont particulièrement étudiées. Le pont, protégé au-delà du fossé par la barbacane, devient mobile (pont-levis). Lui font suite la herse et une lourde porte en bois garnie de clous.

Haut de 20 à 30 mètres, le donjon commande l'ensemble de la forteresse. Certains donjons se dressent au point le plus exposé (Loches, Nogent-le-Rotrou, Châteaudun) ; d'autres au point le mieux protégé pour servir de dernier refuge (Gisors, Fréteval, Château-Gaillard). La forme primitive du donjon roman rappelle celle des donjons en bois. Elle est donc carrée ou rectangulaire. Mais du fait de la nécessité de plus en plus impérieuse du flanquement, on assiste à une évolution du plan.

À Lavardin, le donjon quadrangulaire du XIe siècle est flanqué, au XIIe siècle, sur son flanc le plus exposé, de tourelles cylindriques.

À Gisors, le donjon est octogonal.

À Provins, la tour de César est non seulement octogonale mais flanquée de quatre tourelles cylindriques.

À Houdan, le donjon est cantonné de quatre tourelles cylindriques.

À Étampes, la tour Guinette offre un plan quadrilobé.

À Château-Gaillard, la forme cylindrique se précise. Elle est plus rationnelle quant à la répartition des tirs et résiste mieux au bélier.

C'est sous le règne de Philippe Auguste que le donjon cylindrique va se généraliser. Parmi les réalisations de ce type, citons la tour Talbot (Falaise), la tour du Prisonnier (Gisors), la tour du Coudray (Chinon), les donjons de Rouen, de Lillebonne, de Dourdan, d'Issoudun, de Verneuil, de Fréteval.

Le tracé circulaire des tours va se généraliser mais souffrira de nombreuses exceptions : Vincennes (XIVe siècle), Avignon, Pau, Tarascon, Montaner.

Le château gothique (XIIIe siècle)

Le château gothique offre les mêmes éléments que le château roman mais il les combine différemment.

Si le terrain le permet, on adopte un plan polygonal, c'est-à-dire un tracé régulier. La forêt des tours augmente et le donjon perd sa prépondérance absolue. Les corps de logis, les magasins, les écuries sont alignés contre les courtines.

En schématisant, nous dirons que le château gothique se caractérise par son plan régulier et ramassé, par des tours cylindriques réparties régulièrement le long des enceintes et par un donjon (possédant trois étages voûtés) de forme cylindrique (en moyenne le diamètre est égal à la moitié de la hauteur).

Souvent les tours présentent un bec ou un éperon (La Roche-Guyon) ou prennent parfois la forme d'une amande (Coudray-Salbart). Leur parement est soigné, taillé en bossage. Les archères s'allongent (4 mètres à Coucy, 5 mètres à la tour Constance d'Aigues-Mortes, 6,50 mètres à Najac). Des hourds couronnent les tours (Najac, Rouen, Villandraut, Provins, Carcassonne, Coucy, Chambois, Blanquefort). Les mâchicoulis se perfectionnent (Le Puy, Agde, Niort, Saintes-

Maries-de-la-Mer). Au-dessus des portes, on aménage des assommoirs.

En 1226, Enguerrand III, sire de Coucy, commence la construction d'un énorme donjon cylindrique de 31 mètres de diamètre et de 55 mètres de hauteur. Aux murs épais de 7 mètres !

Par ailleurs, les enceintes urbaines se renforcent (Carcassonne, Provins, Aigues-Mortes).

Le château du XIVe siècle

Le XIVe siècle voit débuter la guerre de Cent Ans. L'insécurité règne. De nouvelles forteresses s'édifient. Les progrès de l'art de la construction permettent de bâtir des édifices élevés (Tarascon, La Ferté-Milon, Pierrefonds). Les flanquements sont étudiés et les tours tendent à se détacher des courtines. Leur tracé reste cylindrique mais on trouve encore des tours carrées (Avignon, Vincennes) et des tours à éperon (La Ferté-Milon). Les mâchicoulis se généralisent aux dépens des hourds. On distingue alors :

— les châteaux à terrasses dans lesquels tours et courtines ont la même hauteur (Tarascon, la Bastille, le Castillet de Perpignan) ;

— les châteaux à double étage de défense (Langeais, Pierrefonds, La Ferté-Milon).

Mais la grande innovation est l'apparition d'un corps de logis seigneurial distinct du donjon (Villandraut, le Louvre, Roquetaille).

Trois princes constructeurs dominent cette période.

Louis d'Orléans fortifie son domaine du Valois (Pierrefonds, Vez, Montepilloy, La Ferté-Milon). Gaston Phœbus construit Pau, Orthez, Morlanne, Montaner, Mauvezin. Le duc du Berry sacrifie la force à la beauté (Mehun-sur-Yèvre, Usson, Riom, Bourges, Poitiers).

Le château fort et l'artillerie

C'est au début du XIVᵉ siècle que l'artillerie fait son apparition (1325, Florence ; 1338, Rouen ; 1339, Cambrai). Mais on en fait peu de cas. À partir de 1430, tout commence à changer : les pièces tirant des boulets métalliques se multiplient. Grâce à elles, Charles VII effectue une reconquête rapide de la Normandie (1450) à la fin de la guerre de Cent Ans.

Les ingénieurs militaires se trouvent placés devant un double problème : d'une part, installer l'artillerie dans les forteresses et, d'autre part, chercher à pallier les effets destructeurs des projectiles des assiégeants.

L'utilisation de l'artillerie au profit de la défense se fait assez facilement d'autant que l'on dispose de pièces légères (calibre : 60 à 80 mm) pouvant être placées sous casemate.

À partir de 1450, on construit des tours d'artillerie ; ce sont des ouvrages massifs à plusieurs étages portant une plate-forme utilisée par l'artillerie de gros calibre. L'étage inférieur est aveugle (prisons, citernes, soutes). L'étage intermédiaire comporte des chambres de tir logées dans l'épaisseur des murs.

Les châteaux du duché de Bretagne offrent de nombreux exemples de ce genre : Nantes (tour du Fer à Cheval), Clisson, Tiffauges, Tonquedec, Fougères (tours Raoul et Surienne). On constate la prépondérance de l'artillerie de flanquement provoquant l'apparition du plan en fer à cheval, la disparition des embrasures frontales faciles à emboucher par les assiégeants, la grande épaisseur des murs (6 à 8 mètres), la réduction de la hauteur des tours. Par ailleurs, les fortifications tendent à s'enfoncer dans le sol (Salses). Les mâchicoulis disparaissent peu à peu. Au Mont-Saint-Michel, la tour Gabriel (1529) et la tour Boucle (1440) ont des mâchicoulis postiches et des parapets épais (1,50 mètre). Il en résulte que le flanquement vertical est pratiquement supprimé.

OUVRAGES DE L'AGE DE L'ARTILLERIE

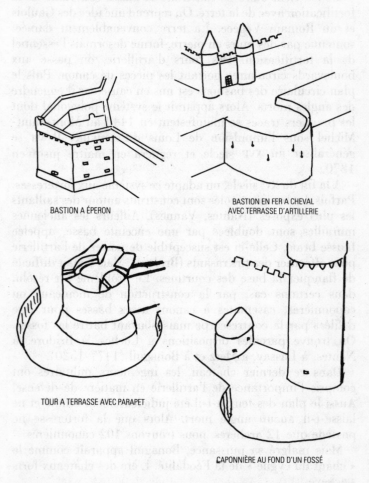

BASTION A ÉPERON

BASTION EN FER A CHEVAL
AVEC TERRASSE D'ARTILLERIE

TOUR A TERRASSE AVEC PARAPET

CAPONNIÈRE AU FOND D'UN FOSSÉ

Face au boulet métallique, le premier réflexe des constructeurs est d'augmenter l'épaisseur des murs. On passe de 7 mètres (tour Navarre à Langres) à 11 mètres (au château de Ham en 1480). Mais les résultats obtenus sont peu satisfaisants et sans rapport avec la dépense.

23

L'idée vient alors de constituer la masse couvrante de la fortification avec de la terre. On reprend une idée des Gaulois et du Romain Végèce. La terre convenablement damée, soutenue par des murs en pierre, forme désormais l'essentiel de la fortification. Des tours d'artillerie, on passe aux boulevards circulaires portant les pièces de canon. Puis le plan circulaire des bastions est mis en cause car il engendre des angles morts. Alors apparaît le système polygonal dont les premiers tracés se manifestent en 1440 au Mont-Saint-Michel sous l'impulsion de Louis d'Estouville. Il va se généraliser au XVIe siècle et régnera en maître jusqu'en 1870.

À la fin du XVe siècle, on adapte ce système aux forteresses. Parfois des bastions isolés sont construits autour des saillants les plus exposés (Nantes, Vannes). Ailleurs les anciennes murailles sont doublées par une enceinte basse, appelée fausse braie. Celle-ci est susceptible de porter de l'artillerie pour effectuer des tirs rasants (Bridore). Mais il était difficile de flanquer la base des courtines. Le problème fut résolu, dans certains cas, par la construction de moineaux ou caponnières, casemates à canons assez basses pour être défilées par la contrescarpe mais pouvant battre les fossés. On trouve pareilles dispositions à Loches, à Bridore, à Nantes, à Lassay, à Metz et à Bonaguil (1477-1520).

Dans ce dernier château, les ingénieurs militaires ont compris l'importance de l'artillerie en matière de défense. Aussi le plan des feux a-t-il été judicieusement étudié et ne laisse-t-il aucun angle mort. Alors que la forteresse ne possède que 12 archères, nous trouvons 102 canonnières.

Mais malgré sa puissance, Bonaguil apparaît comme le « chant du cygne » de la Féodalité. L'ère des châteaux forts s'achève.

II

LES BÂTISSEURS

Sicard et les cagots

Dans le tome II de ses remarquables *Châteaux fantastiques* [1], Henri-Paul Eydoux déplore que l'on soit, en général, très mal renseigné sur les architectes ayant élevé les grands châteaux du Moyen Âge.

La forteresse de Montaner ne constitue jamais que l'exception qui confirme la règle.

Sise dans les Pyrénées-Atlantiques — à la limite des Hautes-Pyrénées — à quelque 30 kilomètres à l'est de Pau et 12 kilomètres au nord-ouest de Tarbes, la forteresse de Montaner fut érigée sur ordre du célèbre Gaston Phœbus, comte de Foix et vicomte de Béarn, au sommet d'une colline (sans prétention) qu'encerclent deux petites rivières, le Lys-Darré et le Lys-Devant, prêtes à se jeter dans l'Adour. Le choix de cette colline répond, bien évidemment, à des considérations d'ordre tactique : Montaner constitue, vers l'est, la sentinelle avancée du Béarn, un solide bastion avec lequel Anglais et Armagnacs devront compter. Car Gaston Phœbus — qu'admirait tant Froissart —, au terme du

---

1. Flammarion, éditeur.

désastreux traité de Brétigny (lequel, rappelons-le, fait passer la totalité de notre Sud-Ouest sous domination anglaise), devient vassal du roi d'Angleterre et, comme tel, se doit de prêter hommage au prince de Galles. Mais c'est mal connaître ce seigneur impétueux qui décide seul de sa destinée. Soucieux de préserver son indépendance, tant vis-à-vis de l'envahisseur anglais que de la maison d'Armagnac — à laquelle il voue, par tradition familiale, une haine farouche —, Gaston Phœbus s'emploie à hérisser ses terres de châteaux et de places fortes. Il utilise pour ce faire des sommes considérables (sans pour autant mettre à contribution sa fortune personnelle), par le truchement des guerres et des demandes de rançon. C'est ainsi qu'en 1362, par exemple, ayant livré bataille à Launac, près de L'Isle-Jourdain, aux troupes du comte d'Armagnac, et étant parvenu à capturer celui-ci, il réclamera, pour la remise en liberté du comte, la bagatelle de 300 000 florins !

De nos jours, il est naturellement difficile de dresser la liste intégrale des forteresses et places fortes érigées par Gaston III. Citons, pêle-mêle, Labastide-Villefranche dont il subsiste le gros donjon dominant la vallée du gave d'Oléron, Sauveterre-de-Béarn, un peu en arrière, Navarrenx, que complétera plus tard Vauban. Assurant la défense du gave de Pau, outre le magnifique château d'Orthez — capitale même du Béarn —, il nous faut mentionner Bellocq et Morlanne. La forteresse de Pau étant, quant à elle, protégée à l'ouest par Lescar et à l'est par Morlaas. Certes, des admirables constructions voulues par le comte de Foix, il ne reste présentement que des ruines — même impressionnantes. Ultimes vestiges du génie créatif et insatiable d'un homme du XIVe siècle, à la fois poète et guerrier, qui se mêla d'être — à l'instar de Louis d'Orléans — l'un des grands bâtisseurs de son temps. Mais revenons à Montaner.

Pour les oiseaux qui flirtent avec le ciel, Montaner apparaît comme une gigantesque bague de fiançailles posée sur un écrin verdoyant. L'anneau, d'apparence circulaire, constitue, en fait, un vaste polygone de 22 côtés que surmonte un

26

chaton impressionnant : le donjon, lequel chevauche le mur d'enceinte épais de trois mètres. Un véritable joyau de l'architecture militaire. Un parfait bijou dû à la dextérité de l'orfèvre Sicard de Lordat.

Issu d'une noble famille ariégeoise, Sicard de Lordat, nous prévient Henri-Paul Eydoux, n'est pas un architecte au vrai sens du terme. C'est plutôt un guerrier, un tacticien doublé d'un ingénieur militaire. Il est prévôt de l'armée de Gaston Phœbus, autrement dit responsable de l'artillerie et des machines de guerre. Un poste clef à une époque où prévalent les guerres de siège. Dans ses attributions fondamentales entrent le choix de l'emplacement des châteaux et places fortes, ainsi que le tracé de leurs constructions. L'ingénieur militaire est responsable de la conception qualitative de l'œuvre et de ses incidences stratégiques. L'exécution des travaux incombant essentiellement à des « commissaires » (au nombre de trois à Montaner), véritables traits d'union entre l'ingénieur et les maîtres maçons.

Sicard de Lordat fut à la hauteur des espérances du comte de Foix. Il réalisa un programme architectural conséquent. Il édifia des forteresses nouvelles, améliora, renforça des places fortes existantes. Uniquement guidé, semble-t-il, par des critères d'efficacité et de rapidité. Nécessité oblige. « Les dispositions qu'il adopta, constate Eydoux, semblent avoir été, dans une certaine mesure, standardisées. Il lui fallait construire très vite et faire de l'architecture fonctionnelle, essentiellement commandée par les nécessités militaires, sans souci d'élégance ou de raffinement. Les plans et les directives qu'il a donnés ont dû peu varier. »

Ce n'est pas toujours le cas.

À Gisors ou à Montségur, par exemple, des considérations d'ordre traditionnel, symbolique, astronomique viennent compléter les préoccupations défensives des maîtres d'œuvre.

Nulle intention de ce genre à Montaner. Sicard et Gaston Phœbus sont avant tout des guerriers et des hommes pressés. Si l'on en croit les recherches effectuées par Raymond Ritter, le chantier de Montaner débute en 1374. Un an après, deux « tuiliers » — originaires du comté de Foix — sont pressentis pour fournir, avec l'assistance de quatre manœuvres, 100 000 briques chaque année. En 1379, le gros œuvre est vraisemblablement achevé. Les trois « commissaires » — menacés d'être mis à l'amende s'ils faisaient traîner les travaux — ont fait diligence. Ils ont réclamé — et obtenu — des maçons, des charpentiers et des tuiliers (briquetiers) un rendement maximum. Il est vrai que le vicomte de Béarn ne lésine pas sur les moyens. Outre la taille et le fouage — impôts extrêmement lourds qu'il exige de ses sujets béarnais — Gaston Phœbus ne recule aucunement devant l'emploi de méthodes coercitives. Raymond Ritter cite le cas de cinq maçons employés au chantier de Montaner qui furent jetés en prison, avant d'être contraints, leur vie durant, d'œuvrer à l'édification des forteresses comtales...

À Pau, à Montaner, et sur la plupart des chantiers ouverts par Gaston Phœbus, les travaux de bois et les charpentes sont effectués par des « cagots ». À leur endroit, les archives des Pyrénées-Atlantiques recèlent un texte non dénué d'intérêt. Il s'agit d'un acte passé devant notaire le 6 décembre 1379 et qui concerne 88 cagots, lesquels se sont engagés envers monseigneur le comte à faire « tous les travaux de bois qui seront nécessaires au château de Montaner : à savoir que, d'ici la fête de Saint-Martin prochaine, ils auront coupé, travaillé et transporté sur les lieux toutes les pièces de bois grandes et petites qui seront nécessaires, et n'auront plus qu'à les mettre en place ; ensuite ils les placeront selon les indications de leur art et y fixeront toutes les ferrures que cet art demande ; ces travaux de bois seront à leurs frais et dépens sauf pour les ardoises qu'ils fixeront selon leur profession et que monseigneur le comte achètera et fera transporter sur place à ses frais... En outre le comte leur a donné le droit de prendre le bois nécessaire dans ses forêts ».

Qui sont ces charpentiers privilégiés — puisque exemptés de taille et de fouage ! — jouissant, dans l'exercice de leur « art », d'une complète autonomie ? Des proscrits. Des parias. On sait que leur classe, rappelle Henri-Paul Eydoux, était étroitement liée à la diffusion de la lèpre. Mais il n'y a pas qu'en Béarn qu'on rencontrait ces gens-là. D'autres provinces, sous des appellations diverses, abritaient des cagots : « Il y avait, parmi eux, des lépreux atténués, dont l'état n'exigeait pas qu'ils fussent confinés dans une léproserie, et aussi des descendants de lépreux, et encore, pense-t-on, des descendants de Sarrasins soupçonnés d'être porteurs de la maladie. Quoi qu'il en soit, ils formaient une classe de maudits, soumis à des lois d'exception : ils devaient notamment habiter une maison ou un quartier isolés, ne point se mêler à la population et porter sur leur costume une marque d'étoffe rouge. *Patte d'oie ?*

« En vertu d'un préjugé selon lequel le bois était mauvais conducteur des infections, en particulier de la lèpre, ils étaient astreints aux métiers de bûcheron, charpentier, menuisier. »

Donc, d'après Eydoux, les cagots sont des parias. Ils sont lépreux et descendants de lépreux. Leur activité professionnelle est tributaire d'un caprice thérapeutique préventif. C'est parce que le bois est mauvais conducteur de la lèpre qu'ils sont autorisés à travailler le bois. Et rien que le bois. L'explication est simple, logique. Elle n'appelle aucun autre commentaire.

Vraiment ? Si l'on consent à relire l'acte notarié conservé aux archives des Pyrénées-Atlantiques, on remarque que les cagots travaillent vite et bien. Ils s'engagent à réaliser les travaux demandés en moins d'une année. Ils assurent la coupe, la façon et le transport des pièces de bois, ainsi que leur assemblage. Il en est de même en ce qui concerne la pose des ferrures et... des ardoises !

Autrement dit, ils sont charpentiers mais aussi ferronniers et couvreurs. Leur dextérité est reconnue par tous. Elle leur vaut d'être dispensés des lourds impôts auxquels n'échappent point les autres catégories sociales employées par le comte de Foix et son ami Sicard. Et le comte de Foix n'est pas un seigneur spécialement généreux !

Mais, au fait, le fer et l'ardoise seraient-ils aussi mauvais conducteurs des infections que le bois ?

Entre chiens et loups

La vision d'une colonie de lépreux exhibant ses plaies béantes, ses moignons est un « spectacle » affligeant, douloureux, dantesque. Une image insoutenable.

La lèpre tue encore de nos jours, particulièrement dans les pays d'Afrique noire. Et elle n'est pas près de disparaître. Les populations qui souffrent de la lèpre sont des populations pauvres, misérables, sous-développées. Des populations « assistées ». Elles vivent de la charité publique (et pas toujours désintéressée) des pays « riches ». Elles n'ont guère d'autonomie. Elles ne peuvent compter que sur le dévouement de rares cercles médicaux et organisations philanthropiques. Et cela en plein XXᵉ siècle !

Alors que dire du Moyen Âge ? À l'époque de Gaston Phœbus — et antérieurement — la lèpre est synonyme de mort lente, de haine, de mépris, de rejet des populations autochtones, d'incompréhension, de *déchéance physique*...

La lèpre mutile et tue celui qui en souffre. Elle oblige le lépreux à se tenir à l'écart du monde du travail, à pratiquer la mendicité, à renoncer à toute activité manuelle. La lèpre ronge les mains et les pieds. Or la main et le pied ne constituent-ils pas les outils « naturels » *irremplaçables* des compagnons bâtisseurs ? C'est d'abord avec la main qu'on construit un château ou une cathédrale. La main assure la répétition des gestes essentiels, rend seule possible la progression ordonnée de l'ouvrage. Le pied assure la verticalité, la stabilité de l'opérateur et, par-delà l'opérateur, la verticalité et la stabilité de l'œuvre.

La main et le pied figurent sur nombre de parois de cavernes et de structures mégalithiques.

C'est avec la main que l'on signe l'œuvre, que l'on mène à bien la quête hermétique. C'est avec le pied que l'on effectue le pèlerinage initiatique. De Saint-Jacques-de-Compostelle à la Sainte-Baume...

Et que peut-il arriver de pire à un compagnon constructeur si ce n'est de perdre la main et le pied, ou d'attraper la lèpre, ce qui revient au même ? Par extension, se faire traiter de lépreux est une insulte particulièrement grave pour quelqu'un — ou pour une ethnie — qui a vocation de construire et tire une légitime fierté de son « tour de main »... Et si d'aventure la dite ethnie est d'inspiration nomade, se déplace pédestrement, la boucle n'en sera que mieux bouclée.

C'est le cas des cagots. Les cagots sont des étrangers. Ils viennent d'on ne sait trop où. Ils se sont implantés en Espagne (provinces de Guipúzcoa et de Navarre, région de Jaca) et en France : Gascogne, Béarn et haut Languedoc. Mais sans s'intégrer aux populations autochtones. Les cagots vivent à part, dans des quartiers réservés (les « cagoteries »). Ils sont charpentiers, maçons ou tailleurs de pierre. Leurs femmes sont tisserandes.

Lorsqu'ils se rendent à l'église, les cagots doivent entrer par une porte séparée, tremper leurs doigts dans un bénitier spécial, s'asseoir sur les bancs qui leur sont imposés, au fond de l'édifice. Le prêtre ne consent à leur donner la communion qu'au bout d'une palette de bois.

Les cimetières catholiques leur sont interdits. Les cagots sont enterrés en bordure de route ou de plage... Curieux. Certes, puisqu'il n'est pas question de leur octroyer des sépultures chrétiennes, il faut bien enterrer ces « parias » quelque part. Mais pourquoi pas en rase campagne ? Dans un champ quelconque ? Une clairière ou même un « cimetière cagot » ? Comme si, par-delà la mort, les cagots souhaitaient mettre toutes les chances de leur côté, rompre définitivement avec l'existence sédentaire que l'injuste sectarisme des populations indigènes leur a imposée. Effectuer un ultime retour aux sources. Emprunter les voies ancestrales...

Voies terrestres et voies maritimes.

Ces voies terrestres qui « font », qui « finissent » les

31

compagnons constructeurs, qui parachèvent, au gré des lieux sacrés traversés, l'éducation technique et initiatique des serviteurs de la pierre. De San Juan de la Peña à Saint-Jacques-de-Compostelle. Du Mont-Saint-Michel à la Sainte-Baume.

Ces voies maritimes qui rappellent que les constructeurs des complexes mégalithiques primordiaux étaient aussi et avant tout de grands navigateurs. Se réclamant de l'héritage des Fils de Poséidon. Porteurs de l'unique et immuable tradition.

Au XIIIe siècle, les cagots sont appelés *crestias*, expression péjorative signifiant, en langue d'oc, à la fois chrétiens, lépreux et crétins. Chrétiens, les gens des Pyrénées le sont. Crétins, les habitants qui se trouvent en position de force se décernent rarement ce genre d'épithète. Mais ils ont moins de scrupules à en affubler les minorités culturelles qui refusent farouchement de se laisser absorber. Loi du nombre oblige.

Gérard de Sède se demande si, au Moyen Âge, le sobriquet crestias ne s'applique pas aux cagots à cause de leur chevelure blonde (ou rousse) en forme de crête. Ou du bonnet phrygien qu'ils arborent parfois. C'est une réflexion intéressante. La Phrygie, comme chacun sait, est une ancienne contrée du centre de l'Asie Mineure où sévissent les Bébryces, descendants des fameux Pélasges, ces peuples qui sont « venus de la mer »...

La Phrygie est placée sous la protection de Cybèle, la grande déesse mère, patronne de la nature et de la fécondité, qu'honorent les prêtres coiffés du bonnet phrygien. Ce même bonnet qui, en Crète, distinguent les *initiés* des profanes...

Sans doute des gens du pays d'oc trouvaient-ils « idiotes » les cérémonies — à caractère initiatique — que conduisaient les cagots, coiffés du bonnet phrygien, en souvenir de leurs ancêtres « venus de la mer » (pour faire don de la civilisation de la pierre). Et parmi ces gens du pays d'oc, il se trouva quelques plaisantins pour commettre un mauvais jeu de mots : qualifier de crétins des « étrangers » d'ascendance crétoise mais confessant la foi chrétienne. Une foi fortement teintée d'anticonformisme. Mêlant l'eau bénite aux rites initiatiques. Voyant en la Vierge Marie le prolongement de Cybèle et de Bélisama [1].

Ce n'est peut-être pas un hasard si le terme crestias apparaît à la fin du XIIIe siècle. Nous assistons alors au retour des croisés chassés de Terre Sainte par les musulmans. De nombreux compagnons bâtisseurs les accompagnent : ce sont eux qui ont érigé, puis entretenu, les forteresses qu'occupaient les troupes chrétiennes du Proche-Orient. Et parmi ces constructeurs, se trouvent des cagots, des crestias qui rejoignent leurs familles installées dans la région de Jaca (de chaque côté des Pyrénées).

Des crestias qui ont vécu, plusieurs siècles durant, en terre musulmane. Qui ont donc contracté — soutiennent les mauvaises langues — des maladies honteuses. Nombre d'entre eux sont lépreux ou descendants de lépreux. Par punition divine. Parce qu'ils se sont conduits en mauvais chrétiens. Parce qu'ils ont pactisé avec l'infidèle...

On les mettra donc en quarantaine. Comme il sied aux pestiférés. On n'aura de cesse de les humilier, de leur rappeler leur condition de parias. Même à l'église. Et les poètes régionaux se chargeront de les brocarder dans des écrits qui passeront à la postérité. Les crestias deviendront synonymes de fils de Sarrasins, de race maudite, de sauvages, de descendants d'Ostrogoths...

Les légendes abonderont à leur endroit. Elles les traiteront de « Cagots de Canaan », de « rebut des charpentiers ». Elles révéleront aux peuples du Couchant la raison pour laquelle le grand roi Salomon a chassé les cagots du chantier du Temple : ces derniers étaient de mauvais ouvriers, incapables même de construire une porcherie !

Signalons que le terme « cagot » n'apparaît, dans les

---

1. Déesse celtique.

textes, qu'au XVIe siècle. Soit trois cents ans après celui de « crestias »...

Les cagots, pour d'aucuns, sont des sauvages, des descendants de Goths ou d'Ostrogoths. En langue d'oc, un chien ne se dit-il pas *ca ?* Et un Goth *got* ou *gou ?* Ainsi les cagots seraient des « chiens de Goths ». Expression méprisante s'il en est.

Curieuse similitude : en langue argotique — la langue verte des « initiés », des « affranchis » — un chien est un *cabot*.

Et « Har'go » signifie métier de pierre.

Difficile également de ne pas rapprocher cagot de gavot. Un gavot est un menuisier ou un charpentier appartenant au groupement des « Compagnons du devoir de liberté ». En langue d'oc, c'est aussi un lépreux.

Les gavots sont fiers de leur titre d'« Enfants de Salomon »...

Aujourd'hui encore, les « Compagnons du devoir de liberté » se disent « Chiens ». Tandis que leurs confrères « Compagnons passants du saint devoir » (jadis « Enfants de maître Jacques ») se disent « Loups »...

N'est-ce point le Grand Chien que l'on remarque au bout de la Voie lactée ?

Le chemin de Saint-Jacques est celui des étoiles ; quiconque ne dispose pas du lait de la Vierge [1] ne peut prétendre mener à son terme la quête hermétique. Domestiquer le Chien [2], c'est donc s'engager dans la Voie royale.

Le chien guide l'aveugle. Et il faut être aveugle — au moins trois jours durant — pour espérer s'ouvrir à la Lumière céleste et triompher du chemin de Damas...

Le chien est le cousin du loup. Et le loup est l'animal-totem, le dieu protecteur des compagnons de la pierre. Lug (le loup) — que vénèrent nombre de tribus préceltiques — s'identifie à Thot l'Égyptien et à Hermès le Grec, le dieu-instructeur venu du pays de Pount (l'Atlantide) enseigner

---

1. *Lac Virginis.*
2. La *materia prima.*

34

l'alchimie, l'astrologie, l'art de tailler la pierre. Se jeter dans la gueule du loup, c'est avant tout entrer dans la caverne initiatique, se soumettre aux rites, aux épreuves implacables. Car le loup est celui qui dévore. Comme le feu des adeptes. Comme la lumière de Lug. Et il n'y a guère que le sage ayant réalisé l'*Œuvre au rouge* (le Petit Chaperon rouge) pour triompher du loup, pour maîtriser l'ensemble des lois magiques...

Au pied du mont Socrate vivait une singulière tribu : les *Hirpi Sorani* (« loups de Sora »), capables de lire dans le ciel, de dompter les éléments, d'assurer la fécondité de la terre. Ces loups de Sora participaient à d'étranges cérémonies (au cours desquelles ils marchaient pieds nus sur des charbons ardents). Ils étaient craints et respectés. Ils vivaient à part, dispensés du métier des armes et du règlement de l'impôt. Un peu comme les cagots (exemptés de taille et de fouage par Gaston Phœbus). Ces parias auxquels l'opinion publique accordait une origine vaguement crétoise. Mais n'est-ce point en Crète que l'architecte Miletos — fils d'Apollon — fut, dès les premiers jours de son existence, nourri par des loups ?

L'art de la pierre appartient aux loups. Et cet art, les loups sont censés l'avoir reçu des dieux (Miletos est nourri par des loups que lui a envoyés Apollon). Aussi, malheur à ceux qui osent transgresser les lois divines régentant l'art royal ou manquer de respect aux sages instructeurs. Ils sont mis au ban de la société nourricière. Ils deviennent des proscrits, des parias. On les déclare maudits. Comme le loup *Fenrir*, responsable de la fin du monde pour s'être attaqué à Odin, le maître des dieux.

La légende de maître Jacques

Fenrir n'est pas le seul fils rebelle de l'histoire des compagnons de la pierre. Loin s'en faut. Hiram et maître Jacques l'apprirent à leurs dépens.

En 966 avant notre ère, la quatrième année de son règne,

35

le grand roi Salomon voulut — réalisant ainsi le vœu de son père David — élever un temple durable à la gloire de l'Éternel. Jusque-là, Yahvé, le Sans-Nom, Grand Architecte de l'Univers, n'avait eu droit qu'à des sanctuaires « itinérants », provisoires. Il lui manquait un temple à emplacement fixe — pour rappeler la permanence de la présence divine — et construit à partir des matériaux les plus nobles et les plus résistants : pierre, bois de cèdre, bois de genévrier, or, airain...

Jérusalem — haut lieu de l'histoire traditionnelle du monde (son sol épongea le sang du premier Adam) — fut choisie pour accueillir ce temple unique. Salomon fit appel à son voisin le roi de Tyr pour obtenir les matériaux nécessaires à la réalisation de son ambitieux projet. Le roi phénicien — dont la flotte marchande n'avait pas son pareil pour courir les mers et susciter l'admiration (et la jalousie) des princes et des gouvernants — s'empressa de répondre favorablement à la requête du roi Salomon. Il lui expédia de pleins bateaux de cèdres et de genévriers, lui adressa des cargaisons entières d'or et d'airain. En échange de l'huile et du froment qui lui faisaient défaut. Et pour montrer l'estime en laquelle il tenait son voisin Salomon, le roi de Tyr lui dépêcha son meilleur architecte : Hiram (ou Ahiram).

Bronzier et maître d'œuvre talentueux, Hiram le Phénicien fut chargé de superviser le déroulement des travaux. Il dirigea les milliers d'ouvriers recrutés en Israël et à l'étranger. Sept longues années furent nécessaires à la construction de l'édifice dont l'intérieur comportait des lambris de cèdre merveilleusement sculpté, un autel en or massif, des colonnes éblouissantes, des tentures somptueuses et moult autres trésors d'adresse et d'imagination comme cette « mer d'airain » réalisée par Hiram lui-même.

Bien sûr, le fonctionnement d'un chantier de plusieurs centaines de milliers d'hommes suppose une organisation impeccable, une hiérarchisation rigoureuse. En même temps que l'établissement d'un sentiment de confiance entre les différents corps de métiers et la persistance — pour faire échec aux inévitables « frictions » et antagonismes humains — de l'esprit de fraternité.

Hiram le Phénicien, révèle la tradition compagnonnique, avait divisé les artisans du Temple de Jérusalem en trois classes : apprentis, compagnons et maîtres. Chaque classe ou grade recevait ses insignes et son salaire. Le passage d'un grade à un autre s'effectuait au terme d'une cérémonie de réception se déroulant dans les souterrains du Temple. Au cours de son intronisation au grade supérieur, l'impétrant recevait le mot de passe correspondant à sa nouvelle fonction. Mot de passe rigoureusement secret qu'il ne devait — sous aucun prétexte — révéler à l'ouvrier n'ayant point encore subi l'initiation concernée. Un tel processus suscitait immanquablement rancœur et jalousie de la part de gens écartés, pour une raison ou pour une autre, du grade auquel ils aspiraient. Et l'on vit trois compagnons (dont les noms varient suivant les versions légendaires), furieux d'avoir été privés de la maîtrise — et du salaire correspondant —, s'en prendre violemment à Hiram pour tenter d'obtenir le mot de passe des maîtres.

Les trois hommes tendirent au maître d'œuvre phénicien un guet-apens. Ils se postèrent, un soir, à la sortie du chantier. Le premier, *Holem*, armé d'un maillet, s'installa à la porte sud. Le second, *Streckin*, armé d'une règle, se posta à la porte de l'Occident. Le troisième, *Hoterfut*, armé d'un levier, se plaça à la porte de l'Orient.

Hiram le Phénicien tint tête à ses agresseurs. Il ne voulut pas révéler le mot de passe et fut frappé à mort. Ses assassins creusèrent trois fosses. Dans la première, ils jetèrent le corps d'Hiram. Dans la seconde, ils déposèrent ses habits. Dans la troisième, ils rangèrent sa canne (insigne de fonction). Puis les trois hommes s'enfuirent.

Heureusement, une branche d'acacia oubliée sur la tombe d'Hiram prit racine et permit aux maîtres et aux compagnons partis à sa recherche de retrouver le corps du défunt et de lui offrir des funérailles décentes. Salomon, averti en songe de l'identité des assassins, fit arrêter Holem, Streckin et Hoterfut. Il ordonna leur exécution. Pour plus de sécurité, il changea le mot de passe des maîtres et demanda à ces derniers de se raser la barbe, de se couper les cheveux, de revêtir des tabliers en peau blanche et des gants blancs en signe de deuil. Il dirigea lui-même les obsèques du maître d'œuvre, lequel fut enterré au cœur du Temple, sous une dalle d'airain ornée des symboles initiatiques de son rang.

Au XIIe siècle, la légende compagnonnique d'Hiram fut entièrement christianisée. Cette christianisation n'est certainement pas sans rapport avec l'arrivée des croisés en Terre Sainte et, plus spécialement, l'installation des Templiers — les fameux moines-soldats protégés par Bernard de Clairvaux — à l'emplacement du Temple de Salomon. Intervinrent alors deux personnages clefs du compagnonnage : maître Jacques et le père Soubise.

Venus à Jérusalem participer, aux côtés d'Hiram, à la construction du Temple en l'honneur de Yahvé, maître Jacques et le père Soubise s'en retournèrent chez eux une fois le chantier terminé. Jacques débarqua à Marseille et Soubise à Bordeaux. Doit-on identifier maître Jacques à Jacques le Majeur, disciple du Christ, pèlerin à l'étoile qui draina les foules vers Compostelle ? Nombreux sont ceux qui l'affirment. Et ils n'ont pas tout à fait tort.

Dans un précédent ouvrage [1], nous avons montré — à propos de Brunehaut, reine d'Austrasie — comment la mémoire populaire « réactualisait » ses légendes et transmettait aux générations futures, sans trop les déformer, les messagers engrangés. Pourquoi ce qui vaut pour les sept chaussées mégalithiques au départ de Bavay et la reine Brunehaut ne vaudrait-il pas pour les pèlerinages initiatiques et l'apôtre saint Jacques — disciple « majeur » qui fut présent lors des événements fondamentaux de la vie du Christ ?

Qu'une reine « bornée » vienne à porter le nom de Brunehaut (signifiant « borne haute »), la mémoire populaire

---

1. *La Flandre insolite*, même collection.

l'utilisera sans plus attendre pour expliquer l'origine magique des sept chaussées liées à la propagation de la civilisation de la pierre. Qu'un apôtre — assez mystérieux —, connu pour son zèle évangélisateur, vienne à porter le nom de Jacques et on l'utilisera pour réactualiser une légende compagnonnique qui doit beaucoup à un lointain et énigmatique peuple de *Jakinak* (ou Jacques), tailleurs de pierre...

D'autant que l'architecte Hiram, pour faire plaisir à Salomon, dota le vestibule du Temple de deux magnifiques colonnes à chapiteaux : les colonnes Jakin et Boaz. C'est maître Jacques, nous dit la légende, qui fut chargé de la colonne *Jakin*. Précision intéressante, souligne Louis Charpentier dans *Les Jacques et le mystère de Compostelle* (Laffont, 1971), car si les traducteurs de la Bible s'accordent à donner pour signification « il affirmira » à *Jakin*, en langue basque, ce mot désigne « le savant ». Et savant, il faut l'être, assurément, pour participer à l'édification d'un temple royal...

Le phénicien Hiram ne s'y trompa pas qui fit venir un maître d'œuvre *Jakin* pour l'assister dans ses travaux. C'est ainsi que de « savants » ouvriers, des Jacques, des « pays », des « coteries », accompagnant leur maître d'œuvre, se retrouvèrent à Jérusalem. Et ils ne revinrent chez eux, dans les Pyrénées, qu'une fois le chantier achevé ; d'après la légende, maître Jacques n'était-il pas originaire du village de *Carte* ?

Au Xe siècle av. J.-C., les marins phéniciens sont les maîtres des mers. Ils occupent la Méditerranée, sillonnent l'Atlantique — par-delà les colonnes d'Hercule chères à Platon (le chantre de l'Atlantide) —, établissent des liaisons commerciales avec la fameuse Tartessos (à l'embouchure du Guadalquivir), font provision d'étain en Galice, en Armorique et aux îles Cassitérides (à l'extrémité de la côte ouest de Cornouailles). Ils ont d'excellents rapports avec les populations visitées.

En Galice, sur les terres de la « reine *Louve* », les plus fameux charpentiers et tailleurs de pierre viennent, sous couvert de pèlerinages, parfaire leurs connaissances techniques et subir les initiations qui leur font défaut. Ils viennent là parce que, avant eux, les maîtres d'œuvre desquels ils tiennent leurs « secrets », leur art, leur tour de main sont venus là. Et qu'avant ces maîtres d'œuvre, des pères, des grands-pères, des arrière-grands-pères de maîtres d'œuvre y venaient déjà. Parce qu'on vient en Galice depuis des temps immémoriaux. Parce que la tradition compagnonnique — depuis le Grand Cataclysme — le veut ainsi. Pour des raisons telluriques, historiques et initiatiques. Des raisons particulièrement valables puisque l'habitude a perduré. Durant des millénaires.

Et les marins phéniciens, faisant provision d'étain (voire d'or) à Noya de Galice, n'ont pas été sans remarquer l'importance des « instructeurs » charpentiers, tailleurs de pierre, sévissant en terre espagnole. Particulièrement dans les grottes initiatiques de Jaca.

Et le roi de Tyr — en homme à ne négliger aucune « trouvaille », aucune technique nouvelle — envoya sur place des *observateurs* qualifiés. Qui se firent connaître, sympathisèrent et — certainement — collaborèrent avec les maîtres d'œuvre espagnols. N'attribue-t-on pas aux constructeurs phéniciens les soubassements de la *tour d'Hercule* à La Corogne ?

Les échanges entre gens de Galice et de Phénicie (l'actuel Liban) furent sans doute plus fructueux qu'on ne se l'imagine. Hiram — pressenti par Salomon — fit appel à ses amis *Jakin* pour réaliser — entre autres — les fameuses colonnes à chapiteau du Temple de Jérusalem. C'est dire l'estime en laquelle les Phéniciens tenaient les « Jacques » — et réciproquement.

Prêtres, moines et constructeurs

Le travail du héros (comme celui du commun des mortels) sacralise le temps. C'est ce que nous montre Homère.

N'est-ce point Laërte qui laboure son champ ? Pâris qui construit sa maison ? Ulysse qui fabrique ses meubles ?

Au retour d'une bataille ou la veille d'une expédition, le héros antique choisit de se laisser absorber par le travail manuel, retrouvant ainsi le contact avec la nature, la mesure du geste, le calme de l'esprit. Le travail manuel est calme et constructif. Il apaise et « recharge » le héros. C'est une période positive. Succédant généralement à une période guerrière ou précédant une période d'incertitude (voyage à la recherche de terres lointaines).

L'organisation corporative du travail remonte à la nuit des temps. Cessant de vivre en nomades, les hommes se regroupent et favorisent la formation de clans de constructeurs pour édifier des abris durables, se protéger des attaques ennemies, défendre leurs troupeaux et s'attirer la protection des dieux. Travail, science et religion sont intimement mêlés. Ils trahissent la même finalité : réconcilier l'homme avec la Création et le Divin. Grâce au travail — et au partage de ses fruits — l'homme assure sa survie, prend soin de la terre, multiplie les échanges avec ses semblables, se familiarise avec les techniques nouvelles. Grâce à la science (née de l'observation et de la révélation), il acquiert la connaissance (telle saison facilite telle culture, soumis à l'action du feu de bois se révèle plus résistant...). Grâce à la religion, il apprend à se protéger des démons, à éviter la colère divine, à se familiariser avec la vie *postmortem* (incursions des sorciers, des chamans dans l'au-delà).

Des cercles de branchages enflammés écartent les bêtes féroces et protègent l'homme durant son sommeil. Un feu soigneusement entretenu sur l'autel, par des prêtres dûment consacrés, éloigne les mauvais esprits et plaît à la divinité qu'on honore. Les constructeurs — respectueux de la tradition enseignée par les prêtres — adopteront une organisation professionnelle qui ne sera pas sans rapport avec l'organisation sacerdotale. Ils se diviseront en classes ; chaque classe étant liée par un serment particulier prononcé à l'issue d'une cérémonie particulière.

41

Le caractère hiérarchique et sacerdotal des organisations de constructeurs se retrouve en Égypte, en Syrie, en Chaldée, en Grèce, en Perse. Le *Premier livre des rois* nous apprend qu'en Judée, lors de la construction du Temple de Jérusalem voulu par Salomon, Hiram le Phénicien dirigeait, entre autres, 80 000 tailleurs de pierre et 70 000 porteurs de fardeaux. Rappelons que les ouvriers d'Hiram étaient répartis en trois collèges distincts : apprentis, compagnons et maîtres.

L'Égyptien Imhotep — qui édifia le grand ensemble de pierre de Sakkara (vers 3800 av. J.-C.) — était conseiller du roi Sozer et prêtre du dieu Amam.

Le haut clergé babylonien possédait de solides connaissances architecturales. Les constructeurs se répartissaient en différents collèges : architectes, tailleurs de pierre, maçons, briquetiers, charpentiers, nous révèle le *Code de Hammourabi* (découvert à Suse).

À Rome, au VIᵉ siècle avant l'ère chrétienne, Servius Tullius (578-534 av. J.-C.) promulga une constitution dotant les *collegia* de structures qui subsistèrent jusqu'au IIIᵉ siècle av. J.-C. Certains collèges étaient particulièrement prestigieux et conféraient à leurs membres des prérogatives non négligeables dans les domaines politique et social. Citons, parmi ces collèges privilégiés : les *tignarii* (charpentiers), les *oerarii* (bronziers), les *cornicines* (joueurs de trompette). Sans oublier les *argentarii* (banquiers), les *lapidarii* (tailleurs de pierre) et les *marmorii* (tailleurs de marbre). Chaque collège était tributaire d'un fonctionnement très démocratique. Sous l'autorité des « maîtres », des patrons *(quinquennales, magistri)*, évoluaient les cadres — élus par leurs pairs — et placés au-dessus des *collegiati* (simples adhérents) : les décurions (chefs d'équipe), curateurs, procurateurs, syndics et autres questeurs...

Chaque collège romain possédait une *schola* (maison commune) abritant les assemblées et divers services nécessaires à son bon fonctionnement. Dans cette maison commune, on se retrouvait régulièrement pour célébrer des sacrifices devant les autels, les statues et les portraits des dieux tutélaires. C'est la schola qui abritait l'*arca* (caisse de la communauté) et les repas fraternels présidés par un *magister coenoe* [1].

À l'instar des légions romaines, les collegia essaimèrent en Gaule. Marseille, Aix, Arles, Vienne, Valence, Nîmes, Narbonne abritèrent des collèges romains particulièrement actifs. Sans oublier Lyon et Lutèce, de même en ce qui concerne la Grande-Bretagne.

Avec les invasions barbares et l'effondrement de l'empire d'Occident, de nombreux collèges disparurent. D'autres subsistèrent, se transformèrent, s'adaptèrent. Burgondes, Wisigoths, Ostrogoths s'attachèrent les services d'associations de constructeurs. Clotaire et Childebert furent sensibles aux performances des « techniciens » goths.

À la fin du VIIe et au début du VIIIe siècle, on vit des architectes anglo-saxons venir en France recruter des maçons et des verriers. Grâce aux apports gothiques et wisigothiques, les constructions gauloises surent intégrer les sensibilités égyptiennes, syriennes, palestiniennes, perses et injecter dans la pierre, sans les mélanger, les sèves d'Orient et d'Occident. Les couvents prirent le relais des collegia. Les moines se gardèrent de rejeter ce qui subsistait des vestiges antiques et gothiques. Les symboles chrétiens firent bon ménage avec les symboles « païens » (triangles, serpents, entrelacs).

Et Paul Naudon — en son remarquable ouvrage *Les origines religieuses et corporatives de la Franc-Maçonnerie* [2] — de nous faire remarquer : « Le couvent offre d'abord aux associations professionnelles le seul moyen juridique de subsister. Dans un monde où la culture connaît une éclipse, le couvent est ensuite le refuge où demeure entretenu le flambeau des arts et des sciences (...). Le statut de l'Église

---

1. Au Moyen Âge, les banquets que préside le maître d'œuvre sont très prisés des compagnons constructeurs. Et, de nos jours, les banquets maçonniques sont toujours à l'honneur.
2. Éditions Dervy-Livres, collection « Histoire et Tradition ».

permet enfin aux constructeurs d'échapper à la servitude, ou du moins à l'attache avec un fief, et de conserver le droit de circuler, la « liberté de passer », indispensable à l'art de la construction. »

Les bénédictins montrent l'exemple. Ils consacrent, chaque jour, sept heures au travail manuel, quatre heures à l'étude et autant aux offices. Ils vivent en communauté, cultivent la terre et construisent leur monastère. Les abbés bénédictins sont à la fois moines, paysans et maîtres d'œuvre. Ils assurent la sauvegarde des sculptures antiques, des manuscrits précieux qu'ils ont patiemment rassemblés. Ils se font les propagateurs de Platon, d'Aristote, de Pythagore.

C'est à un bénédictin (le pape Grégoire) que l'on doit le chant grégorien, chant « initiatique » par excellence puisqu'il vise à favoriser le recueillement, l'épanouissement intérieur, l'ouverture des *chakras*, l'illumination majeure, en agissant sur les corps subtils de l'homme.

Par le truchement de la classe des « frères lais », les bénédictins donnent un coup de pouce non négligeable à la laïcisation des métiers qui aboutira, à la fin du XIIe siècle, à la multiplication des confréries et des guildes. Les frères lais jouissent d'une autonomie relative ; ils ne sont pas religieux mais leur appartenance à l'ordre de Saint-Benoît leur permet d'échapper aux tracasseries des seigneurs et des évêques.

En s'alliant aux moines de saint Colomban l'Irlandais (qui a fondé, à l'aube du VIe siècle, les abbayes de Luxeuil, Anegay, Fontaine), les bénédictins recueillent l'héritage des druides [1]. La tradition celtique n'est-elle pas, avant tout, celle de la pierre ? Les couvents bénédictins remplacent les fameux collèges druidiques et deviennent des lieux privilégiés où l'on médite, où l'on prie, où l'on s'instruit, où l'on accorde autant d'attention aux pères de l'Église qu'aux philosophes antiques, où l'on ignore superbement le dogmatisme et le sectarisme, où l'on se montre prudent et réservé vis-à-vis du

---

1. C'est à l'abbé Witizza, plus connu sous le nom de Benoît d'Aniane, que l'on doit la soudure définitive des ordres de Saint-Benoît et Saint-Colomban.

centralisme romain. À l'image de saint Colomban pour qui :
« Le pape n'est pas celui qui détient les clefs de la vérité
absolue et dont les paroles portent le sceau du Saint-Esprit.
C'est un évêque, un homme faillible que l'on peut conseiller,
que l'on peut blâmer. Au-dessus de l'autorité de Rome, il y a
celle de la vérité. »

Au Xe siècle, la culture celto-bénédictine prend un nouvel
essor. Avec le prodigieux bond en avant opéré par l'abbaye
de Cluny. Cluny l'Incomparable, fondée en 910 par l'abbé
Bernon, assisté de douze moines (les douze moines qui
aidèrent saint Colomban à fonder Luxeuil, en hommage aux
douze signes du zodiaque, aux douze apôtres, aux douze
tribus d'Israël, aux douze Rose-Croix qui constituent l'*Agartha*, le « gouvernement occulte » et spirituel de la terre, sur
un terrain donné par Charles III de Bourgogne. Cluny
constitue un bastion durable, infranchissable que confortent
de nombreuses bulles papales. C'est le pape bénédictin
Jean XIX qui, en 1027, empêche désormais d'excommunier
et d'anathématiser l'abbaye fondée par l'abbé Bernon. C'est
le pape bénédictin Grégoire V qui, en 999, a décidé « qu'aucun
évêque, aucun prêtre n'ose venir dans ce vénérable monastère pour l'ordination, la consécration d'une église, de prêtres
ou de diacres, ou la célébration de messes, s'il n'a pas été
invité par l'abbé du monastère ». On est libre, tranquille,
serein à Cluny. Les ducs de Bourgogne évitent toute ingé-
rence politique dans les affaires de l'abbaye. Les moines
laïques *(laici monachi)* effectuent —. avec les colons et les
serfs — les travaux agricoles. Les moines clercs perpétuent la
grande tradition bénédictine. Ils se livrent à l'étude, à la
réflexion, à la lecture et « aux arts » : peinture, sculpture,
calligraphie, enluminure, architecture. Et il en va de même
dans les 1 300 monastères dépendant de Cluny (et de sa
nouvelle règle refondue par Odon).

Les maîtres d'œuvre bénédictins — élèves ou non de
Guillaume de Volpiano, le moine bâtisseur auquel on doit
l'abbatiale de Saint-Bénigne de Dijon, la reconstruction de
Fécamp (1003), de Bernay (1013) et la formation des

45

architectes qui édifieront Le Bec-Hellouin, puis Jumièges — essaiment dans toute l'Europe. En Angleterre, ils font, comme on dit, un malheur. À l'instar de Gandulph, évêque de Rochester (1066). Après saint Swithin (856), saint Dunstan, archevêque de Canterbury (960). Et avant Pierre de Rupibus, évêque de Winchester (1216).

Pendant ce temps, les Congrégations hospitalières des frères pontifes ne restent pas inactives. Les frères pontifes, comme leur nom l'indique, ont pour spécialité de construire des ponts. Et des routes par la même occasion. Ils ont également pour vocation d'assurer la sécurité des voyageurs...

Ces moines constructeurs suivent la règle bénédictine. C'est un frère pontife, saint Bénézet, qui a construit le fameux pont d'Avignon. Et nous ne serons pas étonnés d'apprendre que les plus importants ponts d'Auvergne, de Bretagne, de Poitou, du Languedoc, de Lorraine sont l'œuvre des frères pontifes que l'on retrouve aussi à Dresde, Ratisbonne et Prague...

Constituant un ordre religieux — rattaché aux Hospitaliers de Saint-Jean-de-Jérusalem — les frères pontifes admettent, sous certaines conditions, des laïcs dans leurs rangs.

Les Templiers, qui sont également grands constructeurs de routes et de ponts — et doivent tant aux bénédictins, clunysiens, cisterciens —, n'agissent-ils pas de même ?

Le temps des kraks

Les Templiers sont — on ne peut guère le nier — les enfants de Cîteaux et de Clairvaux.

Parmi les neuf fondateurs de l'ordre du Temple, figure un moine cistercien : André de Montbard, neveu du cistercien Bernard de Clairvaux. Ce même Bernard de Clairvaux qui s'offre le luxe, en 1128, de réunir un concile, à Troyes, en l'honneur du Temple naissant. Outre divers prélats et l'abbé

Bernard, assistent au concile : Étienne Harding, abbé de Cîteaux ; Renaud de Semur, abbé de Vézelay ; Ursion, abbé de Saint-Denis de Reims ; Herbert, abbé de Saint-Étienne de Dijon ; Hugues de Mâcon, abbé de Pontigny. Tous abbés cisterciens ou bénédictins...

Quelques siècles plus tard, lors du procès des Templiers, le frère Aymery — comparaissant devant ses juges — ne s'y trompera pas. Il débutera ainsi sa défense en forme de prière (s'adressant à Dieu) : « Ton ordre qui a été fondé en Concile général et pour l'honneur de la Glorieuse Vierge Marie Ta Mère, *par le bienheureux Bernard...* »

Fils de Cîteaux, les Templiers n'en sont pas moins turbulents. Ce sont des « enfants » pleins de vie, indépendants, facétieux. Ils donnent bien du souci au patriarche Garimond qui les a accueillis à Jérusalem. Mais il en faut plus pour démonter Bernard de Clairvaux qui relève à l'adresse de ses protégés : « On ne les voit jamais peignés, rarement lavés, la barbe hirsute, puants de poussière, maculés par leurs harnais et par la chaleur... » Seulement : « Nul n'est inférieur parmi eux. Ils honorent le meilleur, non le plus noble... »

Les Templiers sont des moines-soldats. Des croisés. Leurs implantation en Occident ne doit pas faire oublier leur engagement au Proche-Orient. En Terre Sainte, leur présence va devenir rapidement indispensable. Pour une simple raison. Lors du siège de Jérusalem, en 1099, les croisés se sont rendu compte de leurs carences les plus préjudiciables : manque de matériel offensif et défensif, absence de main-d'œuvre. Les machines de guerre sont rares du côté des chrétiens et ce sérieux handicap leur vaut d'essuyer des pertes sévères. Guillaume de Tyr *(Histoire des Croisades)* rapporte qu'en 1123, au siège de Tyr, les croisés s'attachent à prix d'or les services de l'Arménien Havedic pour obtenir des balistes... De plus, les troupes chrétiennes souffrent d'un réel complexe face aux fortifications sophistiquées qui entravent leur progression. L'architecture militaire des « infidèles » est impressionnante, sobre, élégante, solide comme le roc. Elle inquiète et déconcerte une armée visiblement mal préparée

47

sur le terrain psychologique et logistique pour venir à bout d'un adversaire particulièrement opérationnel. Les Templiers saisissent l'occasion.

Ils n'éprouvent guère de difficultés — eux qui ont été portés sur les fonts baptismaux par les cisterciens et les bénédictins [1] — à attirer les maîtres d'œuvre et les constructeurs compétents pour reproduire, en Terre Sainte, l'audacieux projet caressé par leurs « frères aînés » en Europe : promouvoir une civilisation traditionnelle, autrement dit faisant la part belle aux bâtisseurs, aux initiateurs, aux gens épris de justice, de fraternité, de tolérance. En inclinant — progressivement — le pouvoir politico-militaire vers la théocratie. En assurant l'équilibre du pouvoir spirituel et du pouvoir temporel.

Assumant, puis amplifiant l'héritage bénédictin et cistercien, les Templiers ont à cœur, une fois préservé l'acquis traditionnel (opératif et spéculatif), d'adopter une stratégie économico-politico-militaire dynamique, cohérente, généreuse [2].

Au niveau de l'architecture militaire, les Templiers adoptent un programme qui n'a pas d'équivalent chez les croisés. Ils couvrent la Terre Sainte de forteresses — baptisées *kraks* — que l'on peut encore admirer de nos jours. Et ces forteresses donnent bien du fil à retordre aux « infidèles ». Le premier krak est édifié à Ibelin, entre Ascalon et Jaffa, en 1141. Il comporte quatre tours.

Un an plus tard, les Templiers font surgir le krak de Moab (« Pierre du désert ») en Transjordanie. En 1143, vient le tour du krak de Geth, à proximité de Lydda. Suivi, en 1144, sur le mont Brillant, près d'Ascalon, d'une forteresse tout aussi impressionnante, flanquée de quatre tours : la « Blanche Garde ».

1. Aujourd'hui encore, dans les Cayennes, le Père Soubise, fameux maître d'œuvre, est généralement représenté sous les traits d'un moine bénédictin.
2. Quoi qu'en disent nos auteurs contemporains, l'économie templière ne ressemble guère aux grandes banques modernes. Et l'on ne connaît chez nous aucun exemple de banques versant, chaque semaine, des sommes colossales aux pauvres comme le faisaient les Templiers !

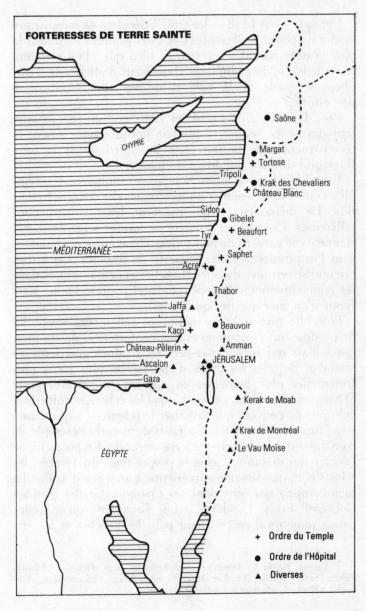

FORTERESSES DE TERRE SAINTE

CHYPRE

Saône

Margat
+ Tortose

Tripoli
Krak des Chevaliers
+ Château Blanc

Sidon
Gibelet
+ Beaufort
Tyr

MÉDITERRANÉE

+ Saphet

Acre +

Thabor

Jaffa

Kaco +

Beauvoir

Château-Pèlerin +

Amman

Ascalon
JÉRUSALEM
+

Gaza

Kerak de Moab

ÉGYPTE

Krak de Montréal

Le Vau Moïse

+ Ordre du Temple
● Ordre de l'Hôpital
▲ Diverses

Lorsque — en 1148 — les croisés décident de reconstruire la cité de Gaza, les Templiers et leurs protégés assument la plus grande part des travaux. Si bien que, d'un commun accord, les soldats chrétiens choisissent d'offrir aux Templiers la garde de la ville et de ses abords. Et ce, à perpétuité...

Près d'un siècle plus tard, en 1240, ce sont encore — et toujours — les Templiers que l'on fait intervenir lors de la reconstruction de la forteresse de Safed. C'est le frère Raymond de Caro qui dirige le chantier... [1]

Pour bâtir leurs si efficaces ouvrages militaires, les Templiers ont soin d'assimiler les techniques des collèges byzantins. De même en ce qui concerne leurs constructions religieuses. Les maîtres d'œuvre — formés à l'école cistercienne — se gardent de tout réflexe chauviniste et abandonnent l'inspiration romane au profit de Byzance. Cet attrait oriental se retrouve dans les chapelles et églises érigées dans les commanderies d'Europe : Paris, Londres, Laon, Metz (pour n'en citer que quelques-unes)...

L'architecture militaire templière reflète également les préoccupations ésotériques et non conformistes de ces moines-soldats qui rêvent, par-delà les rivalités guerrières du moment, de jeter les ponts d'une société plus juste, plus fraternelle, plus humaine, en opérant la jonction entre l'Orient et l'Occident, persuadés que les échanges cultuels et culturels ne peuvent que favoriser le retour — tant attendu — à l'unité de la tradition. Soucieux de montrer l'exemple, ils construisent « byzantin » en terre orientale. Respectueux de l'écorce qui dissimule, selon la propre règle du Temple, les « forts commandements » intérieurs. Lawrence d'Arabie l'a bien compris qui écrit dans ses *Crusader Castles* (Golden Gockerell Press, London) : « Les Templiers, qu'on soupçonna toujours d'un penchant pour les hérésies et les arts

---

1. Citons, parmi les forteresses templières les plus célèbres : Château-Pèlerin, Safed, Belvoir, Beaufort, Arcas, Château-Rouge, Château-Blanc, Tortose, La Roche-Guillaume et La Roche-Russole.

mystérieux de l'Orient, reprirent la tradition de Justinien, telle que la représentaient les forteresses de la Syrie du Nord. »

Chaque commanderie templière comprend au moins un maître charpentier qui a rang d'officier. Si l'on en croit Bernard le Trésorier — continuateur de Guillaume de Tyr — les maîtres charpentiers attachés à l'ordre du Temple sont des gens particulièrement compétents dont on ne peut se résoudre à perdre les services. Témoin le comportement d'Amoury, roi de Jérusalem, à l'égard d'un « charpentier » qui (en 1198), par son sang-froid et usant d'un stratagème, avait permis aux croisés de s'emparer du château fort de Béryte, alors aux mains des Sarrasins. Congratulant notre héros, le roi Amaury « lui fit grande fête, lui donna une grosse rente dedans le château, à lui et ses hoirs, et fit tant qu'on lui délivra sa femme et ses enfants qui étaient au pays des Païens ».

Le grand maître des Templiers — responsable *élu* et soumis au chapitre magistral de l'ordre [1] — détient l'*abacus* (insigne de sa dignité) : un bâton, terminé par une plate-forme carrée que surmonte un volume sphéroïdal. L'abacus rappelle le sceptre pharaonique, symbole de l'axe du monde. Instrument de mesure, il indique que le maître du Temple est un « magister de constructeurs » à l'image d'Aaron...

Dans chacune des commanderies européennes de l'ordre du Temple, le *magister carpentarius* enseigne aux constructeurs (maçons, charpentiers...) l'art du trait. Le maître charpentier est un maître d'œuvre, un architecte. Religieux ou laïcs, les compagnons bâtisseurs lui obéissent et lui témoignent leur respect. La charge qu'il exerce ne doit rien à l'arbitraire, ni au favoritisme. Elle est le fruit du travail, de l'expérience, de la sagesse et de l'initiation. Il faut de longues années d'étude et de pratique, avoir pas mal « bourlingué » pour oser prétendre au titre de magister carpentarius. Il y a beaucoup d'appelés mais peu d'élus.

---

1. Les pouvoirs du G.M. sont très limités.

Les ouvriers qui travaillent sur les innombrables chantiers et assurent l'entretien des bâtiments et des domaines du Temple bénéficient de privilèges appréciables. Ils peuvent se réclamer du droit d'asile. Aucune juridiction civile ou religieuse ne peut exercer de sanctions à l'encontre de personnes réfugiées dans une enceinte ou sur un domaine appartenant aux « Blancs Manteaux ». Les compagnons constructeurs employés par le Temple jouissent du droit de franchise — au même titre que les bénédictins et les cisterciens. Les réglementations générales ou locales afférentes aux divers métiers et négoces ne leur sont pas applicables. Ils peuvent se déplacer librement et exercer leur emploi sans avoir de comptes à rendre aux seigneurs et évêques locaux. Seuls les responsables templiers — et en premier lieu le magister carpentarius — ont droit de regard sur leurs activités. De plus, les compagnons constructeurs rattachés à une commanderie sont exemptés — comme les autres frères de la commanderie — de la plupart des impôts royaux et seigneuriaux. À Paris, ils échappent à la taille, à la corvée et au guet (servitude très impopulaire chez les bourgeois de la capitale).

Au contraire des serfs et des vilains vivant en esclavage, le compagnon constructeur œuvrant pour le Temple est un homme libre. Il exerce un métier « franc », un *franc mestier* [1]. Il va par monts et par vaux. Au gré des chantiers — églises, cathédrales, châteaux forts — réclamant sa présence. Il se déplace pédestrement, comme l'ont toujours fait (depuis la plus haute Antiquité) les compagnons bâtisseurs, les hommes qui passent, les compagnons « passants »...

Par la création des « franchises », les Templiers exercent donc une influence déterminante sur la formation des communautés ouvrières et, par voie de conséquence, des guildes et maîtrises laïques. Il est d'ailleurs symptomatique de constater que les premières guildes d'artisans apparais-

---

1. Les privilèges liés à l'exercice des francs mestiers rappellent ceux des collegia romains répertoriés par Servius Tullius.

sent dans le nord de la France durant la première moitié du
XIIᵉ siècle : à Valenciennes (1167) et Saint-Omer (1200). Or,
dès le début de son existence, l'ordre du Temple s'implante
facilement en Flandre, en Hainaut-Cambrésis et en Artois
par l'entremise de Godefroy de Saint-Omer (l'un des chevaliers fondateurs de l'ordre) et de Thierry d'Alsace, comte des
Flandres, l'un des grands initiés du Moyen Âge.

À l'aménagement d'un manoir d'Ypres (appartenant à
Godefroy de Saint-Omer) pour servir de siège à l'une des
premières commanderies d'Occident, succède la fameuse
rencontre de Cassel — le 23 septembre 1128 — au cours de
laquelle Thierry d'Alsace, entouré de ses barons, du connétable et du maréchal des Flandres, de l'évêque de Thérouanne, Jean de Watou, abandonne l'intégralité des droits
de transmission et de succession des fiefs de son domaine à
l'ordre du Temple (représenté en l'église Saint-Pierre de
Cassel par Hugues de Payns, Godefroy de Saint-Omer et
Payen de Montdidier). De même, entre 1128 et 1140,
fleurissent les commanderies de Tournay, Bruges, Chantrai-
ne, Arras, Abbeville, Saint-Quentin, Laon...

Et Paul Naudon de conclure : « On peut donc dire que (...)
la Flandre fut le berceau des *francs métiers*. Cela explique et
justifie la légende, reproduite par certains auteurs, depuis
Ramsay et Bazot, qui veut que la Franc-Maçonnerie ait été
créée par les Templiers dans le royaume de Jérusalem et
importée de là en Flandre et en Hainaut [1]. »

Au Proche-Orient, les Templiers subirent de lourdes pertes
lors des combats. Ils se comportèrent en croisés loyaux.
Régine Pernoud [2] le reconnaît volontiers. Mais les moines-
soldats surent se montrer habiles négociateurs et, en dépit de
l'aveuglement de seigneurs irresponsables, s'efforcèrent de
faire respecter les trêves établies à grand-peine. Ils ne
ménagèrent point leurs efforts en faveur des réconciliations
ismaïlo-chrétiennes.

1. *Op. cit.*
2. *Les Templiers*, P.U.F.

Lorsque, en 1129, Baudouin II de Jérusalem négocie avec l'Ismaïlien Aboul-Fewa (et finit par échanger Tyr contre Damas), c'est à l'instigation du maître du Temple...

John Charpentier *(L'ordre des Templiers)* note à juste titre que les relations étroites nouées par le Temple avec les différents chefs « Ismaïliens » s'étendent sur près de quatre-vingts ans.

Respectueux de la parole donnée et serviteurs de la paix, les Templiers — révèle Guillaume de Tyr — se gardent bien de suivre les croisés qui, à l'instigation des hospitaliers, rompent unilatéralement (en 1167) le traité de paix avec l'Égypte. Les moines-soldats ne cachent pas leur indignation de voir ainsi bafouer les principes sacrés du droit.

Lorsque, en 1243, les troupes chrétiennes font leur entrée à Jérusalem, elles en sont redevables aux Templiers partisans d'un accord avec le malik de Damas.

Dans *La vie de Saint Louis,* Boulanger rapporte que le maître du Temple Guillaume de Sonnac s'attira les foudres du souverain français en raison des bonnes relations qu'il entretenait avec les émirs turcs. Opinion confortée par cette confidence d'un chroniqueur contemporain de Saint Louis et de Guillaume de Sonnac (1247) : « Le maître du Temple et le sultan d'Égypte avaient fait si bonne paix ensemble qu'ils s'étaient fait saigner tous les deux dans la même écuelle... »

Au niveau des compagnons constructeurs rattachés au Temple, il en va bien évidemment de même. Les maîtres d'œuvre chrétiens multiplient les contacts avec les architectes et les travailleurs musulmans regroupés en *tarouq* (collèges). Ils procèdent à des échanges professionnels et initiatiques. Ce sont les maîtres d'œuvre musulmans qui enseignent à leurs homologues européens l'art de fortifier les enceintes à la manière des ingénieurs militaires de l'antique Assyrie. Rappelons que dans la seule province de Tyr, les *assassis* — « frères gardiens de la Terre Sainte » —, dirigés par le « Cheikh el-Djebel » (le Vieux de la montagne), disposent de dix châteaux forts.

Évidemment, nombre de croisés voient d'un très mauvais œil ces échanges techniques et militaires entre Templiers et infidèles. Les Frères de l'Hospital — qui ne ratent jamais une occasion d'en découdre avec les Frères du Temple — prennent un malin plaisir à rompre les trêves conclues avec l'adversaire. Le Temple est puissant. Militairement, diplomatiquement et financièrement. Il est donc craint, jalousé, haï. Ses conceptions ésotériques, son œcuménisme traditionnel dérangent. Son pacifisme sous-jacent indispose. Bref, le Temple est loin de faire l'unité autour de son action au Proche-Orient. Et lorsque les croisés sont chassés de Terre Sainte par les Arabes, comme il faut nécessairement un bouc émissaire, l'ordre du Temple cristallise à son insu les rancœurs « alliées ».

On met en exergue la fortune colossale des Templiers — oubliant que sans elle les troupes chrétiennes n'auraient pu édifier aucune des forteresses nécessaires à la défense collective des croisés ! On rappelle les alliances turco-templières, les ambassades auprès des émirs, les trêves qui (pour d'aucuns) ne s'imposaient pas. Ces « trahisons » — largement évoquées par les amis de Philippe le Bel —, auxquelles s'ajouteront, pour faire bonne mesure, des perversions sexuelles et démoniaques (sodomie, adoration du Baphomet), aboutiront, en 1307, à l'arrestation des Templiers français, puis sept ans plus tard à la dissolution de l'ordre « fondé par le bienheureux Bernard ».

Il est permis de se demander si l'effondrement du Temple ne s'accompagna pas, de la part d'une opinion publique « retournée » par les sbires de Philippe le Bel, de la mise en quarantaine de certains collèges de constructeurs amis des Templiers, de certains *francs mestiers* jugés trop francs pour être honnêtes. Cette « chasse aux sorcières », par certains côtés, rappelant la violence qu'exercèrent quelques irresponsables — du temps du roi Salomon — sur la personne de l'architecte Hiram. Ou celle dont fut victime maître Jacques — assassiné par un traître de cinq coups de poignard (les cinq plaies du Christ) — avant d'être enseveli dans la grotte de la Sainte-Baume.

Notre bon maître Jacques venait de Terre Sainte, entouré de douze compagnons et de quarante disciples. Sainte Marie-Magdeleine l'accompagnait. C'est en débarquant à Marseille que maître Jacques fut assassiné...

Un conte compagnonnique fait également mention d'un certain Jacques de Moler, dit « la Flèche d'Orléans » (architecte ayant réalisé la flèche de la cathédrale d'Orléans vers 1288). On rapprochera tout naturellement ce maître Jacques du dernier grand maître des Templiers, Jacques de Molay, mort — comme Hiram — en martyr. D'autant que, comme le rappelle Lucien Carny dans le numéro 280 de la revue *Atlantis*, une légende en vigueur chez les compagnons bâtisseurs présente maître Jacques sous les traits d'« un Gaulois, né dans la petite ville de Oarte », aujourd'hui Saint-Romili. Nos savants et autres sorbinocoles nous assurant que « cette cité est inconnue et qu'on ne la retrouve sur aucune carte ». Nous pensons quant à nous que cette cité se trouve dans l'ancienne province de Champagne [1], berceau de l'ordre du Temple.

Parmi les victimes de la chasse aux sorcières déclenchée par les inquisiteurs et les amis de Philippe le Bel, faut-il ranger les cagots ? Nous savons que l'apparition des crestias (ou cagots) coïncida avec le retour en France des croisés chassés de Terre Sainte par les musulmans. Et l'on range les cagots parmi les compagnons constructeurs conviés — par Hiram — à participer à l'édification du Temple de Salomon. Les cagots sont donc des compagnons de la première heure. Ils connaissent Jérusalem. S'ils sont chassés de Terre Sainte pour incompétence, n'est-ce point le sort qu'une certaine frange de l'opinion publique — toujours prompte à participer à la curée — a cru bon devoir réserver aux frères du Temple ?

À moins qu'il ne s'agisse de coïncidences. Telle cette

---

1. Il s'agirait de Romilly-sur-Seine (dans la Marne).

d'oie

patte palmée de drap rouge que les cagots portent cousue sur leur vêtement à hauteur de l'épaule. Signe distinctif qu'il est permis de rapprocher de la croix de gueules marquant, au même endroit, le blanc manteau des Templiers.

III

SYMBOLIQUE ET CASTELLOLOGIE

Le site

Trois critères fondamentaux guident le choix de l'emplacement d'un château fort : la nécessité de disposer d'eau en cas de siège, l'accès aux divers points de la seigneurie, l'obligation de dominer le terrain, d'avoir des vues éloignées.

André Chatelain, en ses *Châteaux et guerriers de la France au Moyen Âge,* propose un essai de typologie des sites pertinent.

Il distingue dans les régions de plaines et de faibles reliefs :

* Les sommets de collines et de buttes (Chaumont-en-Vexin, Dammartin-en-Goële, Sancerre, Pouzauges, Orthez, Loches, Château-Thierry, Dreux, Bourbon-l'Archambault, Parthenay).

* Les sites rocheux (Semblançay, Biron, Gruissan, Gavaudun, Chouvigny, Hérisson, Mornas).

* Les bords de plateaux ou de collines (Neauphle-le-Château, Robert le Diable, Druyes-Belles-Fontaines, Culan, Nogent-le-Rotrou, Vez, Pons, Étampes, Comarque, Vendôme, Fréteval, Montoire, Beynac, Tiffauges, Montaner, Laval, Josselin, Bourdeilles, Angers, Clisson, Montrichard, Houdan, Caen, Gisors, Bressuire).

* Les sites d'éperons (Langeais, Chinon, Lavardin, Montbazon, Arques, Château-Gaillard, Tancarville, Tonquedec, Castelnau, Coucy, Provins, Domfront, Vitre, Châteaudun, Pau, Chauvigny, Minerve).

* Les sites plats de rivières (Tarascon, Fougères), de marais et d'étangs (Suscinio, Ranrouet, Blanquefort, Aigues-Mortes, Pouancé, Trescesson, Lassay), de forêts (Largoet-en-Elven, Caussade), sans défenses naturelles (Dourdan, Farcheville, Blandy-les-Tours, Vincennes, La Hunaudaye, Villandraut, Roquetaille, Olhain, Sully, Plessis-Bourré, La Brède).

Dans les régions montagneuses, André Chatelain distingue :

* Les sommets indépendants (Mauzun, Murol, Najac, Aguilhar, Termes, Montségur, Lordat, Mauvezin, Grimaud, Ribeaupierre).

* Les buttes (Mauléon, Puivert, Chalus).

* Les rebords de plateaux (Kaysersberg, Crest, Rochemaure, Léotoing).

* Les sites rocheux (Quéribus, Quérigut, Roquefixade, Puylaurens, Peyrepertuse, Lastours, Tournoël, Polignac, Fleckenstein, Falkebstein, Hohenfels, Foix, Turenne).

* Les sites d'éperons (Crozant, Chalucet, Saissac, Ventadour, Usson, Haut-Kœnigsbourg, Miolans, Merle, Capdenac).

La plupart des châteaux sont érigés sur des points élevés du relief. Dans les pays plats, nous trouvons les mottes féodales, des monticules ou des tertres artificiels obtenus par l'amoncellement de volumes de terre et de cailloux provenant du creusement de fossés. Sur ces mottes, les maîtres d'œuvre érigent le château ou tout au moins le donjon. Généralement, les tertres sont de plan circulaire ou ovoïde. Leurs plates-formes sommitales ont jusqu'à 30 mètres de diamètre et atteignent une hauteur de 10 à 15 mètres.

Le château est donc bâti sur un point naturel ou artificiel qui figure, pour les ésotéristes, la montagne cosmique. Celle-ci — point de rencontre du Ciel et de la Terre —

apparaît immuable. Centre du monde, elle assure la stabilité de ce dernier. Le château fort est donc le symbole de la permanence du pouvoir seigneurial. André Chatelain remarque : « Longtemps la motte est apparue comme l'apanage du seigneur et de son pouvoir sur les terres et les hommes de son ressort. Les vassaux rendaient leurs hommages au pied de la motte. Celle-ci a revêtu ainsi un sens symbolique. Avoir " château sur motte " était un signe de prééminence. » Déjà, dans l'Égypte ancienne, les temples funéraires des pharaons (s'élevant au-dessus ou à côté de leurs tombes) sont appelés « Châteaux de millions d'années », car ils sont censés être éternels. C'est dans ce sens qu'il faut aussi comprendre l'affirmation d'Enguerrand III de Coucy : « Je bâtis pour mille ans. »

Le château atteste l'origine divine du pouvoir temporel. Au Moyen Âge, celui-ci a la même origine que le pouvoir spirituel. Citons Jean de Paris — *De potestate regis et papali* — : « Tout comme la puissance spirituelle provient immédiatement de Dieu, de la même façon aussi la puissance temporelle. » Il s'agit là d'un héritage des civilisations antiques traditionnelles dans lesquelles le roi est l'intermédiaire entre le Ciel et la Terre. Or le seigneur administre son domaine et rend la justice au nom de Dieu.

Symbole de protection (tout lieu élevé est censé apporter la sécurité ; on retrouve cette idée maintes fois exprimée dans les psaumes), le château est également signe de transcendance. Dans certaines peintures médiévales, la Jérusalem céleste est représentée par un château fort au sommet d'une montagne. Il est vrai que le prophète Isaïe (II.2) a dit : « Il adviendra dans l'avenir que le mont de la maison YHWH sera rétabli à la tête des montagnes et élevé au-dessus des collines et, vers lui, toutes les nations afflueront. » Représentation du centre du monde, le château est le point où se trouve l'autorité qui organise le fief. Ce dernier constitue l'univers quotidien du seigneur et des personnes qui l'entourent. Nous retrouvons là l'une des caractéristiques du symbolisme solaire.

L'enceinte

Le château est délimité par une enceinte formée de courtines (flanquée de tours) et précédée par un large et profond fossé.

À l'origine, les enceintes sont constituées par des talus en terre surmontés de pieux. Leurs formes sont circulaires ou ovoïdes. Avec l'apparition des châteaux en pierre, le tracé est irrégulier car il cherche à s'adapter aux mouvements du terrain. Mais au début du XIIIe siècle, les ingénieurs militaires adoptent des plans géométriques : carrés, rectangulaires ou polygonaux. Certains de ces tracés ont pu s'inspirer de considérations astrologiques. C'est ainsi que Pierre Sadron a démontré que l'enceinte de Provins calque la constellation du Bouvier. Gérard de Sède — *Les Templiers sont parmi nous* (Julliard, 1962) — affirme que chacune des douze tours et des portes du château de Gisors coïncide avec les lignes issues de la constellation du Navire projetée sur le plan de la forteresse.

Les courtines et les fossés forment traditionnellement l'enceinte protectrice qui clôt un monde pour éviter qu'y pénètrent les influences néfastes. L'enceinte délimite un espace réservé. Or tout volume céleste (ou toute portion du sol) séparé du reste du monde s'apparente à un temple. Primitivement, le mot *templum* désignait un secteur céleste que l'augure étrusque délimitait à l'aide de son bâton et dans lequel il observait les présages. Avant de désigner le lieu (ou l'édifice sacré) à partir duquel se pratiquait cette observation. Par extension, tout sanctuaire, tout édifice initiatique, toute forteresse, toute ville et tout empire sont des temples. De nos jours, considérer un château fort comme un temple relève du domaine de l'extravagance. Mais les hommes du Moyen Âge possédaient une vision religieuse du monde, un sens du sacré que ne possèdent plus nos contemporains. D'ailleurs le caractère de « temple » découle tout naturellement du symbolisme du site. Toute montagne cosmique est un centre du monde et tout centre du monde est un temple... Les auteurs des ouvrages de castellologie passent sous silence les rites qui présidaient à l'édification du château. Pourtant ces rites existaient. On sait, par exemple, que la première pierre du château de Saphet a été posée en 1240 par Benoît d'Alignan, évêque de Marseille.

L'enceinte joue aussi un rôle protecteur. Elle figure le cercle de protection magique. En tant que forme enveloppante et fermée, l'enceinte interdit l'accès du lieu protégé à tout ennemi, à toute force maléfique, en laissant la possibilité aux influences célestes de se manifester. Elle rappelle le cercle de rochers (appelé Lokaloka dans l'ésotérisme hindou) qui entoure le cosmos au centre duquel s'élève le mont Méru.

Au Moyen Âge, la valeur défensive des courtines est proportionnelle à leur hauteur et à leur épaisseur. Mais il ne faut pas négliger les fossés (douves ou fonds de cuve) qui renforcent la protection de la forteresse en créant une brèche dans la continuité du sol.

Les tours

À intervalles plus ou moins réguliers, mais soigneusement déterminés, les courtines sont flanquées de tours. De formes diverses (carrées, rectangulaires, circulaires, ovoïdales, polygonales, en fer à cheval), elles sont, depuis le XII siècle, assises sur un talus qui leur donne une assiette plus solide. Dans l'enceinte, elles jouent le double rôle de casernement et de poste de tir.

L'édification d'une tour évoque, bien sûr, la construction de la tour de Babel, dite « porte du ciel » en raison de son ambition à relier la Terre au Ciel (pour permettre aux humains de déloger les dieux des sphères célestes). Nonobstant cette dernière aberration, due à la vanité humaine, la tour de Babel cherchait à unir le plan terrestre au plan céleste. Telle était la vocation de la ziggourat babylonienne, de la prasat des Khmers, des tours astronomiques des hindous et des taoïstes. Dans la tradition chrétienne — qui a inspiré les maîtres d'œuvre médiévaux — la tour est symbole de vigilance et d'ascension. Voilà la raison pour laquelle la Vierge Marie est qualifiée dans les litanies de *Turris Davidica* (tour de David) et de *Turris Eburnea* (tour d'ivoire).

Dans une fresque de Saint-Savin, on voit des compagnons, portant des pierres sur leurs épaules, s'avancer en dansant pour construire une tour ; c'est-à-dire pour réaliser, malgré leur karma, leur ascension spirituelle.

N'est-ce point dans la tour de bronze qui lui servait de prison que Danaé reçut la pluie d'or envoyée par Zeus pour la féconder ?

Si l'athanor des alchimistes est figuré sous la forme d'une tour, c'est pour signifier que les transmutations qui s'y réalisent vont dans le sens d'une élévation de la matière.

La tour de plan carré ajoute à ce symbolisme la notion de stabilité, alors que la tour de plan circulaire appelle la protection céleste.

On attribue aux tours des noms rappelant leur utilisation (tour de la Mèche, tour du Sel, tour du Port), leurs occupants (tour du Gouverneur, tour des Soldats), leurs constructeurs (Surienne, Raoul, Coigny, Talbot). Mais on relève aussi des noms de couleurs (tour Blanche, tour Rouge), des noms de personnages historiques ou de héros bibliques (Hector, Josué, César, Arthur, Charlemagne, David...), des noms de saints ou d'anges (saint Jean, saint Paul, saint Laurent, saint Michel, saint Gabriel...). Il est regrettable que bon nombre des noms primitifs aient été oubliés ou remplacés par des noms plus récents et sans grande signification.

Le pont-levis

Pour pouvoir accéder à l'intérieur du château, l'enceinte est percée de portes ou de poternes soigneusement protégées par des herses, des portails, des assommoirs et des ponts-levis. Ces derniers sont des ponts mobiles actionnés par des systèmes de poulies et de chaînes. Le pont-levis permet de franchir le fossé et de pénétrer à l'intérieur de la forteresse. Son symbolisme est donc celui du passage que l'on retrouve dans le pont Épée de Lancelot, le pont Chinvat de traduction iranienne (étroit comme une lame de rasoir pour les impies) et le pont d'Or du taoïsme qui est de nature initiatique.

Dans le symbolisme du pont, on distingue deux thèmes complémentaires : le thème du passage et celui du danger. Le pont place l'homme sur une voie étroite, à la rencontre inéluctable d'un choix qui peut le perdre ou le sauver. C'est donc le symbole de l'initiation qui fait passer l'homme du monde profane au monde sacré.

On peut ici rappeler que le titre de Pontifex fut celui de l'empereur romain et demeure celui des évêques. Or le Pontifex était jadis le constructeur de ponts, l'intermédiaire entre la terre et le ciel. On retrouve cette idée dans une légende galloise selon laquelle le roi Bran se coucha au travers d'une rivière pour faire passer son armée d'une rive à l'autre. N'est-ce point là l'idée-force de l'aphorisme : « Que quiconque est chef soit pont », c'est-à-dire intermédiaire ?

Le chemin de ronde

Sur le dessus des courtines se trouve le chemin de ronde, ou espace libre laissé entre le parement intérieur du mur et le crénelage. En ancien français, ce dernier portait le nom d'*aléoir* (lieu où l'on fait la ronde en plein air). Le crénelage faisait succéder les merlons (les parties pleines) et les créneaux (les vides). Il était aussi garni soit de hourds en bois, soit de mâchicoulis en pierre.

Le symbolisme qui se rattache au chemin de ronde est celui de l'éveil, de la vigilance et de la protection. C'est du haut de l'aléoir que les guetteurs signalent l'approche de l'ennemi et que les hommes d'armes repoussent celui-ci. La circumduc-

tion de la garde prend également une v[...]
L'initiation aux cycles astraux a pour objet [...]
monie et la paix. C'est pourquoi l'empe[...]
processionnant dans son Ming-Tang, s'ar[...]
portes figurant les douze signes zodiacaux afin d'adapter le
microcosme aux rythmes cosmiques.

Basse et haute cour

Au Moyen Âge, le château fort est non seulement la
demeure du seigneur mais aussi celle des hommes d'armes.
En période de guerre, c'est également le lieu où se réfugient
les paysans de la seigneurie.

Ainsi la cour est-elle divisée en « basse cour » (ou baille
extérieure) et en « haute cour » (ou baille intérieure). Dans la
première nous trouvons la chapelle, les logis des artisans, le
four, les puits, les étables. Dans la seconde sont les magasins
d'armes, les écuries du seigneur, les cuisines. Cette distinc-
tion rappelle que la société féodale est hiérarchisée.

Le donjon

C'est le cœur de la forteresse, le dernier refuge. S'il n'est
pas toujours placé au centre du château, il se distingue des
autres tours par sa hauteur. Il domine toutes les autres
constructions.

De plan carré (Langeais, Loches, Nogent-le-Rotrou, Beaugency, Montbazon, Lavardin, Vitré, Falaise, Chambois...),
octogonal (Gisors, Provins), heptagonal (Largoet-en-Elven)
ou circulaire (Coucy, Ham, Issoudun, Châteaudun, Rouen,
Château-Gaillard), il s'élève de 20 à 50 mètres au-dessus du
sol (Montbazon : 28 m ; Montbrun : 30 m ; Nogent-
le-Rotrou : 34 m ; Grand-Pressigny : 35 m ; Loudun : 40 m ;
Loches : 40 m ; Beaugency : 42 m ; Dourdan : 30 m ; Coucy :
54 m ; Vincennes : 52 m).

Il comporte plusieurs étages. Les uns (en sous-sol) sont des magasins, les autres (supérieurs) sont les logis du seigneur et de ses proches.

Le donjon est d'abord le symbole de la puissance seigneuriale. C'est ainsi qu'au IXe siècle — alors que les tours se multiplient dans les campagnes — Charles le Chauve, par le capitulaire de Pitres (864), s'efforça de réglementer leur construction : désireux de voir leur érection demeurer une prérogative de la puissance publique, il ordonna la destruction des *castella, firmitates et haias* établies sans son autorisation. Mais cet arrêté resta lettre morte.

En principe, selon les contrats dits d'*assurement,* un vassal ne peut construire un donjon sans l'autorisation de son suzerain, et, s'il obtient cette autorisation, la hauteur de son donjon ne doit pas dépasser celle du donjon du suzerain. C'est pourquoi, en construisant un donjon de 54 mètres, Enguerrand III de Coucy jetait un véritable défi au roi de France dont le donjon du Louvre n'excédait pas 35 mètres. Au XVIIe siècle, Richelieu humiliait les nobles en faisant démanteler leurs donjons.

Le donjon symbolise aussi l'axe du monde qui passe par le centre du cosmos qu'est le château. Cet axe est d'abord celui autour duquel s'effectuent les cycles du temps. C'est aussi celui qui unit le Ciel, la Terre et les Enfers (figurés par les parties souterraines du donjon). C'est l'axe ascensionnel et le pilier cosmique, la *solis columna* (colonne solaire) et la *coeli columna* (la colonne céleste) que l'on rencontre dans toutes les traditions antiques. En dehors du donjon, les représentations de l'axe du monde sont innombrables : la montagne, l'arbre, le bâton, la lance, le mât du char royal, la stûpa...

Les parties souterraines

Beaucoup de forteresses comportent des parties souterraines : des caves, des sous-sols, des prisons, des glacières, des silos à grains, des galeries de contre-mines, des galeries de communication... Au XIXe siècle, on se plaisait à en exagérer l'importance : on parlait de souterrains longs de plusieurs dizaines de kilomètres formant des réaux compliqués. Au milieu du XXe siècle, par contre, on essayait de la minimiser : oui, bien sûr, quelques boyaux, mais c'est tout. Il semble que de nos jours les archéologues aient une vision plus réaliste des choses : ils commencent à mesurer l'importance des parties souterraines des forteresses sans toutefois admettre les considérations romantiques.

Le souterrain (le terme est pris dans sa signification générale) est l'archétype de la matrice maternelle. C'est pourquoi il abrite de nombreux rites initiatiques (la mort au monde avant la remontée vers la lumière). C'est donc le lieu où l'on renaît.

C'est aussi le réceptacle des forces telluriques qui jouent un rôle important dans les opérations magiques. C'est pourquoi certains cultes secrets avaient lieu dans les parties basses du château (*cf.* Gilles de Rais œuvrant dans les sous-sols de Tiffauges).

Lieu de souffrance pour les prisonniers, le cachot souterrain symbolise aussi l'enfer.

Le perron

La plupart des seigneurs habitaient dans le donjon. Mais les plus importants d'entre eux possédaient aussi un palais : une vaste pièce rectangulaire où se trouvait la cathèdre du baron. C'est là que ce dernier réunissait ses vassaux.

On y accédait par un perron. À l'origine il s'agissait d'un modeste pont de bois qui fut ensuite construit en pierre.

Le perron avait une importance considérable : c'est là que le baron rendait la justice, qu'il armait les nouveaux chevaliers, qu'il recevait les messagers, qu'il faisait ses adieux quand il partait en expédition. C'est aussi devant le perron que les vassaux prêtaient serment et rendaient hommage.

Le symbolisme du perron est analogue à celui du seuil, lequel est un lieu de passage entre l'extérieur (le profane) et l'intérieur (le sacré). Il marque à la fois la possibilité d'une alliance, d'une union, d'une réconciliation et celle d'une séparation, d'une querelle. Cette possibilité se concrétisant lors de l'arrivée du visiteur, autorisé ou non à franchir le seuil. Le perron est orné des emblèmes du seigneur.

Se tenir au seuil, c'est manifester son intention d'adhérer aux lois qui régissent la demeure. Se placer sur le seuil, c'est se mettre sous la protection du seigneur. Franchir le seuil, c'est transformer ses intentions en actions. De même, rejeter une personne hors du seuil est-ce renier celle-ci, rejeter ses intentions (bonnes ou mauvaises), rompre les liens qui unissent à elle.

Certaines coutumes féodales voulaient que les vassaux baisent le perron ou le frappent trois fois avec un bâton. Dans ce dernier cas, on faisait appel aux ancêtres du seigneur : le perron (ou le seuil) n'était-il point, jadis, lié à leur culte ?

Le château magique

Dans un grand nombre de contes et de légendes, le château apparaît comme le lieu où se manifestent certains enchantements, où sont dissimulés quelques trésors. C'est l'endroit où de belles princesses endormies attendent le prince charmant qui viendra les réveiller. En ce sens, le château symbolise la conjonction des rêves et des désirs.

Le château noir est l'image de l'enfer, de la mort. Il est souvent habité par les puissances du mal.

Le château blanc est l'image de la purification, de la lumière et de l'éveil spirituel.

Le château rouge est le symbole de l'illumination et de la perfection spirituelle. C'est la demeure du Saint-Esprit et le château du Graal.

Signalons que parmi les châteaux édifiés par l'ordre du Temple en Terre Sainte, on relève un château blanc et un château rouge. Ces deux couleurs ne désignent-elles pas le Petit et le Grand Œuvre alchimiques ?

La caverne du cœur

Le symbolisme du château fort procède d'abord du symbolisme du centre, de l'axe du monde et de la montagne cosmique.

Parce qu'il constitue le cœur de la seigneurie, parce que son existence résulte de la décomposition du pouvoir royal, le château fort est le centre du monde, le lieu où passe l'axe du monde. Luc Benoist — *Signes, symboles et mythes* (Que Sais-je ? 1605) — écrit : « La représentation géométrique du centre est le point au milieu du cercle qu'il a produit. Sa représentation géographique dans les différentes traditions lui attribue des sites évocateurs : Terre Sainte, Terre d'Immortalité, Terre Pure, Terre des Bienheureux, Terre des Vivants, Saint Palais, Palais Intérieur, Séjour des Élus... C'est l'Invariable Milieu des Chinois, le Moyeu de la Roue Cosmique, le Temple du Saint-Esprit. Ce peut être un jardin comme le paradis, une ville comme la Jérusalem Céleste, une caverne comme l'Agartha, une île comme l'Atlantide, une montagne comme le Meru, un nombril de pierre comme l'Omphalos... » C'est de ce centre, image du Soleil, que le roi régit son domaine et ses sujets. On retrouve là le symbolisme donné, dans les civilisations antiques (Chine, Perse, Indes, Égypte), aux palais des rois et des empereurs.

Situé sur une hauteur, le château s'apparente à la montagne cosmique (l'Olympe des Grecs, l'Alborz des Perses, le Thabor des Juifs, le Qaf des Musulmans, le Potala des Tibétains, la montagne Blanche des Celtes, le K'ouen-louen des Chinois, le Meru des hindous), centre du monde et lieu d'échanges entre la terre et le ciel. D'où une certaine sacralisation de la personne du seigneur, intermédiaire entre le ciel et la terre.

Entouré d'une enceinte protectrice (fossé, courtine), le château revêt ensuite le symbolisme du temple : c'est un endroit réservé. En effet, le temple, image du cosmos, est non seulement le sanctuaire religieux, mais aussi — selon Luc

Benoist : « Un palais au milieu de son lac, un château au milieu de ses douves, un jardin persan ou japonais. » Par ailleurs, la géométrie, science sacrée par excellence, intervient dans l'élaboration des tracés et des profils de ses éléments architecturaux.

Bien sûr, le château est aussi l'image de la matrice universelle, du refuge intérieur de l'homme, de la caverne du cœur, du lieu de communication intime entre le divin et l'humain. Ce n'est pas par hasard si sainte Thérèse d'Avila décrit l'ascension spirituelle de l'âme par le passage dans sept châteaux successifs.

Le psaume LIX (17-18) n'hésite pas à comparer Dieu à une forteresse : « Mais moi, je chanterai ta puissance et le matin je bondirai de joie pour ta miséricorde car tu es ma forteresse et un refuge pour mon angoisse. Ô ma force, je chanterai en ton honneur, car toi, ô Dieu, tu es ma forteresse, mon Dieu, ma miséricorde. » Ce thème sera repris plus tard par Théolepte de Philadelphie et par Maître Eckhart.

Enfin si les musulmans qualifient de *bordj* (châteaux forts) les constellations boréales, ils le font aussi pour le *tawil* (l'ésotérisme) qui « met les âmes à l'abri de la perdition ». On retrouve semblable idée dans le traité taoïste de la *Fleur d'or* selon lequel le château primordial est la demeure du *sing*, c'est-à-dire de l'Esprit.

IV

LES CHÂTEAUX MAGIQUES

Tour de la Mort et paradis perdu

On a beaucoup épilogué sur les liens — réels ou imaginaires — qui unirent les Templiers aux *Assassis* (pluriel du mot arabe « Assas » signifiant gardien) et nous n'y reviendrons pas.

Les Assassis, farouches combattants, n'obéissaient qu'à leur maître — le « Vieux de la montagne » — qui exerçait sur eux un pouvoir absolu. On raconte qu'en 1092, recevant dans son château médiéval d'Alamut (ou Alamout) un ambassadeur du Shah, le « Cheikh el-Djebel » lui tint un langage méprisant. Il réaffirma son souci d'indépendance vis-à-vis de l'empereur (qui lui enjoignait pourtant de se soumettre) et, désignant du doigt une sentinelle en faction sur la plus haute tour de la forteresse — elle-même perchée au sommet d'une montagne persane —, le chef des Assassis fit remarquer à l'émissaire de Mélik Shah :

— Cet homme, comme tous ceux qui composent ma garde, est prêt à sacrifier sa vie sur un seul geste de moi. Il ne craint pas la mort car mourir pour Hassan, fils de Sabbah, c'est contribuer à la gloire de l'Islam, c'est apporter à Allah et à son serviteur l'iman Ali un ultime gage de fidélité. Tenez, voyez vous-même...

71

Le Cheikh leva la main. Aussitôt, sans un cri, la sentinelle se jeta dans le vide. Son corps se disloqua 200 pieds plus bas.

— Je compte sur vous, poursuivit le chef des Assassis, pour relater scrupuleusement à votre maître Mélik Shah ce que vous avez vu ici. N'omettez pas de lui dire que je possède dans tout l'Orient 70 000 hommes et femmes prêts à se comporter comme ce brave qui vient de mourir dignement. Votre empereur peut-il en dire autant ?

Le Cheikh Hassan se félicitait de l'amitié que lui témoignait le poète et astronome persan Umar Khayyam. Souverain absolu, guerrier sanguinaire, le Vieux de la montagne n'était pas à un paradoxe près. Ne se posait-il pas en ami des sciences et des arts ? Dans sa forteresse d'Alamut, il avait constitué une bibliothèque renfermant des milliers de manuscrits rares et aménagé un observatoire astronomique. Autant de biens précieux qui, au XIIe siècle, tombèrent aux mains des Mongols de Houlakou-Khan.

Les successeurs d'Hassan se gardèrent de mettre fin aux pratiques meurtrières qui avaient tant impressionné l'émissaire de Mélik Shah. La forteresse d'Alamut continua d'effrayer les hôtes de passage. Henri, comte de Champagne, devait figurer parmi ces derniers. En 1194, alors qu'il traversait le territoire ismaïlien à la tête de ses troupes, un détachement d'Assassis vint à sa rencontre. Le détachement salua le comte Henri au nom du Cheikh el-Djebel et l'invita — dès son retour — à faire halte au château. Soucieux de ménager la susceptibilité d'un chef de clan redoutable, le comte de Champagne accepta l'invitation. Il se rendit à Alamut. Le Cheikh el-Djebel le reçut avec les honneurs et lui fit visiter la forteresse légendaire. Les deux seigneurs s'attardèrent sur les fortifications. Ils levèrent la tête vers les tours vertigineuses garnissant les murailles. Deux guetteurs vêtus de blanc se tenaient sur chacune des tours. « Ces hommes, expliqua le Vieux de la montagne, m'obéissent comme jamais sujets chrétiens n'obéiront à leur seigneur ! » Puis il fit un signe et deux hommes se précipitèrent dans le vide. « Si vous le désirez, fit Hassan au comte médusé, tous mes guetteurs en feront autant. » Henri déclina la proposition. Il reconnut volontiers qu'aucun seigneur de la chrétienté ne pouvait exiger une si aveugle soumission de la part de ses sujets et, sans omettre d'emporter de précieux cadeaux, il prit congé de son hôte, lequel lui expliqua tranquillement : « Grâce à ces serviteurs éprouvés, j'élimine les ennemis de la société islamique. »

Mais les serviteurs éprouvés du Cheikh el-Djebel n'avaient pas droit qu'à la mort. Il leur arrivait, de leur vivant, de goûter aux délices (reconstitués) du paradis islamique. Marco Polo — qui put séjourner, en 1271, dans cet éden entretenu par les successeurs d'Hassan Ben Sabbah — apporte le témoignage suivant : « Dans une merveilleuse vallée, enclose par deux hautes montagnes, il avait aménagé un sompteux jardin où poussaient les fruits les plus délicieux et les arbustes les plus odoriférants que l'on puisse rencontrer. En divers endroits du parc se dressaient des palais de taille et de forme variées, couverts de dorures et de peintures, tapissés de riches soieries. Par de petits conduits intérieurs, des ruisseaux de vin, de lait, de miel et d'eau pure coulaient de tous côtés. Les hôtesses de ces lieux étaient d'élégantes et ravissantes jeunes filles, expertes dans l'art du chant, de la danse, de la musique sur toutes sortes d'instruments, et surtout dans la coquetterie et la séduction amoureuse. Merveilleusement parées, elles passaient leur temps à folâtrer et à jouer dans le jardin et les pavillons. Leurs gardiennes étaient reléguées à l'intérieur et n'avaient pas le droit de se montrer. Le but que poursuivait le chef en créant un jardin aussi fascinant était le suivant : puisque Mahomet avait promis à ceux qui se conformeraient à sa loi les joies du paradis et toutes sortes de plaisirs sensuels en la compagnie de ravissantes houris, il fallait faire comprendre à ses adeptes qu'il était, lui aussi, Hassan, un prophète et l'égal de Mahomet, ayant le pouvoir de faire entrer au paradis ceux qu'il lui plairait de favoriser. Pour que nul ne puisse trouver l'accès de cette vallée des délices sans son autorisation, il fit construire à l'entrée une forteresse inexpugnable qui y conduisait par un passage secret. »

Château Rose-Croix et tour d'Olympe

Faisant suite à la publication des manifestes *Fama Fraternitatis* et *Confessio* [1], les « Noces chimiques » de Christian Rose-Croix — que d'aucuns attribuent au Souabe Johaan Valentin Andreae (1586-1654) — mettent en scène la queste initiatique menée sept jours durant par le mystérieux fondateur de la confrérie des Rose-Croix. Les Noces débutent dans un cachot. La veille de Pâques 1459.

Christian Rose-Croix se trouve transporté en rêve dans une tour aux côtés d'une foule de prisonniers. Les fers aux pieds, plongé dans l'obscurité la plus totale, il expérimente la dure existence des gens emprisonnés et se trouve en butte aux lazzis et aux vexations de ses compagnons de détention. Soudain, il perçoit la sonnerie de plusieurs trompettes et les roulements de grosses caisses. Le toit de la tour se soulève et laisse filtrer un rai de lumière. Bénéficiant de l'aide inattendue d'une vieille femme, après maintes difficultés, Christian Rose-Croix parvient à quitter la tour. C'est alors que son rêve prend fin.

Le lendemain, notre chevalier Rose-Croix décide de partir en voyage. Il s'équipe en conséquence, revêt une robe de lin blanc, se ceint les flancs d'un ruban rouge sang qu'il croise au-dessus des épaules [2], pique quatre roses à son chapeau, fait provision de pain, de sel et d'eau, prie Dieu, fait vœu de silence, promet d'aider son prochain et quitte joyeusement sa cellule.

Le deuxième jour, Christian Rose-Croix traverse une forêt peuplée d'oiseaux et de faons. Quatre voies s'offrent à lui.

---

1. Respectivement parus à Cassel (Allemagne) en 1614 et 1615.
2. Ce ruban rouge à l'épaule rappelle la croix de gueules des Templiers et la patte palmée des cagots...

Hésitant sur celle à emprunter — la dernière est à ce point entourée de feu et de fumée qu'il vaut mieux éviter de s'y aventurer ! —, il aperçoit une colombe poursuivie par un corbeau. Il court délivrer la colombe. Il se rend alors compte qu'il s'est engagé dans une voie où souffle un vent violent l'empêchant de faire marche arrière. Il n'a d'autre possibilité que de poursuivre sa route. Christian Rose-Croix finit par apercevoir, au sommet d'une montagne, un portail royal couvert de symboles dont il ne peut percer la signification. Passant sous ce portail, il doit se soumettre aux vérifications de deux gardiens. Il peut ensuite emprunter la route « plantée de beaux arbres aux fruits divers » menant « tout droit au château »...

Le sol du château est en marbre clair ; aussi Christian Rose-Croix est-il invité à chausser des souliers neufs pour suivre un page qui le conduit dans une petite salle éclairée par des torches. C'est dans cette forteresse « magique » — après avoir subi, avec succès, plusieurs épreuves — qu'il se voit conférer la Toison d'or. Il reçoit également — en compagnie d'autres impétrants — une coupe d'or offerte par le roi maître des lieux.

Le cinquième jour, Christian Rose-Croix prend place sur un navire et, après quelques heures de navigation, accoste sur une île à la forme d'un carré régulier. Elle est ceinte d'un rempart solide (260 pas d'épaisseur). Elle abrite une tour centrale : la tour d'Olympe...

Le chevalier Rose-Croix se livre ensuite, avec quelques compagnons, dans le laboratoire mis à leur disposition, à certains travaux alchimiques. Un vieillard œuvrant sur un petit fourneau circulaire se montre « charitable »[1] à l'égard des nouveaux venus. Il leur prodigue des conseils déterminants.

Le septième jour, Christian Rose-Croix quitte sa chambre

---

1. Il existe deux sortes d'alchimistes : les « envieux » (qui cherchent à égarer les jeunes adeptes) et les « charitables » (qui ne craignent pas de fournir quelques explications sur le processus du Grand-Œuvre).

pour retourner dans la tour. Les remparts étant percés de galeries obscures, Christian est contraint d'errer un bon moment avant de trouver une issue. Même embarras du côté de ses compagnons de fortune. Mais tous finissent par se regrouper dans une salle basse, voûtée, où on leur remet des frocs jaune vif ainsi que leurs Toisons d'or. Une dame leur annonce qu'ils viennent d'être sacrés chevaliers de la pierre d'or et le vieillard charitable gratifie chacun des heureux élus d'une pièce d'or gravée de deux maximes hermétiques.

Vient l'heure du départ. Christian Rose-Croix et les chevaliers de la pierre d'or embarquent à bord de douze nefs voguant toutes voiles dehors. Ils franchissent un bras d'eau, atteignent la lagune et se retrouvent encerclés par une flotte de 500 navires. Ceux-ci sont occupés par le roi, la reine et une cour « de nobles seigneurs, de dames et de pucelles ». Tout ce beau monde finit par atteindre de nouveaux rivages.

Sur la terre ferme, des laquais tenant en bride plusieurs centaines de chevaux attendent les nouveaux arrivants. Chaque voyageur a droit à sa monture. Christian Rose-Croix et le vieux maître alchimiste sont conviés à chevaucher aux côtés du roi. Ils portent chacun « un étendard d'une blancheur immaculée, marqué d'une croix rouge ». Ils ne tardent guère à rejoindre le château royal où un banquet est donné en leur honneur.

Les Noces chimiques s'achèvent.

Après avoir débuté dans la tour obscure, s'être prolongées dans le château de Sa Majesté royale, les Noces peuvent-elles trouver meilleur dénouement que dans cet inoubliable château sans lequel Christian Rose-Croix n'eût pu connaître l'heureux épisode de la tour d'Olympe ?

La tour carrée — comportant parfois sept étages — joue un rôle non négligeable dans l'iconographie hermétique. Elle est carrée parce qu'elle figure les quatre éléments. Elle comporte sept étages parce qu'il existe sept métaux alchimiques, sept rayons de la Tradition, sept dons de l'Esprit-Saint.

C'est dans la tour des châteaux hermétiques que l'adepte

réalise la pierre d'or. C'est là seulement que le prince charmant (celui qui sait charmer les métaux), après maintes pérégrinations, peut espérer voir s'ouvrir les yeux de la Belle au bois dormant (la matière endormie).

Le château du Graal

C'est au sortir de la forêt — peuplée d'oiseaux et de faons — que Christian Rose-Croix aperçoit l'entrée du château royal.

Pareille aventure, bien avant Christian Rose-Croix, est arrivée au chevalier Perceval, noble Gallois lancé à la recherche du Graal. Maître Chrétien de Troyes [1] nous le baille de fort belle manière en son chapitre III : « Et le valet (Perceval non encore adoubé par le prud'homme Gornemans), sans nul arrêt, va chevauchant par la forêt tant qu'il vient à terrain découvert que bordait une rivière plus large qu'une portée d'arbalète car elle recueillait toute l'eau de la région dans son lit. Il traverse la prairie jusqu'à la grande rivière qui bruit mais quand il voit l'eau courir noire et plus profonde que la Loire, il n'y entre pas. Il suit donc la rive et voit soudain sur l'autre bord s'élever une colline rocheuse dont l'eau venait battre le pied. Sur le penchant de la colline, tourné vers la mer, se dressait un château riche et fort. Comme l'eau formait là une baie, le valet tourna à gauche et vit naître les tours du château, car il lui parut qu'elles naissaient et qu'elles sortaient du rocher. Au milieu du château s'élevait une haute et forte tour ; une solide barbacane dominait le golfe creusé par la mer qui en baignait le pied. Aux quatre coins du mur dont les pierres étaient dures et fortes, il y avait quatre tourelles basses et puissantes. Le château semblait très plaisant et bien aménagé à l'intérieur des murs. Devant le châtelet rond se dressait un haut et

---

1. *Le roman de Perceval ou le conte du Graal* (transcrit en prose moderne d'après le manuscrit français n° 12576 de la Bibliothèque nationale par S. Hannedouche, éditions Triades).

robuste pont de pierre bâti à sable et à chaux, flanqué de bastions avec une tour au milieu et, devant, un pont-levis qui selon sa destination servait le jour de pont et la nuit de porte. »

Le château du prud'homme Gornemans — comme celui de Sa Majesté royale pour Christian Rose-Croix — joue un rôle important dans l'aventure de Perceval. C'est dans ce « châtelet » que Perceval rencontre son premier initiateur, c'est là qu'il est fait chevalier. Comme le veut la coutume, Perceval se laisse chausser l'éperon droit par Gornemans. Ensuite, il se voit remettre une épée — tenue religieusement par des valets — et embrasser par le prud'homme qui lui déclare « qu'avec l'épée il lui a conféré l'ordre le plus haut que Dieu ait créé. C'est l'ordre de chevalerie qui doit être sans vilenie ».

Armé chevalier, Perceval le Gallois prend congé de son hôte. Il s'enfonce de nouveau dans la forêt ; car, nous dit Chrétien de Troyes, il s'y connaît mieux en forêts qu'en espaces découverts.

La forêt joue un rôle fondamental dans la queste initiatique. Les druides attachent une grande importance aux arbres, enseignent, soignent, méditent sous les frondaisons, font la cueillette du gui. Saint Bernard de Clairvaux affirme que l'on apprend mieux dans les bois que dans les livres. Les alchimistes évoquent volontiers le grand livre de la Nature. Le fameux livre détenu par Christian Rose-Croix.

C'est dans la forêt de Brocéliande que Merlin l'enchanteur s'éprend de la fée Viviane. C'est là, au milieu du lac de Diane, qu'il fait surgir pour sa bien-aimée un château invisible. Ceux qui chercheront à pénétrer dans ce château par traîtrise ou par envie périront noyés, confie-t-il. Et Viviane utilise le domaine du Lac pour garder auprès d'elle l'enfant qu'elle a enlevé. Le fils du roi Ban de Bénoïc et de la reine Hélène, plus tard, sous le nom de Lancelot. Par sa mère, Lancelot du Lac descendait de Pellès, frère de Joseph d'Arimathie [1] et dernier

---

1. Disciple secret du Christ, J. d'Arimathie reçut en dépôt la coupe de la Cène (le Graal), modeste objet de terre cuite qu'il fit recouvrir d'or.

représentant des rois Pêcheur. Mais Lancelot ne parviendra pas à conquérir le Graal. Il devra laisser cette tâche à son fils Galaad, chevalier à l'armure vermeille auquel le ciel a réservé un écu à *croix rouge* quelque part dans une abbaye...

De nos jours, il ne subsiste de l'antique Brocéliande que la forêt de Paimpont jadis fréquentée par les druides. Le château invisible construit par l'enchanteur Merlin, ami du roi Arthur et de Ban de Bénoïc, se trouve peut-être dans l'étang du Miroir-des-Fées ou dans l'étang du Pas-du-Houx. À moins qu'il ne soit dans l'un des lacs proches du château de Comper, demeure natale de la fée Viviane, fille du seigneur Dymas, lui-même neveu de la déesse Diane. Du château fort de Comper il ne subsiste que des douves et quelques ruines de tours et de remparts. Suffisamment en tout cas pour se laisser emporter par le rêve. Quant à la rivière d'Aff, non loin du hameau des Forges, elle a livré, il y a quelques années, de modestes vestiges que d'aucuns se sont empressés d'identifier aux structures primitives du *pont du Secret* sur lequel se sont rencontrés Lancelot et la reine Guenièvre. Et l'on raconte que sur les berges de la rivière d'Aff apparaît certaines nuits de juin, au moment du solstice d'été, le spectre d'une femme sans tête vêtue d'une robe médiévale. S'agit-il du fantôme de la fée Réjane enterrée, d'après la légende, non loin du pont du Secret ?

Mais revenons à Perceval. Au sortir de la forêt solitaire, notre Gallois aperçoit un château « fort et plaisant » qu'aucun mur n'entoure sinon « la mer et l'eau et la terre déserte ». La pucelle vivant en ces lieux — sous la protection de sergents en armes — lui offre l'hospitalité. Perceval trouve la pucelle « plus gracieuse et élégante qu'épervier ou papegai ». N'est-elle pas vêtue d'un manteau et d'un bliaut de pourpre sombre étoilé d'or à doublure d'hermine ? Pour ravir le cœur des gens, Dieu n'a-t-il point fait en elle plus que merveille ? Par amour pour cette ravissante pucelle aux cheveux d'or, Perceval triomphe au combat du méchant Enguingueron et, en reconnaissance, reçoit de la damoiselle « baisers et douces paroles ». Mais notre Gallois devra encore livrer bataille, vaincre Clamadeu (en hommage au roi Arthur), prendre congé de Blanchefleur, quitter le château de Beaurepaire avant de faire la connaissance du roi Pêcheur. Ce dernier se tient dans une nef en aval d'un fleuve. Il a jeté l'ancre. Il pêche à la ligne après avoir « amorcé son hameçon d'un poissonnet un peu plus grand qu'un vairon ». Il invite Perceval à passer la nuit dans sa demeure. Il lui indique le chemin à suivre pour parvenir jusqu'à cette « maison » que jouxtent une « rivière et des bois ». Perceval découvre en fait un magnifique château féodal, dont la tour n'a pas d'égale jusqu'à Beyrouth ! Elle est carrée, bâtie de pierre bise et flanquée de deux tourelles. La salle se tient devant la tour et les loges devant la salle. Reçu par le maître des lieux — beau prud'homme coiffé d'un chapeau de zibeline noire comme mûre, orné de pourpre par-dessus (ainsi que la robe) — dans une salle qui eût pu recevoir quatre cents hommes et que domine une cheminée d'airain haute et large, Perceval assiste, la nuit venue, à une scène merveilleuse. À la lueur des chandelles, tandis que le Gallois devise tranquillement avec le roi Pêcheur, vient à passer un valet tenant une lance blanche dont la pointe laisse échapper une goutte de sang vermeil.

« Alors, nous dit Chrétien de Troyes, deux autres valets vinrent qu'en leurs mains tenaient chandeliers d'or fin et niellé. Ces valets étaient très beaux ; en chaque chandelier brûlaient dix chandelles à tout le moins. Un Graal, entre ses deux mains, tenait une demoiselle belle et gente et bien parée qui venait avec les valets. Quand elle fut entrée avec le Graal, un si grand éclat illumina la salle que les chandelles perdirent leur clarté comme font les étoiles quand se lève le soleil ou la lune. Après elle, en vint une autre qui portait un tailloir d'argent. Le Graal qui allait devant était de fin or pur ; il était orné de pierres précieuses de toutes sortes, des plus riches et des plus chères qui soient en mer ou en terre. Elles passaient en beauté toutes les autres pierres, sans la moindre doutance. »

Ainsi c'est une gente damoiselle qui a le privilège de porter le Graal. Dans l'iconographie égyptienne, c'est toujours une femme qui apporte au pharaon le lotus, symbole de renaissance. Les *fravashi* iraniennes, les walkyries nordiques aident les guerriers à se transcender. Les fées celtiques emportent les héros dans des îles mystérieuses, des châteaux invisibles où elles les rendent immortels et prisonniers de leur amour. La femme symbolise la tradition initiatique. Sensible aux cycles, elle personnifie les divers aspects de la révélation divine. Veuve, elle accepte que son fils s'élance sur la voie périlleuse pour tenter de faire triompher un nouvel idéal (un nouveau cycle de la tradition). Pucelle, elle symbolise — par sa candeur et son infinie beauté — la récompense du héros ayant triomphé des épreuves (la réalisation spirituelle).

Dans son *Traité de l'amour*, André le Chapelain (XIIe siècle) écrit que chacun doit s'efforcer de servir les dames afin d'être illuminé par leur grâce ; de leur côté, les dames doivent faire de leur mieux pour conserver les cœurs des bons dans les bonnes actions et honorer les bons pour leur mérite. André le Chapelain — un clerc attaché à la comtesse Marie de Champagne, fille d'Aliénor d'Aquitaine et du roi de France Louis VII — avoue s'être inspiré de *L'Art d'aimer* d'Ovide. Son traité s'articule autour d'un palais d'amour auquel on accède par trois portes. À chaque porte correspond une catégorie de femmes. La première catégorie regroupe les femmes désireuses d'écouter la voix d'amour ; la seconde, les femmes qui refusent d'écouter cette voix ; la troisième, les femmes sensuelles qui ne vivent que pour l'amour physique. Le Chapelain ne juge dignes d'éloges que les dames ayant choisi d'entrer dans l'*ordre de la chevalerie d'amour*.

Les trois portes du Palais d'amour imaginé par le collaborateur de Marie de Champagne rappellent les trois grades des constructeurs (apprentis, compagnons, maîtres), les trois croix du Golgotha, les trois classes d'initiés (cherchants, rose-croix, maîtres ascensionnés), les trois églises du Christ (église de Pierre, église de Jean, église de Melchisédec), les trois triades angéliques, les trois couleurs alchimiques essentielles (noire, blanche et rouge). Car les préoccupations initiatiques traditionnelles de ces fameuses « Cours d'amour » — où officient Marie de Champagne, Ermengarde d'Anjou... — sont indéniables. On y rêve de pureté, d'absolu, de noces mystiques. Les femmes sont étroitement associées à la queste initiatique. Les dames sont les parèdres des chevaliers.

Saint Bernard de Clairvaux, initié culdéen, mystique chrétien, père des Templiers, encourage la période courtoise. Celui qu'on a si souvent dépeint comme un incurable misogyne écrit — n'en déplaise à ses détracteurs — des missives enflammées à la duchesse Ermengarde, demi-sœur de Foulques V, comte d'Anjou, entrée chez les cisterciennes du prieuré de Larrey. Il ne craint point d'annoncer : « Ô si tu pouvais lire en mon cœur cet amour pour toi que Dieu a daigné y inscrire de son doigt ! Tu comprendrais certes que ni langue ni plume ne suffiraient à exprimer ce qu'en ma moelle la plus intime l'esprit de Dieu a pu imprimer ! Maintenant même je te suis proche par l'esprit, bien qu'absent par le corps. Il ne dépend ni de toi ni de moi que je te sois effectivement présent ; mais il y a au plus profond de toi-même un moyen de me deviner si tu ne sais pas encore ce que je te dis : entre en ton cœur, tu y verras le mien, et accorde-moi autant d'amour envers toi que tu sentiras qu'il en est en toi envers moi... »

Et Régine Pernoud en son pertinent ouvrage *La femme au temps des cathédrales* [1] d'ajouter ce commentaire : « Précisons qu'à l'époque Ermengarde a soixante ans et que Bernard est un homme dans la force de l'âge : quarante ans. Mais s'il eut la sainteté austère, celui-ci n'en a pas moins su trouver, lorsqu'il s'adressait aux femmes, les accents de son temps. »

Bernard le cistercien, conscience de l'Occident, bête noire des princes, des évêques et des rois, a la plume et la parole faciles. À Thibaud de Champagne, il fait remarquer : « L'épée ne t'a été donnée que pour la défense du faible

---

1. Éditions Stock.

et du pauvre... » À propos des Templiers, il écrit non sans cynisme : « Parmi eux, il y en a de scélérats, impies, ravisseurs, sacrilèges, homicides, parjures, adultères ; il y a là un double avantage : le départ de ces gens est une délivrance pour le pays, et l'Orient se réjouira de leur arrivée à cause des services qu'ils pourront lui rendre. »

Cet abbé cistercien connu pour son réalisme et son franc-parler n'en approuve pas moins l'amour courtois. Mieux : il le revendique. Comme il ne fait pas mystère de sa filiation celtique. Son sceau — un vase d'où s'échappe un serpent — en témoigne. Ainsi que la profonde amitié qu'il voue à l'évêque irlandais Malachie.

Ce n'est également pas un hasard si les Romans de la Table Ronde contant la quête du Graal sont issus des monastères bénédictins. Ils ont été composés à l'intention de chanteurs, de trouvères qui les colportent, de château en château, pour tenter de jeter les bases d'une nouvelle chevalerie moins portée sur les pillages et les joutes sanglantes, plus mystique et ascétique que profane et « paillarde ».

L'abbaye bénédictine de Glastonbury — à l'est du Somerset — passe pour avoir abrité le Graal. Ne faisant que prendre le relais des communautés druidiques ayant reçu la garde de l'objet sacré des mains de Joseph d'Arimathie (venu évangéliser l'Angleterre en l'an 63). Glastonbury — où serait enterré le grand roi initié Arthur Pendragon — appartient à l'ancien royaume du Wessex, au même titre que les sites fantastiques de Salisbury, Avebury et Stonehenge. Au XIe siècle, un moine de l'abbaye de Glastonbury écrit un *Liber Gradalis*, donnant le signal de ce qui deviendra plus tard le cycle de la Table Ronde sur lequel se pencheront Gautier Map *(La queste du Saint Graal)*, Robert de Boron *(Le roman du Saint Graal)*, Chrétien de Troyes *(Perceval le Gallois)*, Wolfram von Eschenbach *(Parzival)*. Sans oublier Albrecht von Schaffenberg *(Titurel)*, Malory *(La mort d'Arthur)*, Heinrich von Dem Turlin *(Diu Crône)*...

Les romans du Graal s'accumulent durant une période

relativement courte : entre le dernier quart du XIIe siècle et le premier quart du XIIIe siècle. Donc en pleine apogée gibeline, courtoise et templière.

Pour Wolfram von Eschenbach, le Graal est détenu au château de « Montsalvage » (identifié à Montségur, haut lieu du catharisme) avant d'être confié à la garde des *templeisen* (Templiers). Von Eschenbach dit tenir cette information d'un mystérieux *Kyot der Provinzal*...

Pierre Ponsoye, dans *L'Islam et le Graal* [1], rappelle que Wolfram, chevalier de son état, est très probablement affilié à l'ordre du Temple qu'il identifie ouvertement à l'ordre du Graal. Si Wolfram publie son *Parzival*, c'est sans doute avec l'aval de la « Sainte Maison ». Et Ponsoye d'assimiler le mystérieux Maître Kyot sinon à l'autorité spirituelle du Temple, du moins à un courant souterrain (la fameuse *hiérarchie secrète* qui a tant fait couler d'encre ?).

Montségur — et son curieux château fort —, à l'image du mont Thabor (Palestine) ou du pic Tor de Glastonbury, est une représentation de la montagne Polaire, le *medium mundi*, l'axe du monde. Il figure l'unité de la tradition, le point de jonction entre la Terre et le Ciel, le point de rencontre entre la chevalerie terrestre (catharisme, ordre du Temple) et la chevalerie céleste (Saint-Michel). L'initiation balaye le racisme et les interdits. Elle unit l'Orient à l'Occident. Wolfram von Eschenbach fait état d'un païen nommé Flégétânis qui « découvrit, en *examinant les constellations*, de profonds mystères dont il ne parlait qu'en tremblant. Il était, disait-il, un objet qui s'appelait le Graal. Il en avait clairement lu le nom dans les étoiles. Une troupe d'anges l'avait déposé sur terre puis s'était envolée bien au-delà des astres ».

Il faut pratiquer l'astrologie sacrée, obtenir des signes du ciel, pour mener à bien la quête hermétique.

Alors que s'achève la cinquième journée des « Noces chimiques », Christian Rose-Croix, qui a élu domicile dans la

---

1. Éditions Denoël.

tour d'Olympe, quitte sa couche (une modeste couverture jetée à même le sol) pour prendre le frais dans « les jardins, jusqu'au rempart, tout en passant le temps à observer les astres. « Comme la Lune brillait, nous dit-il, je m'enhardis, je grimpai sur le rempart pour jeter un regard sur la mer. La mer était d'huile. L'occasion se présentant d'une meilleure observation astronomique, je m'aperçus que la nuit que nous vivions offrait une conjonction de planètes qui ne se produirait pas de sitôt. Cependant, après avoir contemplé la mer un bon moment, sur les douze coups de minuit, je vis les sept flammes monter de l'horizon, sur la mer, et se rendre au sommet de la tour. J'eus un peu peur, car, quand les flammes se furent posées, le vent se leva et la mer s'agita en tempête [1] ».

L'île de la tour d'Olympe — où œuvre Christian Rose-Croix — peut être rapprochée de l'île d'Avallon (Glastonbury) où s'est réfugié le roi Arthur. Pour André le Chapelain — notre spécialiste de l'amour courtois —, le royaume d'Arthur est protégé par des géants et abrite un château en perpétuel mouvement de rotation. C'est dans ce château qu'est entreposé le vase surnaturel conquis par le roi Arthur ; un vase qui guérit toutes les blessures et assure à son détenteur le privilège d'immortalité. Le château en mouvement d'Arthur Pendragon rappelle l'« île tournoyante » de la tradition celtique, l'« île philosophique » des alchimistes, manifestation première de l'épaississement et de la coagulation. Les douze chevaliers de la Table Ronde, groupés autour du roi Arthur, figurent les douze signes du zodiaque. Comme l'indique cette phrase extraite du *Tristan* de Béroul (XIIe siècle) : « Ja verroiz la Table ronde qui tournoie comme le monde. »

Difficile de conserver son équilibre. De mener à son terme la quête du Graal. Il faut faire preuve d'un courage surhumain pour triompher des géants attachés à la garde d'Arthur Pendragon et pénétrer au cœur du château tournoyant. On

---

1. Bernard Gorceix, *La Bible des Rose-Croix*, P.U.F. éditeur.

comprend que messire Gauvin se soit senti pris « comme dans un tourbillon », ait failli succomber à une avalanche de pierres et de flèches avant de tuer un lion sauvage. Et de prendre possession du château du Graal, échappant définitivement à l'emprise de Clinschor.

V

MEHUN-SUR-YÈVRE
ET LE CENTRE PRIMORDIAL

Le château

Situé à 15 kilomètres au nord-ouest de Bourges, la ville de Mehun-sur-Yèvre a pour origine un camp romain établi à proximité de la voie reliant Bourges et Tours.

Sur l'extrémité d'un promontoire calcaire dominant le confluent de l'Yèvre et de l'Annaim, se dressent les vestiges d'un château bâti, entre 1367 et 1390, sur ordre de Jean, duc de Berry, par son maître d'œuvre Guy de Dammartin. Cependant, les deux tours subsistantes (l'une renferme un musée d'intérêt régional) ainsi qu'une miniature de Pol de Limbourg et un dessin de Jean Pennot permettent d'évoquer le château tel qu'il fut.

L'avant-cour, délimitée par une courtine, occupait l'esplanade qui s'étend au sud de l'église actuelle. Elle précédait le château proprement dit, isolé par des fossés, larges de 20 mètres et profonds de 10 mètres. L'eau de l'Annaim les remplissait grâce à un ingénieux système dont la pièce maîtresse était un barrage.

Extérieurement aux courtines du château, une fausse braie, large de 10 mètres, pouvait être garnie de pièces d'artillerie. Cette braie se terminait au sud par une sorte de bastion. C'est dire si le passage du fossé était fortement défendu !

Le plan du château est celui d'un quadrilatère irrégulier dont les côtés mesuraient respectivement 40, 38, 25 et 20 mètres. Les courtines, aux forts talus, dressaient leur chemin de ronde à 25 mètres de haut. À chaque angle du quadrilatère, des tours cylindriques dominaient d'un étage les courtines. Trois de ces tours avaient 8 mètres de diamètre (hors œuvre) et la quatrième, « la tour dite Charles VII », plus importante (12 mètres de diamètre), faisait office de donjon, tout en surveillant l'entrée du château. Elle était pourvue d'un four et d'un puits.

Mais l'originalité de Mehun résidait dans ses superstructures qui, au-dessus des murs, s'élevaient comme celles d'une cathédrale. Grâce, légèreté, harmonie : telles étaient les caractéristiques de la forteresse si l'on en juge par la miniature de Pol de Limbourg (les *Très Riches Heures du duc de Berry*).

D'ailleurs la décoration de Mehun a suscité l'admiration de Froissart, de Claus Sluter, de Jean de Biaumes. Même Philippe le Hardi, duc de Bourgogne, la considère comme exemplaire puisqu'il conseille à ses architectes et à ses décorateurs de s'en inspirer.

Citons Raymond Ritter (*L'architecture militaire du Moyen Âge*, Payot, 1974) : « Au-dessus du châtelet d'entrée, une chapelle à double étage, un ange sourit au faîte de son chevet. Sur la croix de la flèche, un coq d'or étincelle dans le soleil. De la plate-forme crénelée de chaque tour, une lanterne octogonale à claire-voie sous ses bables, ses pinacles et ses statues, pareille à une chasse de pierre s'élance, dessinant ses remplages délicats. À la crête des toits, les plomberies font briller leurs festons et leurs girouettes. Au sommet des pignons à crochets de la grande salle, ajourée d'une verrière de cathédrale, est figuré un guerrier serrant sa lance contre sa cuirasse et s'appuyant sur un écu semé de fleurs de lys de Jean, fils de France. »

Mehun-sur-Yèvre annonce Chambord et témoigne des goûts raffinés de Jean de Berry.

Pillé durant les guerres de Religion, incendié par la foudre puis démantelé au XVIIe siècle, le château fut vendu au XIXe siècle par la municipalité à un marchand de matériaux...

Ce n'est qu'en 1887 que les Monuments historiques se décidèrent à intervenir. Ils consolidèrent le donjon dont on peut encore admirer les quatre salles hexagonales voûtées sur nervures (retombant sur des culots sculptés), lesquelles s'obstinent à évoquer les fastes du passé. On peut encore voir une partie de l'étage inférieur de l'avant-corps et les deux salles du rez-de-chaussée du bastion.

C'est, hélas, les seuls vestiges subsistant de la somptueuse demeure de Jean, duc de Berry.

Jean de Berry

Jean de France, connu dans l'histoire sous le nom de « duc de Berry », est né en 1340 au château de Vincennes. Il est le troisième des quatre fils du roi Jean le Bon. L'aîné, Charles, deviendra Charles V ; le second, Louis, sera duc d'Anjou et le cadet, Philippe, dit le Hardi, premier duc de Bourgogne.

L'éducation de Jean — comme celle de ses frères — est tout particulièrement soignée. Des cours de théologie, sciences morales, grammaire, rhétorique, dialectique, musique, lui sont dispensés.

En 1356, alors qu'il est chevalier de l'ordre de l'Étoile, Jean reçoit, de son père, la mission d'aller défendre le Languedoc contre le Prince Noir. Le jeune homme ne se presse pas et s'installe à Bourges pour préparer l'expédition.

En 1360, il épouse Jeanne d'Armagnac, devient duc de Berry et d'Auvergne, avec pour charge de protéger les pays situés au sud de la Loire. Mais le prince n'aime pas la guerre, il préfère organiser son duché en petit royaume. Il construit des châteaux somptueux, encourage les artistes et les écrivains. La folie de Charles VI le ramène cependant à Paris où il est membre du Conseil royal avant de mourir le 15 juin 1416.

Certains historiens nous dépeignent le duc de Berry comme sensuel, apathique et cupide. Certes, sur le plan des armes, il n'apparaît pas comme un foudre de guerre. Pourtant il ne faut pas oublier que Jean de France institue en 1379 une Chambre des comptes, qu'il se révèle bâtisseur et mécène...

Autour de lui, nous trouvons Guy et Dreux de Dammartin, ses maîtres d'œuvre en architecture, Jean de Cambrai et Beauneveu, sculpteurs, Jacquemart de Hesdin et les frères Limbourg, enlumineurs. Citons aussi le moine Lutbert Hautschild, astrologue, conseiller très écouté, et Jean Flamel, frère cadet de l'alchimiste Nicolas Flamel, qui pratique aussi l'art d'Hermès tout en étant secrétaire du duc.

Dans l'inventaire de la librairie de Mehun, établi en 1402, on note, parmi les nombreux ouvrages religieux, historiques et littéraires, des livres de magie et d'astrologie.

Tous ces indices permettent de penser que les disciplines traditionnelles sont pratiquées en la cour ducale.

Les *Très Riches Heures du duc de Berry*

Miniaturistes originaires du Limbourg, les trois frères Pol, Hennequin et Hermann travaillent d'abord à Dijon (de 1401 à 1404) au service de Philippe le Hardi, duc de Bourgogne. Ils passent ensuite à la cour du duc de Berry, deviennent valets de chambre de ce dernier, et jouissent d'une haute considération. Chargés de décorer les psautiers et les livres d'heures, ils entreprennent ce qui est considéré comme le chef-d'œuvre de l'enluminure du XVe siècle : les *Très Riches Heures du duc de Berry*. Sur les 129 miniatures que compte le chef-d'œuvre, 69 sont dues aux frères Limbourg. Les autres seront effectuées après la mort du trio, par Jean Colombe.

On y trouve un calendrier : chacune des douze images

illustrant un mois de l'année comporte le travail caractéristique du mois, un château, comput surmonté du signe zodiacal correspondant. Notons ensuite la gravure de l'homme du zodiaque mettant en correspondance les parties du corps humain et les signes zodiacaux. Nous retrouvons là un des thèmes chers à la Kabbale.

Nous ne pouvons, dans le cadre du présent ouvrage, nous livrer à une analyse poussée de chaque miniature. Nous dirons simplement que l'ensemble apparaît conçu pour enseigner l'existence de relations entre les signes zodiacaux, les parties du corps humain, les activités et les divers types d'architecture. Par ailleurs, les grands thèmes alchimiques ne sont pas ignorés. C'est dire la richesse symbolique de l'œuvre des frères Limbourg et de Jean Colombe.

« Oursine, le temps venra » (viendra)

Gérard de Sède — *Le trésor cathare*, Julliard, 1966 — s'est penché sur la miniature ouvrant le calendrier des *Très Riches Heures*. Celle-ci représente le duc, assis à sa table, dans son palais de Bourges.

Malgré la richesse et l'abondance des mets, le duc garde un maintien austère : ses lèvres sont scellées comme si elles voulaient garder un secret. Debout, à gauche du duc, deux conseillers. L'un porte une sorte de bonnet à deux ailes et figure Hermès, le maître initiateur en alchimie des collèges sacerdotaux égyptiens. Juste derrière le duc, une colonne partageant un cercle en deux : c'est l'axe du monde qui pointe vers le chapiteau orné des emblèmes ducaux : des ours et des cygnes.

À droite du duc, un conseiller vêtu d'une toge rouge tient à la main une baguette analogue à celle des augures étrusques : *le lituus* servant à déterminer la portion du ciel dont l'image projetée sur le sol deviendra le temple. Ici le lituus désigne la tête d'un cygne. De part et d'autre est inscrit le mot « approche ». Partant des mots « ours », « cygne » et

« approche », la kabbale phonétique permet de reconstituer la devise de Jean de Berry : « Oursine le temps venra ».

Vers la fin du IIe siècle avant notre ère, Hipparque découvre le phénomène de précession des équinoxes. En comparant ses observations avec celles effectuées un siècle auparavant, il constate que les nœuds de l'écliptique (points de rencontre de celle-ci avec l'équateur céleste) ont rétrogradé de près de deux degrés. Depuis, de multiples observations ont confirmé ce phénomène dû à l'attraction combinée du Soleil et de la Lune sur le renflement équatorial terrestre. Le déplacement des nœuds est de l'ordre de 50 secondes par an, de telle sorte que la période du mouvement est de 25 800 ans. Une des conséquences de la précession des équinoxes est le déplacement de l'axe des pôles. Celui-ci décrit un cône de révolution en 25 800 ans également. Il en résulte deux phénomènes :

— le point vernal (équinoxe de printemps) passe d'un signe à l'autre du zodiaque en une période moyenne de 2 150 ans. Il y a 6 000 ans il était dans le Taureau, il y a 4 000 ans dans le Bélier, il y a 2 000 ans dans les Poissons... Dans quelques années, il sera dans le Verseau ;

— au cours de son déplacement l'axe des pôles ne vise pas toujours la même étoile. Si l'étoile polaire est présentement delta de la Petite Ourse, elle était alpha du Dragon au temps de l'ancien empire d'Égypte et elle sera, entre 10 900 et 13 000, l'étoile double Albireo, la tête du cygne. Or, chez les pythagoriciens, c'est la tête du cygne qui marque la séparation dans la Grande Armée cosmique entre la Grande Nuit et le Grand Jour qui durent chacun 12 900 ans. Le cygne, oiseau consacré à Hermès, est le symbole de la pureté et de la lumière.

Ainsi donc la devise ducale témoigne-t-elle de la connaissance approfondie des cycles temporels qu'avait Jean de Berry.

Par ailleurs, Philippe Audouin — *Bourges, cité première*, Julliard, 1972 — fait remarquer qu'un cercle traversé d'une barre verticale est le symbole spagirique du nitre ou salpêtre. Or le nitre extrait de la rosée est selon le chevalier Digby :

« Un aimant qui attire sans cesse à lui les vertus célestes... La rosée renferme l'esprit universel ou âme du monde, principe de vie et de fécondité, véhiculé sous la forme aqueuse et fixé en ce salpêtre que l'on dit être le sel de la pierre. » Inutile de préciser que sans le nitre le Grand Œuvre est impossible !

Dans la crypte souterraine de la cathédrale de Bourges se trouve le tombeau du duc Jean. Aux pieds du gisant est étendu un petit ours muselé. Il faut dire que le duc portait de son vivant une affection toute particulière à cet animal qu'on retrouve en compagnie du cygne dans la décoration de son livre d'heures et de ses palais. Un ours doré couronnait un pignon du château de Mehun et le duc possédait une ménagerie où figuraient des ours d'Auvergne ou des Pyrénées.

Il faut aussi rappeler que l'évangélisateur du Berry est connu sous le nom de saint Ursin. Mais rien ne permet de penser que nous sommes en présence d'un personnage historique.

Dans la mythologie celtique, l'ours est le symbole de la classe guerrière et aussi celui de l'immortalité. En alchimie, c'est la matière première de l'œuvre. Il faut aussi rapprocher l'ours de Artos et de Arthur. Philippe Audouin — dans *Bourges, cité première* — remarque : « Il est intéressant de noter que le roi Arthur ou mieux Artus, l'Argonaute breton qui doit revenir un jour de l'île d'Avalon où il hiberne (c'est on s'en souvient l'île des pommiers ou de Belenos) est, de par son nom même, un roi ours ; son contemporain mythique, le premier comte de Toulouse, avait pour son Ursio, et, il aurait comme Raymondin de Lusignan épousé une fée. On voit que de la Suisse à la Bretagne et de la Bretagne au Midi, l'obsession d'un père ou d'une mère ours se perpétuait aux premiers âges de notre ère. » Il est vrai que bien des croyances primitives considèrent l'ours comme l'ancêtre de l'espèce humaine. Par exemple les Algonquins du Canada appellent l'ours « Grand-Père ». Ailleurs, il préside aux rites initiatiques.

Il apparaît aussi que l'ours représente la tradition polaire.

Puisque les constellations de la Grande Ourse et de la Petite Ourse servent à déterminer l'étoile polaire et, par voie de conséquence, l'axe polaire, l'axe du monde. Lequel est figuré, rappelons-le, derrière le siège du duc Jean de Berry.

Le centre du monde

Le centre est un symbole fondamental. Avant tout, c'est le point primordial de lumière qui a donné naissance à l'univers. C'est par lui que l'incréé devient le créé, et le non-manifesté, le manifesté.

Mircéa Éliade — *Traité d'histoire des religions*, 1949 — discerne dans ce symbole trois éléments complémentaires :

— au centre du monde se trouve la montagne sacrée où le Ciel et la Terre se rencontrent ;

— un temple, un palais, une ville sont assimilés à une montagne sacrée et sont ainsi promus centre du monde ;

— ce temple, ce palais, cette ville, étant des lieux où passe l'*axis mundi*, sont également des points de communication entre le divin et l'humain.

Or la ville de Bourges occupe l'emplacement d'un oppidum gaulois appelé *avaricum*, c'est-à-dire sommet. De plus, Bourges était, avant la conquête romaine, la capitale d'un peuple établi entre la Loire et la Vienne : les Bituriges. Dans cette appellation on retrouve *byod* (monde) et *rix* (roi) ; il en résulte que les Bituriges sont « les rois du monde »...

Les travaux de René Guénon, de Jean Markalé et de Françoise Le Roux ont mis en relief l'importance qu'avait chez les Celtes la notion d'*omphalos*, de *nombril* ou de *centre*. L'*omphalos* est non seulement le centre géographique mais aussi le centre spirituel. C'est le lieu où émanent les puissances cachées. C'est le centre d'un zodiaque terrestre. C'est là que se trouve le pouvoir suprême.

Il est de fait que les Bituriges occupent le centre de la Gaule. C'est sur leur territoire que se trouve le *mediolanum*, mot latin que l'on retrouve dans Château-Meillant et Meillant.

C'est pourquoi les armes de Bourges portent d'azur, à trois moutons passant d'argent, accornés de sable, colletés de gueules et clarinés d'or, à la bordure engrelée de gueules. La devise de la cité est : « *Summa imperü penes Bituriges* » (les suprêmes pouvoirs sont aux mains des Bituriges).

Il existe donc une tradition continue depuis l'époque celtique qui veut que Bourges soit un lieu privilégié à caractère sacré. Bourges est un centre spirituel, non pas en vertu d'une décision arbitraire, mais en fonction de données positives inscrites dans son sol et dans son histoire depuis les temps les plus reculés. C'est pourquoi la cathédrale de Bourges possède cinq nefs et est dédiée à saint Étienne (en grec, Stephanos, le Couronné).

Jean de Berry apparaît alors comme le gardien de la tradition polaire. Connaissant la loi des cycles, il sait qu'un jour Bourges redeviendra la capitale de la France. Il sait aussi que les ténèbres se dissiperont devant la lumière du cygne, qui est aussi celle du signe précédant la *parousie*, c'est-à-dire le retour du Christ et la fondation de son royaume terrestre. En attendant, ignorée de tous sauf d'un groupe de connaissants qui veille sur elle, la coupe de la Cène brille dans une crypte berrichonne... *Oursine, le temps venra.*

Le roi de Bourges

Le 25 octobre 1415, l'armée française commandée par le comte d'Armagnac est écrasée à Azincourt par Édouard III d'Angleterre. Cette défaite ouvre une période noire pour le royaume de France. En 1418, le dauphin, futur Charles VII, se réfugie à Mehun-sur-Yèvre. De là il doit faire face aux Anglais et aux Bourguignons ulcérés par le meurtre, à Montereau (1419), de leur duc Jean sans Peur. On rend le dauphin responsable de ce crime. On le dit, par surcroît, fils illégitime. Le 20 mai 1420, le traité de Troyes semble sonner le glas des Valois : Henri V d'Angleterre épouse Catherine de France, fille de Charles VI. Il s'apprête à succéder à ce dernier.

Le 2 octobre 1422, Charles VI meurt. Henri V est proclamé roi de France. Mais, à Mehun-sur-Yèvre, le dauphin se fait proclamer roi par ses fidèles sous le nom de Charles VII.

En raison de l'occupation anglaise, la France est coupée en deux. La Picardie, la Champagne, la Guyenne, l'Île-de-France, la Bourgogne, la Normandie reconnaissent Henri V. Le Berry, l'Orléanais, la Touraine, l'Anjou, l'Auvergne, le Poitou, le Languedoc sont le domaine de Charles VII qui reçoit le surnom de « roi de Bourges ». Ce titre, affirment certains historiens, lui a été donné par dérision. Philippe Audouin conteste ce point : « Il est possible que les Anglais aient tourné en dérision le titre de roi de Bourges ; possible mais non certain, car nombre d'entre eux devaient être plus particulièrement informés des traditions arthuriennes et de ce que Bourges représentait. Régner sur Bourges, c'est régner sur le centre, là où le monde souterrain des dieux noirs est en relation permanente avec le monde céleste des dieux à la bouche d'or ; c'est régner sur les rois du monde, tenir en main la grenade, la pomme de chrysolithe, le globe crucifère que les rois de France disputaient aux empereurs, et c'est, à défaut de pouvoir temporel, régner spirituellement. » En s'établissant à Bourges, Charles VII se retrempe dans l'atmosphère des royautés celtiques. C'est pourquoi Jacques Cœur fera frapper sur les pièces de monnaie : « *Kar. Francorum rex. Bitur* » (Charles, roi des Français. Biturige).

Les alchimistes dans la cité

La capitale du Berry est aussi celle de l'art hermétique. Nombreux sont les amoureux ou les adeptes de l'art d'Hermès qui viennent méditer sur les symboles imprimés dans les pierres d'un palais et d'un hôtel édifiés par deux adeptes : Jacques Cœur et Jean Lallemant.

Jacques Cœur est né vers 1395, au sein d'une famille de pelletiers de Bourges, fournisseurs de la cour ducale. En 1420, il est l'associé de Ravant le Danois, maître des monnaies à Bourges. En 1432, on le retrouve à Damas cherchant à nouer des contacts commerciaux avec l'Orient. Il fait aménager le port de Montpellier et édifier dans cette même ville la loge des marchands. En 1436, il est nommé maître de la monnaie à Paris par le roi Charles VII. En 1440, il est anobli et devient argentier du roi et commissaire en Languedoc. En 1444, il reprend l'exploitation de plusieurs mines royales puis obtient, du pape, l'autorisation de commercer avec les musulmans. En 1451, il est arrêté. On l'accuse d'avoir voulu empoisonner Agnès Sorel, la favorite du roi. On l'accuse également de haute trahison au profit de l'Islam et de détournement de fonds royaux. Charles VII commue sa peine de mort en bannissement. Jacques Cœur s'évade du château de Poitiers et se rend à Rome où le pape Nicolas V lui confie un commandement militaire en Méditerranée orientale (contre les Turcs). Mais l'ancien argentier meurt le 25 novembre 1456 et est enterré dans l'île de Chio.

Apparemment les activités de Jacques Cœur sont celles d'un négociant, d'un banquier et d'un financier. Mais très vite, on lui attribue des activités occultes. Pierre Borel (1620-1689) écrit dans son *Trésor des recherches et des antiquités gauloises* : « Plusieurs ont estimé qu'il avait la pierre philosophale, et que tous ces commerces qu'il avait sur mer, ces galères et les monnaies qu'il gouvernait n'étaient que des prétextes. » Et Borel de laisser entendre qu'il a eu entre les mains des écrits alchimiques rédigés par l'ancien maître de la monnaie. Il faut bien avouer que les devises choisies par Jacques Cœur paraissent justifier les activités alchimiques du grand argentier : « En close bouche n'entre mouche » et « Dire, faire, taire, de ma joie. » Par ailleurs, l'étude des symboles du palais de Jacques

97

Cœur montre une profonde connaissance de l'art d'Hermès.

Mais il est à Bourges un autre sanctuaire de l'alchimie : l'hôtel Lallemant. D'origine germanique (on pense qu'elle venait de Nuremberg), la famille Lallemant s'établit à Bourges à la fin du XIIIe siècle. Elle se spécialise dans le commerce des draps. Peu à peu, elle acquiert une grande notoriété et vers le milieu du XVe siècle Guillaume Lallemant est fournisseur de la cour. Nous avons ensuite Jean Lallemant, échevin de Bourges (1461), puis receveur des finances de Normandie ; il épouse Marie Petit, nièce du receveur général Xancoinj, et de cette union naissent quatre enfants : Guillaume et Étienne qui deviennent des hommes d'église, Jean l'Aîné et Jean le Jeune qui achèvent la demeure paternelle. Jean l'Aîné, chevalier de la Table Ronde de Bourges (1487), succède ensuite à son père comme receveur général en Normandie. Il est aussi maire de Bourges (1500-1501). Jean le Jeune, chevalier de la Table Ronde de Bourges (1494), devient receveur général pour le Languedoc, puis maire de Bourges (1510). En 1545, il est contrôleur général des finances. On ignore la date de sa mort.

Les Lallemant de Bourges ne sont donc point de petits personnages. En 1505, lorsque Louis XII vient à Bourges, ce n'est pas au palais ducal qu'il demeure, mais à l'hôtel Lallemant.

Quoi qu'il en soit, les Lallemant ont œuvré en alchimie. Il suffit pour s'en convaincre d'aller visiter l'hôtel qu'ils ont édifié et orné de sculptures hermétiques. Signalons tout particulièrement les caissons du plafond de leur chapelle que Fulcanelli a étudiés dans *Le mystère des cathédrales*. D'inspiration alchimique sont également les miniatures du *Livre d'heures des Lallemant* conservé à la bibliothèque de La Haye.

L'ordre Notre-Dame-de-la-Table-Ronde

Au mois de mai 1486 est fondé, à Bourges, l'ordre Notre-Dame-de-la-Table-Ronde composé d'un maître, appelé roi, et de quatorze chevaliers.

Le collier de l'ordre est composé d'un chapelet de cinq dizaines de sable, marquées d'or et enfilées en lacs de soie verte. Au bas pendent une image de Notre-Dame sortant d'une nuée d'or et un rouleau contenant le nom du chevalier.

Le serment prononcé lors de la réception débute ainsi : « Vous, jurés et voués à Dieu et à Notre-Dame que vous garderez et observerez de point en point les ordonnances et statuts faits et qui seront au temps à venir à l'honneur de Dieu, du Roy, notre sire et de la chose publique en cette ville de Bourges et à l'utilité, amour et union des Frères Chevaliers de la Table et Fraternité mise sus en la dite ville par les dits Frères... »

L'instigateur et créateur de cet ordre est un jeune marchand, originaire de Lyon, appelé Jehan de Cuchermoys. Autour de lui on trouve :
— Jehan Lallemant l'Aîné, sire de Bury ;
— Pierre fils de Fame, maître des monnaies ;
— Jehan Georges, sire de Mammay ;
— Jehan Lallemant le Jeune, receveur ;
— Martin Chambellan, procureur du roi ;
— Jehan Pichonnet, grainetier ;
— Bernard Bochetel, contrôleur de l'artillerie ;
— François, sire de Chambertin ;
— Guillaume Sarde, contrôleur des guerres ;
— Charles Fradet, sire de Chappes ;
— Michel de Cambray, sire de Chappes ;
— Lambert Damours, sire de Germiny-lez-Bourges ;
— Étienne Houët, sire de La Charnaye ;
— Jehan de Laire.

99

En 1490, Cuchermoys part pour la Terre Sainte et laisse la régence à Jehan Lallemant l'Aîné. À son retour, il publie un récit, *Le saint voyage de Jérusalem*, et une fiction *Guérin Meschin* qui apparaît comme un roman initiatique.

De 1490 à 1524, huit membres de l'ordre exercent à Bourges des fonctions de maire ou d'échevin. C'est dire l'importance et l'influence politique de l'ordre Notre-Dame-de-la-Table-Ronde.

En 1499, les statuts de l'ordre sont réformés : le maître, appelé jusque-là *roi*, devient *gouverneur*. Le nombre des chevaliers est porté à 24.

Pour expliquer ce changement, Philippe Audouin rapporte : « Peu après être monté sur le trône, Louis XII supprime l'ordre du Porc-Épic (dit aussi du Camail) fondé par son grand-père Louis d'Orléans. Rien que de normal puisqu'il devenait maître de l'ordre royal de Saint-Michel. Mais presque simultanément, en 1499, l'ordre berruyer de la Table Ronde se réforme et son chef perd le titre de roi comme si son maître occulte ayant ceint la couronne, la dignité fît alors double emploi. »

Il est de fait que Louis XII, alors duc d'Orléans, fut emprisonné de 1488 à 1491 dans la Grosse Tour de Bourges. Ce qui ne l'empêchait pas d'avoir des contacts fréquents avec les Lallemant.

Certains indices laisseraient supposer que le duc était devenu, entre-temps, le maître de l'ordre Notre-Dame-de-la-Table-Ronde.

VI

COUCY,
LES NOMBRES, LES FIGURES

Heurs et malheurs de Coucy

Aux confins du Laonnais et du Soissonnais, le promontoire qui domine la vallée paisible de l'Ailette méritait de porter l'une des plus formidables forteresses médiévales.

Déjà, aux premiers siècles de notre ère, Codiciacum Villa est une étape importante de l'antique voie romaine qui relie Saint-Quentin à Bavay.

En 920, Hervé, archevêque de Reims, soucieux de protéger la contrée contre les Normands, y bâtit un château. On parle même d'une enceinte en pierre. C'est là que le comte de Vermandois, un certain Herbert, enferme le roi carolingien Charles le Simple. C'est dire l'importance de Coucy et l'on comprend que la forteresse primitive change souvent de propriétaire. Finalement, elle échoit à Enguerrand Ier, un héros de la première croisade — et le premier des sires de Coucy qui, durant trois siècles (1116-1397), vont défrayer la chronique et défier le roi de France. La vie d'Enguerrand Ier est tumultueuse tant sur le plan militaire que sur le plan sentimental : il se marie trois fois. Son fils Thomas de Marle est violent et cruel. Il se heurte au roi Louis VI le Gros, tue

Henri de Chaumont, est déchu de la chevalerie et meurt dans une embuscade tendue par le frère de sa victime.

Enguerrand II lui succède, épouse une cousine du roi, fait édifier la chapelle du château, délivre la région d'un monstre (un lion ?) et meurt lors de la seconde croisade (1149). Raoul Ier, son successeur, disparaît au siège de Saint-Jean-d'Acre (1291).

Enguerrand III, dit le Bâtisseur, fait construire les remparts de la ville, puis le château avec son énorme donjon. Il est à la tête d'un immense domaine (La Fère, Marle, Crécy, Le Nouvion, Vervins, Cambrai). Il complote pour remplacer Louis IX à la tête du royaume mais échoue dans ses projets. C'est à lui que l'on doit la fameuse devise : « Roi ne suis, ni prince, ni duc, ni comte aussi, je suis le sire de Coucy. » Il meurt en 1242.

Lui succèdent, dans l'ordre, Raoul II (mort à la croisade), Enguerrand IV (1250-1311), barbare et sanguinaire, Enguerrand V, Guillaume Ier et Enguerrand VI (qui épouse la fille de l'empereur d'Autriche). Au cours de la guerre de Cent Ans, le château de Coucy résiste victorieusement aux Anglais.

Enguerrand VII, fait prisonnier à la bataille de Poitiers (1356), épouse la fille du roi d'Angleterre Édouard III, combat en Italie, en Allemagne, remplit des missions diplomatiques et meurt en 1387 au cours d'une expédition contre les Turcs. Il embellit le château en construisant les salles des preux et des preuses. Mais avec lui s'éteint la lignée des sires de Coucy.

Le 15 novembre 1400, Louis d'Orléans, frère de Charles VI, achète la baronnie de Coucy. Il fait du château une demeure somptueuse. Après de nombreuses transactions, Coucy revient à la couronne en 1594.

Lors des troubles de la Fronde, Mazarin fait démanteler le château qui devient inhabitable. Alors commence l'agonie de Coucy : les habitants des environs viennent y chercher les matériaux pour construire leurs maisons. Viollet-le-Duc y entreprend cependant des travaux de consolidation. Mais au cours de la Première Guerre mondiale, les Allemands font sauter le donjon (27 mars 1917), avec 28 000 kilos d'explosifs.

Coucy n'est plus, de nos jours, que ruines mais il garde néanmoins quelque chose d'imposant et de mystérieux.

Le château au début du XIVe siècle

Le château et le bourg de Coucy forment un ensemble indissociable. La localité située sur la partie du promontoire la plus proche du plateau est entourée d'une enceinte garnie de 28 tours et percée de trois portes : la porte de Laon au nord-est, la porte de Soissons au sud, la porte de Chauny au nord-ouest. L'épaisseur des murailles atteint une dizaine de mètres dans les parties les plus exposées.

Le château se dresse à l'extrémité opposée du promontoire. Du bourg, on pénètre dans la baille ou basse cour en franchissant un fossé de 50 mètres de large, à l'aide d'un pont aboutissant à la porte fortifiée de maître Odon.

Dans les 35 000 mètres carrés de la baille, on trouve un puits, une chapelle romane, des corps de garde. C'est aussi le refuge des paysans.

La baille est, elle-même, séparée du château proprement dit par un profond fossé dallé, large de 22 mètres que l'on traverse sur un pont à bascule.

Couvrant 10 000 mètres carrés, le château affecte la forme d'un quadrilatère irrégulier dont les côtés mesurent respectivement : 92, 88, 50 et 35 mètres.

Les quatre tours d'angle sont très saillantes. Chacune d'elles, avec ses 20 mètres de diamètre et ses 40 mètres de hauteur (44 mètres pour celle du nord-ouest), comprend quatre salles superposées, éclairées par d'étroites meurtrières percées dans des murs épais de 5 mètres. Un œil aménagé dans les voûtes successives permet de hisser rapidement vivres et munitions. Pourvue de cheminées, de latrines, d'un four, chaque tour est capable de soutenir isolément un siège.

Les courtines, épaisses de 3 mètres, étayées intérieurement par des contreforts reliés par des arches, sont presque aussi élevées que les tours. À l'ouest et au sud-ouest s'y adossent des corps de logis (celliers, écuries, magasins, appartements), la salle des preux, la salle des preuses et la chapelle : trois constructions sur lesquelles nous reviendrons. Au-dessous, de splendides caves souterraines de 65 mètres de long.

Au milieu du front sud se dresse le donjon. Énorme tour cylindrique de 31,40 mètres de diamètre, aux murs épais de 7,40 mètres, d'une hauteur de 56 mètres. La plus grosse tour de l'univers féodal. Entourée d'un fossé dallé très profond et d'un rempart circulaire formant chemise (sous laquelle court une galerie voûtée de contre-mine), la tour renferme trois salles voûtées, de forme dodécagonale, haute chacune de 13 mètres. On y entre, au niveau du rez-de-chaussée, par un couloir garni d'une herse, d'un assommoir, de ventaux et de grilles. Les trois salles sont reliées par un escalier de 215 marches aménagées dans l'épaisseur des murs. Au rez-de-chaussée nous avons le magasin de vivres, un four et un puits. Au premier c'est le corps de garde. Au second la salle est entourée d'une tribune circulaire à 4 mètres de hauteur. Mille personnes peuvent y prendre place. Enfin une terrasse dallée couvre le tout. Elle est bordée d'un parapet à créneaux et garnie de hourds. Outre l'escalier, des yeux percés dans les voûtes assurent la communication entre les divers niveaux.

De l'œuvre titanesque érigée par les sires de Coucy, il ne reste plus que des tours éventrées et des murailles à demi écroulées. Le Service des monuments historiques y a entrepris des travaux de consolidation. Après la Première Guerre mondiale, il avait envisagé la reconstruction du donjon mais comme l'écrit Henri-Paul Eydoux (*Cités mortes et lieux maudits de France*, Plon, 1959) : « On ne peut songer à refaire une telle œuvre. L'époque n'en aurait même pas les moyens. »

Le chevalier et le lion

Le tympan de la porte du donjon de Coucy était orné d'un bas-relief représentant un chevalier combattant, à l'épée, un lion. On a voulu y voir l'évocation de l'exploit accompli par Enguerrand II (qui aurait délivré la contrée d'un monstre, en l'occurrence un lion). Mais la présence d'un pareil animal dans la forêt de Coucy apparaît des plus improbables.

Par ailleurs, dans le château, sont conservés des fragments d'un curieux perron dont Androuet Du Cerceau avait fait le dessin au XVIe siècle : trois lions couchés (dont l'un dévore ou vomit un enfant et un autre un chien) supportent une table de pierre sur laquelle est assis un quatrième lion. Ce perron était placé à l'entrée du château, devant lui les vassaux des sires de Coucy prêtaient « foi et hommage ». La légende qui accompagne le dessin d'Androuet Du Cerceau nous le précise : « Devant la figure de ce lion se paie certain tribut par les voisins du lieu, scavoir est qu'ils sont tenus envoyer tous les ans un rustique, ayant en sa main, un fouet, pour sonner d'iceluy trois coups : avec ce une hotte pleine de tartes et de gasteaux qu'il fault qu'il distribue aux seigneurs de là. »

Dans la symbolique universelle le lion représente la puissance, la souveraineté, le Soleil, l'or, la force pénétrante du verbe et le soufre. Il est aussi la justice et il assure la protection des demeures et des secrets.

Décrivant les figurines de la maison de l'homme des bois à Thiers (Puy-de-Dôme), Fulcanelli *(Les demeures philoso-phales)* écrit : « ... un chevalier d'énergique attitude qui étreint la poignée de son estoc, arme nécessaire, qu'il utilisera pour ôter la vie au lion terrestre et volant ou griffon, hiéroglyphe mercuriel que nous avons étudié sur le manoir de Lisieux. Nous retrouvons ici l'exposé emblématique d'une opération essentielle, celle de la fixation du mercure et de sa mutation partielle en soufre fixe... Notons qu'il existe peu de versions différentes dans les paraboles dont se servent les auteurs pour décrire ce travail, la plupart, en effet, se bornent à représenter le combat du chevalier et du lion, ainsi qu'on peut le remarquer au château de Coucy (tympan de la porte du donjon) et sur l'un des bas-reliefs du carroir doré à Romorantin. »

C'est ainsi que le combat d'Enguerrand et du lion s'inscrit dans la même perspective alchimique que les combats menés par saint Georges, saint Michel, saint Marcel, Thésée, Jason ou Hercule.

Indiscutablement les lions du perron de Coucy ont eux aussi un sens alchimique. Le lion central du bas croise ses pattes antérieures en forme de X. Or, la croix de saint André est non seulement le symbole du creuset mais aussi du sel ammoniac ou sel d'Ammon qui réalise l'harmonie avec le fixe et le volatil. Le chien dévoré par le lion de droite représente le mercure en voie de purification. Et l'enfant dégluti par le lion de gauche est le soufre. Sur la table, le lion symbolise le feu qui préside à toutes les opérations de l'art.

Par ailleurs, dans un ouvrage précédent (*La Flandre insolite*, Robert Laffont), nous avons démontré l'existence d'un zodiaque centré sur l'antique cité de Bavay. Or Coucy se trouve précisément dans le secteur angulaire gouverné par le lion...

La géométrie sacrée

Nous avons vu que c'est à Enguerrand III qu'il faut attribuer la construction de Coucy. Le travail, selon Viollet-le-Duc, aurait duré cinq ans (de 1225 à 1230). Que le plan du château ait été conditionné par le terrain, cela paraît évident, mais lorsqu'on l'examine de près, on y trouve de surprenantes combinaisons géométriques.

Désignons par A, B, C, D, les centres des quatre tours d'angle et par E le centre du donjon. Nous constatons que :

— le triangle ABC est équilatéral ;

COUCY ET SA GÉOMÉTRIE

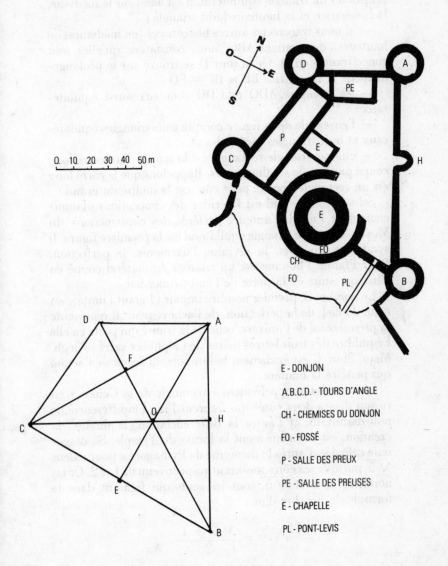

E - DONJON

A.B.C.D. - TOURS D'ANGLE

CH - CHEMISES DU DONJON

FO - FOSSÉ

P - SALLE DES PREUX

PE - SALLE DES PREUSES

E - CHAPELLE

PL - PONT-LEVIS

107

— E se trouve à mi-distance de C et de B. En vertu des propriétés du triangle équilatéral, il est aussi sur la médiane, la bissectrice et la hauteur dudit triangle ;

— si nous traçons les autres bissectrices (ou médianes, ou hauteurs) du triangle ABC, nous constatons qu'elles sont concourantes en O. Or la tour D se trouve sur le prolongement de la bissectrice BF et BF = FO ;

— les triangles ADO et CDO sont eux aussi équilatéraux ;

— l'ensemble de la figure compte trois triangles équilatéraux et huit triangles rectangles ;

— chaque triangle rectangle est la moitié d'un carré long coupé par une de ses diagonales. Rappelons que le carré long est un rectangle dont le petit côté est la moitié du grand.

Selon Boèce — qui est l'héritier des conceptions platoniciennes et l'un des auteurs préférés des constructeurs du Moyen Âge —, le triangle équilatéral est la première figure. Il symbolise, en effet, la divinité, l'harmonie, la perfection. Pour Platon, l'homme est un triangle équilatéral coupé en deux par suite de la perte de l'état primordial.

Le nombre 3, premier nombre impair (1 étant l'unité), est celui du ciel, de la perfection, de l'achèvement. Il représente la première loi de l'univers, celle de la trinité qui porte en elle l'équilibre des trois lettres mères de l'alphabet sacré : Aleph, Mem, Shin. C'est également le symbole du feu et de l'action qui pénètre la matière.

Le carré long, appelé aussi « rectangle de la Genèse » en raison de ses deux côtés qui figurent l'un, l'indifférencié, le non-manifesté, et l'autre la différenciation, la dualité, la création, est théoriquement la forme du Temple. Sa diagonale calculée d'après le théorème de Pythagore a pour valeur $\sqrt{5}$ puisque ses côtés mesurent respectivement 1 et 2. Or les nombres 1, 2 et $\sqrt{5}$ sont les seuls qui figurent dans la formule du nombre d'or :

$$\varphi = \frac{\sqrt{5} + 1}{2}$$

Les trois côtés d'un triangle rectangle mesurés par 1, 2 et $\sqrt{5}$ symbolisent donc Dieu (1), la création (2), l'Esprit incarné dans la matière ($\sqrt{5}$).

Nous avons vu que les triangles rectangles dans le plan de Coucy sont au nombre de 8. Or 8 est non seulement le symbole du Christ, mais aussi celui de l'équilibre cosmique, du Soleil, de l'or et... de la fleur de lys. Faut-il rapprocher cette constatation du fait qu'Enguerrand III ait, un instant, songé à devenir roi de France ?

La hauteur du donjon de Coucy, prise du fond de son fossé, dépassait légèrement 56 mètres. Or le fossé étant profond de 5 mètres, le donjon s'élevait donc de 51 mètres au-dessus du niveau de la cour intérieure. Le rapport de la hauteur par le diamètre nous donne :

$$\frac{51}{31,4} = 1,62$$

(soit un nombre très proche du nombre d'or $\varphi = 1,618$).

Il est difficile actuellement, compte tenu de l'état de la forteresse, de trouver d'autres éléments intéressants. Signalons cependant :

— que l'axe de la chapelle, orientée ouest-est, coupe la courtine reliant les tours C et D en deux parties égales ;

— que les 28 tours de l'enceinte du bourg de Coucy évoquent les 28 jours du cycle lunaire et les 28 rois de Judée.

Enguerrand VII et l'ordre de l'Étoile

Le 18 mars 1314, Geoffroi de Charnay, maître de l'ordre du Temple en Normandie, est brûlé vif en compagnie de Jacques de Molay. Son petit neveu, Geoffroi de Charni, obtient (en 1353), du roi Jean le Bon, une rente avec laquelle il fonde la collégiale de Lirey dont les chanoines deviendront, par la suite, les gardiens du saint suaire. Ce linge sacré, que Charni garde secrètement, lui a été confié par l'ordre du Temple.

Homme de guerre, Geoffroi de Charni se tourne, après une période de captivité en Angleterre, vers la littérature. Dans ses œuvres, on relève le désir de remettre en honneur l'idéal chevaleresque. Parmi les rites qu'il préconise, citons : le repentir des fautes, la nuit de veille, le bain purificateur, le repos dans un lit aux draps blancs, le vêtement pourpre, la ceinture blanche, la messe à l'aube. Par ailleurs il souligne l'analogie entre le chevalier et le prêtre.

Le 6 janvier 1352, jour de l'Épiphanie, Geoffroi de Charni fonde l'ordre militaire et religieux de l'Étoile dont les membres s'engagent à mener une vie religieuse et à ne jamais fuir au combat. Il semble bien qu'avec l'appui de Jean le Bon, Geoffroi de Charni ait tenté de reconstituer l'ordre du Temple. Un groupe de chevaliers se forme. Parmi ces derniers on trouve Enguerrand VII de Coucy. Un an plus tard, l'ordre de l'Étoile prend le nom d'ordre de Notre-Dame-de-la-Noble-Maison, mais il ne survit pas à la défaite de Poitiers (1356) où la plupart des chevaliers trouvent la mort à défaut d'être capturés. Enguerrand VII est parmi ces derniers. Après avoir épousé la fille du roi d'Angleterre, il est libéré. Il revendique l'héritage de sa mère (le trône d'Autriche) mais en vain. Il fonde alors, à son tour, un ordre de chevalerie dont l'emblème est une couronne renversée. Il fait construire les salles des preux et des preuses que le roi Charles VI vient admirer en mars 1387.

De plan rectangulaire (25 × 12,5 mètres ; donc un carré long), la salle des preuses était éclairée par des fenêtres à croisées en pierre donnant sur la campagne. Sa cheminée monumentale portait les statues des neuf preuses parmi lesquelles se trouvaient Sémiramis, reine de Babylone, et Penthésilée, reine des Amazones.

La salle des preux s'avérait plus impressionnante par ses dimensions : 60 × 15 mètres (hauteur correspondant à deux étages). Deux cheminées monumentales adossées au mur d'enceinte ouest étaient ornées des statues des neuf preux (Hector, Alexandre, Jules César, Josué, David, Judas Maccabée, le roi Arthur, Charlemagne, Godefroi de Bouillon). Aux extrémités de la salle se trouvaient deux tribunes : l'une pour les musiciens, l'autre pour les dames. Un berceau en carène renversée remplaçait le plafond.

L'existence des neuf preux et des neuf preuses pose le problème de leur signification. Mais avant de tenter de résoudre ce problème, nous devons nous intéresser à un autre possesseur du château de Coucy.

Louis d'Orléans

Pour situer le personnage, rien n'est plus commode qu'un arbre généalogique. Nous nous apercevons que Louis d'Orléans est le fils cadet de Charles V, le frère de Charles VI, le neveu de Louis Iᵉʳ d'Anjou, de Jean, duc de Berry et de Philippe le Hardi, duc de Bourgogne.

Au moment de la mort de Charles V (1380), Louis d'Orléans a huit ans alors que son frère aîné, Charles, en a douze. Françoise Autrand (*Charles VI, le roi fou*, Histoire, nº 27) relate : « Les oncles du roi voulurent que les deux enfants soient élevés ensemble. Ils eurent donc les mêmes maîtres, les mêmes jeux, jusqu'aux mêmes vêtements. À plus de vingt ans, Louis porte encore des costumes rigoureusement semblables à ceux de son frère. Mais Charles est grand et fort, sportif et hardi cavalier. Louis, mince, chétif, est beaucoup plus petit que son frère. Et puis Charles est le roi. Louis n'est rien. Mal pourvu par son père, nanti d'un titre de duc et pair, mais d'une très médiocre principauté, Louis a bien des rancœurs, bien des ambitions insatisfaites. »

En 1385, Charles VI épouse Isabeau de Bavière. En 1389, Louis épouse Valentine Visconti, duchesse de Milan. Le 5 août 1392, Charles VI, chevauchant dans les environs du Mans, fait une première crise de folie furieuse. Il se rétablit mais l'incendie du Bal des ardents, le 29 janvier 1393, provoque une rechute. Dès lors le roi connaîtra jusqu'à sa mort une alternance de périodes délirantes et de moments de lucidité.

Louis, prince racé, cultivé, brillant, toujours richement vêtu, homme séduisant, attire les regards d'Isabeau de Bavière qui devient sa maîtresse vers 1396-1397. Cette liaison est rapidement connue à la cour.

Des bruits curieux commencent à courir. On accuse Louis, dont l'intérêt pour les sciences occultes est évident, d'avoir œuvré magiquement contre son frère. Citons Jordan de Mayer : « Il avait fait évoquer le démon par une matrone, au château de Montjoie, près de Ligny, et lui avait donné sa bague en gage. Grâce à cette sorcellerie, le roi perdit d'abord ses cheveux et ses ongles, puis au second enchantement, il devint fou. » On dit aussi que son conseiller, Philippe de Mézières, a appris les arts magiques en Espagne. On chuchote que Louis, après s'être approprié la reine, veut monter sur le trône.

Déjà, en 1392, dans le but de dominer Paris, il transforme le comté de Valois en camp retranché. Il fait réparer ou reconstruire les châteaux de Béthisy, de Crépy-en-Valois, de Montepilloy, de La Ferté-Milon, de Vez. Il édifie le château de Pierrefonds (1392-1399) et achète Coucy (1400). Il surveille ainsi les accès à Reims (la cathédrale du sacre des rois) et à Corbény (l'abbaye où les rois de France recevaient le pouvoir de guérir les écrouelles).

Louis d'Orléans inquiète l'entourage du souverain. Pourtant c'est un esprit raffiné qui encourage les poètes et les artistes. Très dévot, il se rend chez les célestins pour y jeûner et recevoir la discipline. Il fréquente aussi la tour du roi du château du Louvre dans laquelle Charles V a rassemblé une riche bibliothèque (comptant de nombreux ouvrages d'astrologie, de magie et d'alchimie).

Le 23 novembre 1407, Louis d'Orléans, qui vient de rendre visite à la reine, est assassiné rue Vieille-du-Temple par les hommes de main de Jean sans Peur, duc de Bourgogne.

Louis d'Orléans et les neuf preux

Il est curieux de constater que Louis d'Orléans, tout comme Enguerrand VII, semble accorder une grande importance aux neuf preux.

Le château de Pierrefonds, édifié de 1392 à 1399, compte huit tours portant chacune la statue du preux qui lui donne son nom (Artus, Alexandre, Godefroi de Bouillon, Josué, Hector, Judas Maccabée, Charlemagne, César).

Le château de La Ferté-Milon — édifié à partir de 1393, mais non achevé en 1407 — possédait les statues de neuf preux. Des niches abritent encore quatre statues de preuses...

Il faut aussi signaler l'existence à Pierrefonds d'une salle des neuf preux et d'une salle des chevaliers de la Table Ronde. Par ailleurs la courtine entre les tours César et Charlemagne est ornée d'un bas-relief de l'Annonciation de la Vierge (4,87 × 5,86 mètres). Au château de la Ferté-Milon se trouve un autre bas-relief représentant le couronnement de la Vierge. Or, lorsqu'on sait que la Vierge Marie est l'anthropomorphisation du principe mercuriel, il est difficile de ne pas voir dans les bas-reliefs deux phases du Grand Œuvre : l'albification de la matière et la multiplication de la pierre...

Du Guesclin avait légué son épée à Louis d'Orléans. Cette épée avait la particularité de porter, gravées sur sa lame, en pentagone, cinq croix. Or cinq est le nombre de la connaissance et de la vie. Le pentagramme ou étoile flamboyante n'est-il pas l'apanage de l'initié ?

Le mystère des neuf preux

À Coucy, comme à Pierrefonds, nous trouvons neuf preux (Arthur, Alexandre, Godefroi de Bouillon, Josué, Hector,

Judas Maccabée, David, César, Charlemagne) et neuf preuses (Sémiramis, Penthésilée, Tancqua, Deisille, Menelippe, Tammaris, Deifemme, Lampedo, Hippolyte).

Si l'on en croit H.-P. Eydoux *(Cités mortes et lieux maudits de France)*, le choix de ces personnages aurait été fait par Guillaume de Machault, chanoine de Reims. Né dans cette ville vers 1300, Guillaume, qui était aussi un poète et un musicien, fut d'abord au service de Jean de Luxembourg, roi de Bohême, dont il était le secrétaire. Il voyagea beaucoup (Allemagne, Italie, Pologne). Après la mort de son maître (1356), il passe successivement au service de Charles le Mauvais, roi de Navarre, puis de Charles, duc de Normandie (le futur Charles V) et enfin de Jean, duc de Berry. Il écrit des ballades et des rondeaux d'amour courtois, des dits où il débat des questions de casuistique galante. Il compose aussi la messe du sacre de Charles V (19 mai 1364). Esprit particulièrement vif, il s'intéresse à l'astrologie et à l'alchimie. Il meurt à Reims en 1377.

Que dire du choix des neuf preux sinon qu'il révèle un certain éclectisme. Mais nous pensons que les noms des preux comptent moins que leur nombre.

9 est le symbole de la naissance : la durée de la gestation humaine est de 9 mois ; Léto souffre pendant 9 jours et 9 nuits les douleurs de l'enfantement ; les 9 muses naissent de Zeus lors de 9 nuits d'amour. Étant le dernier de la série des chiffres, 9 annonce à la fois une fin et un commencement, une nouvelle naissance, une initiation. La neuvième lame du Tarot représente l'ermite, celui qui apporte la lumière.

Mais 9 est aussi un nombre divin : celui des sphères célestes et des cœurs angéliques. Il symbolise aussi l'amour, d'où son importance dans les œuvres de Dante, dernier maître secret de l'ordre du Temple.

On comprend pourquoi la création des ordres initiatiques authentiques s'est toujours effectuée sous le signe du nombre 9. C'est ainsi que le 27 décembre 1118, jour de la fête de Saint-Jean-l'Évangéliste, 9 chevaliers (Hugues de Payns,

114

Geoffroi de Saint-Omer, André de Montbard, Payen de
Montdidier, Archembaud de Saint-Aignan, Geoffroi Bisol,
Hugues Rigaud, Rossal et Gondemare) se réunissent à
Jérusalem sur l'emplacement du Temple de Salomon pour y
fonder « l'ordre des pauvres chevaliers du Christ et du
Temple de Salomon » appelé par la suite ordre du Temple.

Ce dernier devait incarner, de 1118 à 1314, l'idéal de la
chevalerie. Aussi n'est-il pas étonnant de constater, en cette
fin de XIVe siècle, dans bon nombre de tentatives effectuées
pour retrouver le véritable esprit chevaleresque, la persistance de l'influence templière.

VII

QUÉRIBUS,
DERNIÈRE FORTERESSE CATHARE

Le château

À 25 kilomètres au nord-ouest de Perpignan, se dressent
sur une ligne de crêtes escarpée, délimitant au sud la région
des Corbières, les ruines du château de Quéribus.

De la masse rocheuse, haute de 730 mètres, qui sert de
support au château, balayée par la tramontane, on découvre
un magnifique panorama : la plaine du Roussillon dominée
par le mont Canigou et frangée à l'est par la Méditerranée.

Le château, bâti à même le roc, épouse la configuration de
son support naturel.

Il repose sur une immense masse rocheuse, en équilibre sur
la crête, atteignant une soixantaine de mètres de long sur une
vingtaine de mètres de large. « Cette roche, commente
Fernand Niel, atteint son point culminant à l'angle nord-est,
sur lequel est assis le donjon, et s'abaisse progressivement
vers l'ouest, jusqu'à rejoindre la crête qui se prolonge en
direction du Grau de Maury. En dehors de ce côté, les autres
faces de l'impressionnant piédestal sont absolument vertica-
les ou surplombantes... Seuls des chemins rapportés, donc
fortifiés, permettaient d'atteindre le plus bas des paliers et
d'aborder la première enceinte du château. »

116

En suivant le chemin pierreux qui part du Grau de Maury (sur la route de Maury à Cucugnan), on passe d'abord sur la face nord du rocher avant d'atteindre la barbacane. Une rampe d'accès, tracée en chicanes, conduit à la première enceinte.

Celle-ci, épaisse de deux mètres et garnie de canonnières, date au moins du XVe siècle. Elle est donc postérieure à l'occupation cathare et rappelle que Quéribus a su s'adapter, au cours des siècles, à l'évolution de l'armement.

Une porte étroite, que l'on ne peut franchir qu'« en flèche », donne accès à une sorte de couloir, muni d'escaliers, aboutissant à la seconde enceinte. On trouve à l'intérieur de celle-ci un grand bâtiment d'habitation très délabré, des magasins, des corps de garde, des citernes et des casemates.

Le donjon élève sa masse formidable à l'endroit le plus haut du rocher. De plan polygonal très irrégulier (la plus grande dimension est de 18 mètres), ses murs ont de 4 à 7 mètres d'épaisseur. Deux portes : l'une sur la gauche, sous la protection d'un mâchicoulis d'angle, l'autre aménagée dans une tourelle carrée. Le sommet du donjon est constitué par une plate-forme garnie d'un couronnement à parapet doté d'embrasures pour l'artillerie. Ce dispositif date sans doute du XVIe siècle.

Ce qui nous a frappés le plus, c'est que le donjon ne contienne qu'une seule salle : la chapelle ou l'église. De plan carré (environ 7 mètres de côté), l'église possède en son centre un gros pilier cylindrique sur lequel retombent quatre voûtains à croisées d'ogives. C'est là que se réunissaient les cathares, c'est là que, par la suite, une messe fut célébrée le 25 août (fête de Saint-Louis).

Le donjon est flanqué d'une tour carrée contenant un escalier en hélice qui donnait accès à la plate-forme supérieure. Au pied de cet escalier une petite pièce communique, par un souterrain contournant le donjon, avec une échauguette placée à la base du rocher.

Quéribus, comme Pierrepertuse, Puylaurens et Montségur, n'est pas seulement un château de montagne ; c'est un haut lieu où souffle l'Esprit.

Son histoire

Orthographié de multiples façons (Querbucio, Querbum, Querbus, Querbusio, Karbus, Quiribus), le vocable Quéribus a une étymologie des plus incertaines. Si Napoléon Peyrat y voit *Quer-I-Bus*, la roche des buis, Fernand Niel préfère *Quer Baussium*, le lieu habité sur la roche taillée à pic.

Signalons que la racine Q.R.B. — que l'on retrouve dans de nombreux noms de lieux languedociens et pyrénéens — est d'origine préceltique.

Quoi qu'il en soit, c'est en 1020 que le testament de Bernard Taillefer, comte de Fenouillèdes, fait mention de *Popia Cherbucio* (Quéribus la Rouge) comme étant l'un de ses châteaux. Sans doute s'agit-il alors d'une simple tour de guet. En 1066, Béranger, vicomte de Narbonne, fait hommage à Guillaume de Bésalu pour les châteaux de Pierrepertuse et de Quéribus.

Vers 1200, Quéribus appartient à la famille de Barbéra, originaire de Barbaira, lieu situé à 10 kilomètres à l'est de Carcassonne. Mais depuis plusieurs années déjà l'Église romaine éprouve le besoin de liquider ce qu'elle appelle l'« hérésie albigeoise ». Le 14 janvier 1208, Pierre de Castelnau, légat du pape, s'apprête à franchir le Rhône pour regagner la Provence, lorsqu'un cavalier le transperce de sa lance. Ce meurtre va servir de prétexte à une croisade contre « la peste hérétique ». Durant trente-sept ans (1208-1244) le Languedoc va être mis à feu et à sang...

Chabert de Barbéra, seigneur de Quéribus, participe à la lutte contre les armées de Simon de Montfort. Puis, en 1228, il prend part au siège de Majorque dans l'armée de Jacme Ier d'Aragon. Il dirige la mise en œuvre des machines de siège. En 1240, il est condamné comme hérétique, ce qui ne l'empêche pas de participer à la contre-offensive de Raymond Trencavel. Mais déjà le catharisme et l'indépendance du Languedoc se meurent. Le 14 mars 1244, Montségur capitule. Le Midi est livré aux inquisiteurs.

Néanmoins, la chute de Montségur ne marque pas la fin du catharisme occitan. Deux centres cathares subsistent dans la région d'Ussat-les-Bains, aux châteaux de Puylaurens, de Fenouillèdes et de Quéribus.

Citons Imbert de Salas, un rescapé de Montségur déposant devant le notaire Guiraud Trépati ; « On voyait au château de Quéribus, Pierre Paraire, diacre des hérétiques du Fenouillèdes, Raymond de Narbonne et Bugaraig, hérétiques que gardait là Chabert dans une certaine *buada, in quadam buada...* il y a de cela trois ans. » Le mot *buada* signifie chambre voûtée et celle-ci ne peut être que la salle du donjon appelée curieusement l'église. La déclaration d'Imbert de Salas implique également l'existence d'une communauté ou église cathare puisque Pierre Paraire est diacre.

Sans doute cette église a-t-elle dû se constituer tardivement avec les cathares chassés des autres régions par l'inquisition et le pouvoir royal.

Quéribus fait alors partie du vicomté de Fenouillèdes dont la situation juridique est confuse. Fernand Niel s'interroge : « De qui relève le pays de Fenouillèdes ? Du roi d'Aragon ? Du roi de France ? Du vicomte de Narbonne ? Du comte de Roussillon ? Nul ne le sait au juste et cet état de fait durera jusqu'au traité de Corbeil en 1258. »

Il est de fait que la région des Corbières est une zone frontière entre la France et l'Aragon, et aussi un refuge pour les hérétiques. Dès 1241, les troupes royales occupent Termes, Pierrepertuse et Aguilhar. Pour assurer leur emprise sur la ligne de crêtes formant frontière avec l'Aragon, ces troupes doivent s'emparer de Puylaurens et de Quéribus. Elles y mettront une bonne quinzaine d'années. Il faut ménager les susceptibilités du roi d'Aragon qui est en bon terme avec Chabert de Barbéra (en 1253, ce dernier figure comme témoin d'une charte de Jacme Ier donnant des droits de pacage aux Templiers de Quarenca).

En juillet 1254, Saint Louis revient de Palestine. Il ordonne à Pierre d'Auteuil, sénéchal de Carcassonne, de s'emparer des dernières places du Fenouillèdes. En avril 1255, le sénéchal se met en marche, tout en se plaignant de ne pas disposer de troupes assez nombreuses. En même temps, Saint Louis négocie un compromis avec Jacme d'Aragon. En mai 1255, Pierre d'Auteuil met le siège devant Quéribus qui résiste. À l'automne, le siège est levé pour être repris au printemps de 1256. C'est alors que Chabert de Barbéra tombe dans un guet-apens tendu par Olivier de Termes. Prisonnier du roi de France, il échange sa liberté contre les forteresses de Quéribus et de Puylaurens. Nous sommes en mai 1256.

Le lâche procédé utilisé contre Chabert attire à ce dernier des sympathies jusque dans le camp français ; nous constatons qu'un certain nombre de chevaliers cautionnent pour Chabert. Le sentiment de l'honneur n'a pas encore totalement disparu...

Chabert de Barbéra se retire auprès du roi d'Aragon. En 1275, il est en compagnie de Pierre-Roger de Mirepoix, témoin au mariage de l'infant Jacques d'Aragon avec Esclarmonde, sœur de Roger Bernard IV, comte de Foix. Le 8 septembre 1278, il assiste à la signature de l'accord conclu à propos d'Andorre entre l'évêque d'Urgel et Roger Bernard.

On ne sait pas avec précision ce que devinrent les hérétiques réfugiés à Quéribus. Il est probable que, mis au courant des tractations nouées entre Chabert de Barbéra et le roi Saint Louis, ils quittèrent la forteresse avant sa reddition.

Fernand Niel pense que certains d'entre eux gagnèrent l'Italie du Nord puisque, vers 1260, on signale à Pavie Philippe Catalan, diacre des hérétiques de Catalogne et Pierre Bonnet (qui a participé à l'évacuation du trésor de Montségur).

Quoi qu'il en soit, avec Chabert de Barbéra disparaît le

dernier seigneur indépendant du Languedoc et le dernier protecteur des cathares. Après la chute de Quéribus, le catharisme continue à subsister au sein de groupes restreints traqués par l'Inquisition. Mais force est de constater que l'épopée cathare s'achève, faute de soutien matériel.

Quéribus, temple solaire

Lorsqu'on étudie, avec attention, la salle carrée (l'église) du château de Quéribus, on peut faire les constatations suivantes :
— le pilier central n'est pas tout à fait au centre de la salle. Il est décalé de 70 centimètres en direction du sud-est ;
— la hauteur du pilier est égale à la longueur de sa circonférence ;
— la salle n'est pas un carré parfait puisque les murs est et ouest ont 7,30 mètres de long et ceux du nord et du sud 7 mètres ;
— les murs de la salle ne sont pas orientés selon les points cardinaux. Ils font avec les directions de ces points des angles de 7 degrés ;
— le socle du pilier (un parallélépipède rectangle) a ses faces rigoureusement orientées vers les points cardinaux.

Ces particularités ont intrigué Fernand Niel (d'autant qu'on ne pouvait croire à des malfaçons ou à des caprices d'architecte). Un 21 décembre au matin, alors qu'il se trouvait dans une pièce annexe de la grande salle, Niel eut la surprise de constater — dès que le soleil pointa sur la mer — que le pied-droit brisé de la fenêtre donnant sur le sud-est s'éclairait « tandis qu'un mince rayon rose pâle venait frapper exactement le milieu du mur » (opposé à la fenêtre). Et Fernand Niel de nous faire remarquer : « Ce n'était guère un cas fortuit car, étant donné l'orientation du local et celle de la fenêtre, le phénomène ne se reproduisait plus les autres jours de l'année. » Faut-il rappeler que le 21 décembre est le jour du solstice d'hiver, c'est-à-dire le moment où la trajec-

121

QUERIBUS - SALLE ANNEXE AU DONJON.

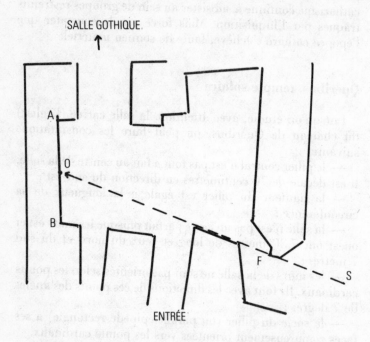

Le 21 décembre, au lever du soleil, le rayon lumineux S, pénétrant par la fenêtre F (orientée au Sud-Est) frappe le point O, milieu du mur AB

toire quotidienne du soleil est la plus basse ? Mais c'est aussi le jour qui marque le début de la période ascendante du cycle solaire annuel. C'est donc la fin de l'involution et la victoire de la lumière sur les ténèbres. C'est pourquoi les religions ont fait naître Mithra et le Christ au voisinage du solstice d'hiver.

Il appartenait aussi à Fernand Niel de découvrir le calendrier solaire de la grande salle gothique (dite l'église) de Quéribus.

Considérons cette salle A-B-C-D et P son pilier central. Les droites issues des culs-de-lampe F et I et tangentes au pilier central donnent les axes nord-sud et ouest-est.

Si l'on se place en G sous la clef de voûte de la croisée d'ogives nord-ouest et si l'on trace la droite tangente au pilier, celle-ci aboutit sur le mur opposé en Q. La direction G-Q indique la direction du soleil levant au solstice d'hiver (21 décembre).

Si on se place en K (clef de voûte de la croisée d'ogives sud-ouest) et que l'on procède de même, on obtient l'axe K-M qui est la direction du soleil levant au solstice d'été (21 juin).

À partir des points H et I (A-H = A-D/3 et D-J = A-D/4) on mène des tangentes au pilier central. On obtient alors :

H-O — levers solaires des 20 janvier et 21 novembre (Verseau, Sagittaire) ;

H-R — levers solaires des 20 février et 22 octobre (Poissons, Scorpion) ;

J-N — levers solaires des 21 avril et 22 août (Taureau, Vierge) ;

J-L — levers solaires des 21 mai et 23 juillet (Gémeaux, Lion) ;

I-P — levers solaires aux équinoxes de printemps (21 mars) et d'automne (23 septembre) ou axe Bélier-Balance.

Deux remarques s'imposent :

— toutes les droites sont tangentes au pilier central et sont issues de points particuliers (culs-de-lampe, clefs de voûte) ;

— les origines des droites sont les points G, H, I, J, K qui sont dans l'ordre chronologique de succession des levers solaires.

Il va de soi qu'un tel dispositif est fonction de l'agencement de la salle gothique — ce qui explique les particularités de cette dernière. Par ailleurs, nous devons préciser qu'il existe

QUERIBUS - La salle Gothique - Le Calendrier solaire

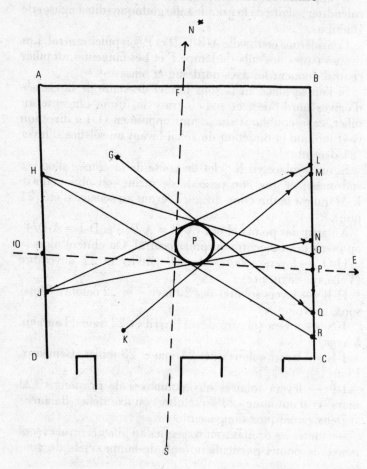

Dieu = lumière en Sanscrit

un calendrier solaire analogue au château de Montségur et que l'on en retrouve des éléments dans la salle pentagonale du donjon de Cabaret.

Précisons, en ce qui concerne Quéribus, que si le donjon a subi après l'époque cathare des modifications, la salle gothique n'a pas été modifiée.

Il est un point sur lequel nous devons encore insister. On ne peut, dans la salle gothique, observer directement le soleil ; cela implique que le pilier central est le symbole dudit astre.

La salle gothique de Quéribus n'est pas un espace profane mais un espace sacré. Orientée, elle porte l'axe central, le pilier du monde (l'axe central autour duquel s'effectuent les révolutions du monde). C'est ce même axe qui relie la Terre au Ciel, l'humain au divin, les états inférieurs aux états supérieurs. Bien entendu, un tel axe ne peut se confondre qu'avec le soleil et la lumière...

Le thème de la lumière

Dans toutes les traditions, la lumière est un symbole divin. Le mot « Dieu » ne vient-il pas d'un terme sanscrit signifiant lumière ? Les Mèdes, les Perses, les Égyptiens, les Platoniciens, les Stoïciens, les Alexandrins ont attribué à la divinité une nature lumineuse. Dans la première épître de saint Jean nous trouvons ce verset (15) : « Or voici le message que nous avons entendu de lui et que nous vous annonçons : Dieu est lumière, en lui point de ténèbres. » Dans le Coran, nous lisons (XXIV-35) : « Dieu est la lumière des cieux et de la terre. » Et Al-Ghazâlî de surenchérir dans *La niche de lumière* : « Dieu est la seule lumière dont toutes les lumières descendent. »

Par extension, la lumière est le symbole du monde céleste, de la vérité et de la sagesse. Selon saint Bernard, les âmes des élus seront plongées dans un océan immense de lumière éternelle et d'éternité bienheureuse.

Dans le langage traditionnel, être initié, c'est recevoir la lumière. Après avoir subi des épreuves, les yeux bandés, l'impétrant se voit arracher son bandeau pour que ses yeux soient ouverts à la lumière, c'est-à-dire à l'éternelle sagesse. C'est ainsi que la lumière succède aux ténèbres *(post tenebra lux)*, aussi bien dans l'ordre de l'initiation que dans celui de la création cosmique. C'est la lumière émanant de Dieu qui organise le *tohu wa bohu,* le chaos primordial, et le transforme en cosmos, l'univers organisé.

Mais la lumière s'oppose aux ténèbres. Cela est sensible dans de nombreuses pages de l'Ancien Testament. Ainsi que dans le prologue de l'Évangile selon saint Jean : « Et la lumière luit dans les ténèbres et les ténèbres n'ont pu l'atteindre » (18). D'où un antagonisme de la lumière (le beau, le bien, la vie, le salut, le bonheur, la vérité) et des ténèbres (le laid, le mal, la mort, la faute, le malheur, l'ignorance).

Certains gnostiques et les manichéens renforceront cette dualité en spéculant sur la lutte entre la lumière céleste et la puissance des ténèbres.

Manès (216-276) affirme — dès le début de sa doctrine — le dualisme absolu de deux principes inengendrés et équivalents : le bien ou lumière et le mal ou ténèbres. Le bien occupe le royaume du haut, le mal celui du bas. Poussé par le désir de conquérir le royaume de la lumière, le Prince des ténèbres lance ses légions de démons à l'assaut de la citadelle céleste. Du père de la lumière émane la mère de vie qui donne naissance au premier homme chargé de repousser l'attaque. Celui-ci est accompagné des cinq éléments lumineux (air, vent, lumière, eau et feu) mais est vaincu par les ténèbres. Voilà pourquoi une parcelle de lumière divine est emprisonnée dans le mal, dans la matière. Mais le premier homme adresse à sept reprises une prière au père de la grandeur qui lui tend une main secourable. Toutefois les cinq éléments restent prisonniers. Pour les sauver, Dieu organise le monde en dix firmaments et huit terres. De plus, la substance

mélangée qui contient les cinq éléments est divisée en trois parties :
— le première, très pure, forme le soleil et la lune ;
— la seconde, plus mélangée, donne les étoiles ;
— la troisième, complètement souillée, constitue le monde terrestre.

Le Prince des ténèbres emprisonne alors le maximum de lumière dans la matière terrestre et donne ainsi naissance à Adam.

L'homme apparaît donc comme un mélange de lumière et de ténèbres. Par son corps, il est lié aux forces maléfiques et par son esprit, il est lié à Dieu. D'où sa condition misérable. Mais Dieu, voulant le sauver, lui tend une main secourable : la gnose, la connaissance véritable qui permet à chaque habitant de notre planète — à condition de faire l'effort nécessaire — de se débarrasser de sa gangue de matière et de monter vers la lumière...

Retenons de cet exposé simplifié (d'une doctrine infiniment complexe) que le soleil est considéré comme une substance pure, non contaminée par les démons. Ainsi l'astre du jour est-il le symbole de la lumière spirituelle et du monde céleste. Voilà pourquoi les manichéens récitaient leurs sept prières rituelles quotidiennes face au soleil. Voilà pourquoi les cathares de Quéribus, héritiers des manichéens et de l'ésotérisme johannite, avaient fait de la salle gothique de Quéribus un véritable temple solaire.

VIII

BONAGUIL ET SON MYSTÈRE

Le château

À 50 kilomètres à l'ouest de Cahors, à 8 kilomètres au nord-est de Fumel, aux confins du Quercy et de l'Agenais, s'élève le château de Bonaguil.

Si le site, un promontoire rocheux, détaché d'un plateau et encadré par les vallées de la Thèze et de la Lemance, est tactiquement favorable, force est de constater qu'il ne possède aucune valeur stratégique.

Il est loin de toutes les grandes voies d'invasion et de communication. Sa présence relève davantage du rêve que de la nécessité historique.

Édifié dans le premier quart du XVᵉ siècle — une période de transition — Bonaguil est à la fois la somme des connaissances médiévales en matière de castellologie et le reflet des expériences nouvelles apportées par l'essor de l'artillerie.

Il est bâti sur le roc. Et le roc semble avoir guidé l'inspiration du maître d'œuvre si l'on en juge par l'utilisation des échines et des saillants (retaillés si nécessaire). Ce sont, en effet, les mouvements rocheux qui servent de fondements aux lignes de défense entourant le donjon.

La première ligne, d'un périmètre de 350 mètres, forme le front bastionné. Ses ouvrages sont bas et massifs pour mieux

LE CHATEAU DE BONAGUIL

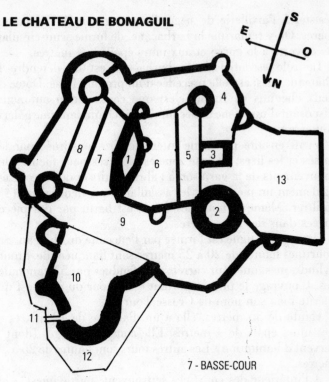

7 - BASSE-COUR

1 - LE DONJON

2 - LA GROSSE TOUR

3 - LA TOUR CARRÉE

4 - LA TOUR ROUGE

5 - LOGIS SEIGNEURIAL

6 - COUR D'HONNEUR

8 - LOGIS COMMUN

9 - DOUVES INTÉRIEURES

10 - BARBACANE

11 - ENTRÉE

12 - FOSSÉ EXTÉRIEUR

13 - ESPLANADE

résister à l'artillerie de siège. Ils sont garnis de 46 canonnières. On y remarque la barbacane, de forme semi-circulaire, ouverte à la gorge et aux murs épais de 4 mètres.

Le rôle essentiel de la barbacane est de défendre le château. Aussi est-elle précédée d'un profond fossé. Dotée de deux chemins de ronde, c'est une construction autonome disposant d'une issue de secours débouchant dans une galerie souterraine.

Vient ensuite une zone intermédiaire constituée par les fossés et les lices. Si cette zone est agencée pour faciliter les mouvements de la garnison à l'abri des tirs et des vues, c'est également un piège pour les assaillants qui viendraient à s'y infiltrer. Même le fond des fossés est battu par des pièces logées dans des caponnières.

La seconde ligne est formée par l'enceinte du château. Ses courtines hautes de 20 à 25 mètres sont flanquées de 4 tours cylindriques, une tour carrée, et défendues par 53 canonnières. L'ouvrage le plus important est la tour du nord-est qui mérite bien son nom de Grosse Tour.

Haute de 35 mètres, elle a un diamètre de 22 mètres et des murs épais de 4 mètres. Elle compte 6 étages (dont 3 servent d'habitation). Les autres tours sont hautes de 25 à 30 mètres.

À l'intérieur des courtines se trouvent (partie ouest) : les appartements seigneuriaux occupant 13 pièces, la salle d'honneur assez importante (12 × 6 mètres), la cour d'honneur avec le puits profond de 48 mètres et le moulin ; partie est : les communs constitués d'un fournil, de cuisines, d'offices ; sans oublier la basse cour, partiellement taillée dans le roc.

Au centre, le donjon dresse sa forme effilée comme celle de la nef d'un vaisseau. Ses dimensions (longueur : 25 mètres ; largeur moyenne : 5 mètres ; hauteur : 25 mètres) en font un ouvrage original. Son éperon, qui fait face au nord, est peu vulnérable aux tirs adverses, du fait de son profil et de ses 3 mètres de maçonnerie pleins. Il renferme 9 pièces (3 habitables), possède une guette et une terrasse pouvant recevoir des canons légers. On accède au donjon par des degrés taillés dans le roc interrompus par une coupure qu'enjambe un pont-levis et que balaye le tir d'une canonnière.

Cet impressionnant système défensif est complété par un dédale de galeries souterraines et par une cavité naturelle agrandie de la main de l'homme.

Bonaguil apparaît ainsi — selon l'expression de Max Pons [1] — comme un petit Gibraltar des terres.

Sa construction

Pendant très longtemps, on a cru que Bonaguil était une construction unitaire due à Béranger de Roquefeuil. Des recherches archéologiques récentes ont permis de déceler plusieurs périodes de construction.

Au XIIIᵉ siècle, une tour pentagonale s'élève sur le promontoire. Elle est entourée d'une cour et ceinte d'une courtine. En effet le *Saisimentum* de 1271 — qui est l'acte de prise de possession de l'Agenais par le sénéchal de Carcassonne, au nom de Philippe le Hardi — mentionne l'existence d'un *Castrum de Bonegails*.

Au XVᵉ siècle, le château échoit à la famille des Roquefeuil. Sous Jean de Roquefeuil, le donjon devient un bâtiment de forme ovoïde et les logis seigneuriaux commencent à prendre forme.

Mais c'est de 1477 à 1500 environ que se construit le château dans sa forme actuelle. C'est en 1477 que Béranger de Roquefeuil édite la charte de fondation qui contient ce singulier défi : « Par messire Jésus et tous les saints de son glorieux paradis, j'élèverai un castel que ni mes vilains sujets ne pourront prendre, ni les Anglais s'ils ont l'audace de revenir, voire même les plus puissants soldats du roi de France. »

Durant vingt ans, des maîtres d'œuvre hautement quali-

---

1. *Bonaguil, château de rêve*, Privat, 1966.

fiés, qui ont sans doute travaillé sur les places de Bretagne, vont mener à bien la construction des tours d'angle et des logis.

Puis un nouveau chantier est ouvert pour entourer le château d'un front bastionné : on creuse les fossés, on édifie la barbacane, on aménage les parties souterraines...

Max Pons confirme : « Malgré le silence des contemporains de Béranger, ou la dispersion de leur témoignage, il est permis de soutenir cette hypothèse en étudiant les nombreux raccords pratiqués dans les maçonneries et en examinant la multiplicité des styles. » Cela tend à écarter l'idée d'un plan préalable. Pourtant, Bonaguil, loin d'être un ensemble disparate, présente une harmonie indiscutable.

Quoi qu'il en soit, en 1520 l'édifice est achevé. Aucun adversaire ne se présentera pour éprouver la solidité de l'ensemble. Seuls le temps et le vandalisme des hommes réussiront à lui porter atteinte.

Les Roquefeuil

La famille des Roquefeuil est d'origine languedocienne. Elle apparaît pour la première fois dans l'histoire aux environs de l'an 830. C'est, en effet, cette année-là que Sunifred, marquis d'Espagne, épouse Ermesinde, fille du comte de Carcassonne et héritière du château de Roquefeuil, au pays de Sault. Puis on la retrouve dans les Causses où la baronnie de Roquefeuil s'étend sur le Larzac et le causse Noir. La capitale est le village cévenol de Nant, placé sur la route des pèlerins se rendant à Saint-Jacques-de-Compostelle et sur celle des croisés allant s'embarquer à Saint-Gilles.

Mais en 1227 la famille est menacée d'extinction. Le pape Grégoire IX relève alors de ses vœux le franciscain Arnaud de Roquefeuil, l'autorise à rentrer dans le monde pour assurer la continuité de sa race. En échange, Grégoire IX lui impose, comme armes, la cordelière en sautoir, au lieu du lion de gueules couronné.

Puis la maison de Roquefeuil s'allie à la noblesse du Quercy et à celle de l'Agenais et acquiert de nouvelles possessions dans ces provinces.

C'est en 1448 que naît au château de Flaugnac, dans le Quercy, Béranger de Roquefeuil. Lorsqu'il succède à son père, la maison de Roquefeuil est à son apogée. Dans ses dispositions testamentaires, rédigées le 9 janvier 1530, Béranger de Roquefeuil fait état de ses titres : « Noble, magnifique et puissant seigneur Béranger de Roquefeuil, seigneur et baron des baronnies de Roquefeuil, de Blanquefort, de Castelnau, de Combret, de Roquefère, comte de Nant. » Et encore ne souffle-t-il mot de ses possessions dans les pays de Beaucaire, du Périgord, du Rouergue, de Carcassonne, de l'Agenais et du Bazadais. À la tête d'un tel patrimoine, il est l'un des plus puissants barons de la couronne.

De taille moyenne mais trapu, souffrant à partir de la cinquantaine de maux d'estomac, Béranger est d'un naturel volontaire, emporté et querelleur. Il possède, au plus haut point, la fierté féodale et admet difficilement la juridiction de la couronne. Cependant il rendra hommage à Charles VIII, le 17 avril 1484, et à Louis XII, le 14 octobre 1499.

Entre-temps un sérieux incident l'oppose à ses sujets de Castelnau-Montratier. Voulant abroger un article de la charte relatif à l'exonération du droit de leude sur les marchandises ne dépassant pas la quantité d'un quarton, Béranger envoie une compagnie d'arbalétriers dans le bourg. Celle-ci exerce des exactions ; ce qui conduit les habitants à se soulever. Béranger lève alors une troupe qui ne peut maîtriser la révolte. Le Parlement de Toulouse se charge de l'affaire (1493) et donne tort à Béranger — qui n'est pas très heureux de ce désaveu. Dès lors notre baron fait accélérer les travaux de Bonaguil. Vers 1520, l'œuvre est achevée. À partir de ce moment, Béranger vit heureux dans un château ignoré de l'histoire. Le 9 janvier 1530, il prend ses dispositions testamentaires : « Comme personne vivant dans la chair ne peut éviter le jugement de Dieu, devant qui devra rendre raison pleine et entière de ses actes, qu'il n'est rien de plus certain que la mort, et rien de plus incertain que son heure et que pour cela, le sage ne diffère pas de disposer et d'ordonner pour ce qui concerne son âme, son corps, ses meubles et ses biens. » Puis il fixe sa sépulture dans la chapelle Sainte-Barbe de l'église Saint-Michel de Bonaguil : « Que ne soit utilisés ni draps d'or, ni voiture, ni torches, ni cierges, ni oriflammes aux armoiries de sa seigneurie dans la dite église... que soient présents six vingts (120) prêtres ou clercs d'église de bonne renommée. » Et il ajoute : « Qu'au jour de la sépulture, de la neuvaine et du bout de l'an soient présents et secourus, les trois jours, cent pauvres... »

Le 10 janvier 1530, Béranger meurt. Il a quatre-vingt-deux ans. Ses successeurs n'habiteront Bonaguil qu'épisodiquement. Citons cependant Marie Gilberte de Roquefeuil (XVIIe siècle) et Marguerite de Fumel (XVIIIe siècle).

L'énigme posée par le château

Bonaguil est une œuvre hors série. Il se distingue nettement des autres châteaux médiévaux par sa situation insolite, son édification tardive, ses agencements qui annoncent Vauban, son système défensif extraordinairement puissant.

Déjà une chronique du XVIe siècle posait un premier problème : « Sa mémoire est qu'aujourd'hui vénérable à ses sujets pour sa vertu, et de qui le nom est assez public, pour ceux qui s'émerveillent qu'un seigneur non aydé des bienfaits de l'église ou du roy ait élevé un si somptueux édifice que celui de Bonaguil. » Nous avons vu que Béranger possédait un patrimoine important. Il n'a pas dû être gêné sur le plan financier.

Mais là ne réside par l'énigme. Elle est tout entière dans la question : pourquoi avoir construit une pareille forteresse ? Max Pons (ouvrage cité) écrit : « Les siècles ont refermé leurs portes d'airain sur les desseins connus et secrets de Béranger le Magnifique. Son œuvre reste en deçà de notre faible pouvoir : comme un signe énigmatique du destin. »

Pour d'aucuns Bonaguil est l'œuvre d'un mégalomane, d'un féodal attardé. L'explication nous paraît faible. Dans ses écrits, parvenus jusqu'à nous, Béranger manifeste beaucoup de réalisme et une sagesse de bon aloi. Il faut donc chercher ailleurs une solution satisfaisante.

Pour nous, l'édification de Bonaguil dans un coin perdu du Quercy ne s'explique que parce que Béranger de Roquefeuil est détenteur d'une « chose sacrée » dont il doit assurer la protection.

Dans un fascicule ronéotypé (*Recherche sur le château de Bonaguil*, 1974), Daniel Frugier et Gilles Séraphin mentionnent être parvenus à découvrir dans les embrasures des fenêtres hautes de la Grosse Tour des graffiti particulièrement intéressants : le carré magique Sator, de nombreuses signatures, des textes, des poèmes. Peut-être sont-ce là les premiers indices révélant l'existence d'une tradition ésotérique au sein de l'antique famille des Roquefeuil...

Le carré Sator

C'est en 1868 que le carré Sator est découvert à Cirencester dans le Gloucestershire (Angleterre). On le trouve gravé sur un morceau de plâtre mural daté du IVe siècle de notre ère. En 1925, un exemplaire incomplet est mis au jour lors de fouilles menées à Pompéi. L'éruption du Vésuve à l'origine de l'ensevelissement de la cité s'étant produite en l'an 79 de notre ère, le fragment recueilli lui est donc antérieur. En 1936, un nouveau carré Sator est découvert sur une colonne de Pompei. Puis quatre autres exemplaires sont découverts à Dura-Europos. Ils remontent vraisemblablement au IIIe siècle.

La formule la plus courante du carré Sator est la suivante :

```
S A T O R
A R E P O
T E N E T
O P E R A
R O T A S
```

C'est donc un carré de 25 lettres formant des mots complets. C'est aussi un palindrome parfait puisqu'il peut se lire soit de droite à gauche, soit de gauche à droite.

On remarque que :

— SATOR est l'inverse de ROTAS ;

— AREPO est l'inverse de OPERA ;

— les quatre T de TENET répété forment les extrémités d'une croix.

Précisons qu'il existe une variante du carré Sator dans laquelle l'ordre des mots est inversé :

```
R O T A S
O P E R A
T E N E T
A R E P O
S A T O R
```

Beaucoup d'auteurs pensent d'ailleurs que cette formulation est plus ancienne.

Très vite des tentatives sont entreprises pour déchiffrer le carré Sator. Jérôme Carcopino émet l'hypothèse que l'inventeur du carré Sator est saint Irénée ; celui-ci l'aurait composé vers 177, après la persécution des chrétiens de Lyon. Cette thèse est infirmée par les carrés Sator trouvés à Pompéi. Mais Carcopino traduit *Sator arepo tenet opera rotas* par le *Semeur* (le sauveur, le Christ qui sème le bon grain) *à sa charrue* (la croix évoquée par le timon et le montant vertical de la charrue) retient par son sacrifice les roues (le destin). Bref, pour Carcopino, le carré Sator est un symbole chrétien.

Pour André François-Poncet, le carré Sator est une simple figure cabalistique comme celle formée par le fameux Abracadabra. Sa thèse semble confirmée par Tomasini, évêque de Citta Nuova (en Istrie, qui écrit au XVIIᵉ siècle *(petrarcha redivivus laura comite)* que l'on soignait les chiens atteints de la rage en leur faisant avaler un croûton de pain sur lequel on avait tracé le carré magique.

La traduction du carré Sator apparaît d'autant plus difficile que le mot Arepo est inconnu dans la langue latine. Bien sûr, on pense qu'il s'agit d'un terme celte désignant une charrue. Ce qui n'a pas empêché certains spécialistes de proposer des formules assez voisines de celle de Carcopino :

— « Le semeur est à la charrue, le travail occupe les roues » ;

— « Le laboureur à sa charrue dirige les travaux. »

À dire vrai il semble bien que toute traduction exacte soit impossible.

En 1925, l'Allemand Grosser découvre que les 25 lettres du carré permettent d'écrire deux fois *Pater Noster* de manière que la lettre N, écrite une seule fois, se trouve au centre de la croix.

```
        P
        A
        T
        E
        R
PATERNOSTER
        O
        S
        T
        E
        R
```

Les quatre lettres non employées (A×2-O×2) se placent aux extrémités des branches de la croix pour indiquer que

Dieu est l'alpha (A) et l'oméga (O), le commencement et la fin.

Bien que la solution de Grosser soit satisfaisante, elle n'en est pas moins très controversée. Il est vrai que les coptes y voient depuis longtemps les noms des cinq clous du Christ et que les Byzantins appellent Sator, Arepo, et Teneton, les bergers présents à la nativité du Christ.

D'autres font un rapport entre le carré Sator et le carré numéral magique :

11	24	7	20	3
4	12	25	8	16
17	5	13	21	9
10	18	1	14	22
23	6	19	2	15

Ce carré de 5, dit de « Mars », a pour somme linéaire 65 qui est aussi la somme des lettres du nom divin Adonai (aleph : 1 ; daleth : 4 ; noun : 50 ; yod : 10).

Bref le carré Sator apparaît comme un symbole de l'ésotérisme chrétien. C'est aussi un signe de reconnaissance auquel on a attribué une valeur magique. Jean Marquès-Rivière (*Amulettes, talismans et pentacles*, Payot, 1950) précise : « Tout le Moyen Âge a connu cette formule, la Gaule en particulier... la formule du Sator fut employée... comme prophylactique. On la voit sur les dalles d'église (de Pieve Tersagni, près de Crémone, de Saint-Laurent-de-Rochemaure), dans les châteaux (Loches, Beaulieu-lès-Loches, Chinon, Jarnac) et même dans des couvents (Santa Maria Magdalena de Vérone où Sator se lit dans le parloir). On la retrouve dans les milieux magiques et dans les cercles ésotériques médiévaux... » Il est tout de même curieux de la retrouver à Bonaguil.

Le livre d'or de Bonaguil

Les murs d'ébrasement de la fenêtre ouest de la Grosse Tour sont également couverts de noms. Citons Daniel Frugier et Daniel Séraphin : « On distingue la signature d'Antoine Alexandre de Roquefeuil, celles de Catherine de Roquefeuil, d'Henri de Roquefeuil, puis celles de Jehane Angélique de Rochechouard, de Charles de Peyre, de Pyere de Sainte-Foy-de-Tricou... le nom de Biron sans sa particule figure parmi d'autres moins connus : La Gravé, Laroquette, François Vez... Mercadier fait suivre son nom de sa profession : chirurgien... Jeux de société ou signe de reconnaissance, la plupart des personnes font précéder leur prénom et nom... de la lettre W. » C'est ce W qui donne au livre d'or de Bonaguil un caractère des plus singuliers. Cette vingt-deuxième lettre de l'alphabet français a été utilisée dans la chimie ancienne comme symbole de l'alambic et de la marcassite. Elle correspond à Vav, sixième lettre de l'alphabet hébraïque (la transformation, le rébus alchimique, le fils de Dieu), au sceau de Salomon et à la lame du Tarot appelée l'Amoureux (l'arcane du choix). Elle est donc l'authentification de la qualité d'initié.

Le livre des poèmes

À côté du livre d'or se trouve le livre des poèmes. Certes, les textes sont relativement courts. On y trouve :

1° *une certaine paillardise :*

« Ci-gît un malheureux sergent qui fut pendu de cet pendant contre l'ordre de sa nature. Un moine passant par le pont le voyant en cette posture
Crut qu'il voulait foutre la mort. »

2° *une certaine naïveté :*

« Louise... me fit fere ces vers afin que chacun sut quele prit ma franchise sache donc tout le nom de ce grant univers que je n'adore rien que ma belle Louise. »

3° *un certain esprit cher aux troubadours :*

« Ô a mai Louis sur son absence
Vien di viens unique objet de mon âme
Vien divin subejet de ma flame
Me donner quelque réconfort
Rends moy la mitie de ma vie
que ton abse ma raire
Ou je donnray l'autre à la mort. »

À l'époque (XIe, XIIe, XIIIe siècle) où l'Occitanie adopte la religion cathare, cette dernière rayonne sur l'Occident par la poésie des troubadours. Appartenant à toutes les classes de la société, nos troubadours se font les chantres de l'*Amour de la dame*. Citons Cingria (*ieu oc tan*, Mesures n° 2, 1937) : « Il n'y a dans toute la lyrique occitane qu'un seul thème, l'amour perpétuellement insatisfait et que deux personnages : le poète qui huit cents, neuf cents, mille fois réédite sa plainte et une belle qui lui dit toujours non. » Mais au-delà des apparences, les troubadours propagent le *gai saber*, la *gaie science*, une gnose secrète qu'on ne peut saisir qu'en « enchevêtrant le sens des mots ». Aussi la dame apparaît-elle comme le symbole de l'Église cathare et du johanisme se caractérisant par la loi d'amour.

Or il faut savoir que le mouvement troubadour survécut à la destruction du catharisme. En effet, en 1323, sept troubadours du Languedoc se réunirent à Toulouse pour fonder la « Compagnie des mainteneurs de la gaie science » *(Companhia dels Mantenedors del Gay Saber)* dont les buts avoués étaient de défendre la langue occitane et de codifier la rhétorique de l'amour courtois. Les activités de la compagnie se développèrent durant des siècles dans toute l'Occitanie en s'appuyant parfois sur des personnages mythiques comme celui de Clémence Isaure. Les possesseurs de Bonaguil n'ont certainement pas échappé à son influence. C'est ce que semblent indiquer les poèmes gravés aux embrasures des fenêtres de la Grosse Tour, celle qui regarde vers l'ouest, le pays des enchantements...

La Dame blanche de Bonaguil

Une vieille légende bonaguiloise relate l'histoire de Marguerite, « La Dame blanche ».

En ce temps-là, le château était aux mains d'un seigneur cruel qui pendait les paysans récalcitrants en haut de la tour Rouge. Ce seigneur possédait une fille jeune, jolie et charmante qui essayait de réparer les exactions de son père. Elle aimait en secret un jeune chevalier des environs.

Mais un jour, son père décida de la marier à un vieux comte, riche et bien en cour. Malgré ses supplications, Marguerite ne put faire fléchir la volonté de son père. Et le jour des noces arriva. Alors que le festin s'achevait, le vieux comte qui se levait pour saluer, le verre à la main, la joyeuse assemblée, s'écroula mort. Marguerite se leva, quitta la salle et le château. Elle ne devait jamais y revenir.

Mais on dit que tous les soirs de novembre, Marguerite, revêtue de blanc, vient errer dans la forteresse en poussant des plaintes et des sanglots.

Ainsi le château de Bonaguil est-il nanti d'une *Dame blanche* comme bon nombre d'édifices historiques. Dans la pensée traditionnelle, la mort précède la vie puisque toute naissance est une renaissance en raison de la réincarnation. Aussi primitivement le blanc est-il la couleur de la mort et du deuil. Voilà pourquoi on nommait « reines blanches », les reines de France devenues veuves : leurs vêtements de deuil étaient blancs. C'est pourquoi le blanc est la couleur du linceul, de tous les spectres et de toutes les apparitions. La Dame blanche de Bonaguil est une envoyée de l'au-delà venue pleurer un dessein inachevé. Peut-être vient-elle également inciter les chercheurs à se pencher avec plus de conviction sur le mystère de Bonaguil.

Car il y a bien un mystère à Bonaguil. Ce n'est point là une forteresse ordinaire, une œuvre édifiée par orgueil mais par nécessité occulte. Certes, nous n'avons pu rassembler que des indices, nous n'avons pu esquisser que des directions de recherche. Mais nous restons persuadés que ce n'est pas par hasard si la salle d'honneur (12 × 6 mètres) est un carré long, si la Grosse Tour est construite selon le nombre d'or (le rapport de sa hauteur par son diamètre est de 1,6), si les ponts-levis furent au nombre de 7.

Nous demeurons convaincus avec Max Pons qu'« au bout d'une route enchantée, il est un castel étrange et fascinant, couleur de pluie et de soleil. Un castel hors du temps, qui courtise le ciel... »

IX

LE PLESSIS-BOURRÉ,
LOGIS ALCHIMIQUE

Un château de transition

Au cœur de la verte campagne angevine, à 15 kilomètres au nord d'Angers, s'élève le château du Plessis-Bourré.

Le domaine — appelé d'abord Plessaiz-le-Vent (1378) ou Plessium Venti (1428) — tire son nom du vieux français *Plesse* qui désignait les hautes palissades entourant, au XVe siècle, la motte féodale, et que l'on retrouve dans Plessis-Macé, Plessis-Bouchard, Plessis-Renaud...

Au milieu du XIVe siècle, Le Plessis-le-Vent appartient à Robert de La Haye. Au XVe siècle, il est aux mains de la maison des Roches, avant d'être cédé à la maison de Saint-Maure. Par acte daté du 26 novembre 1462, Charles de Saint-Maure le vend à Jean Bourré. Ce dernier fait édifier, de 1466 à 1473, le château actuel. Précisons que cet édifice a pu traverser les siècles sans subir d'altérations graves.

Extérieurement, le château du Plessis-Bourré se présente sous la forme d'un quadrilatère de 73 mètres de long sur 60 de large. Les quatre angles sont occupés par des tours cylindriques dont la plus haute, qui fait office de donjon, n'a pas moins de 44 mètres et est dotée d'un double chemin de ronde.

Châteaux forts magiques de France

Construit à une époque où l'artillerie commence à être prise au sérieux, le château, outre des murs épais de deux mètres, possède une terrasse qui l'entoure entre les courtines et les douves. On pouvait y installer des canons fonctionnant à tir rasant pour défendre les abords du château.

Bien que comblées en partie au XVIIIᵉ siècle, les douves occupent encore une surface imposante. On les franchit par trois ponts successifs. Le dernier, long de 43 mètres, est porté par sept arches. Une gravure du XVᵉ siècle, donnant une vue cavalière du château et de ses environs, met bien en relief l'importance de la fonction défensive des douves.

Entre le deuxième et le troisième pont, après la poterne d'entrée, les communs, en fer à cheval, encadrent une première cour d'honneur. Reconstruits au XVIIIᵉ siècle, ils donnent accès au pont de 43 mètres dont nous avons parlé précédemment et qui conduit au double pont-levis de la porte fortifiée du château. Celle-ci franchie, un passage voûté mène à la cour intérieure. Ouvrant à droite dans cette galerie, une grande cave voûtée se souvient d'avoir appartenu à l'ancienne forteresse.

Au fond de la cour intérieure de 1 360 mètres carrés de superficie, bordée d'un promenoir à arcades, se dresse le corps de logis, nettement plus élevé que les autres bâtiments. Il présente trois étages de fenêtres à meneaux en pierre et un étage de hautes lucarnes.

Trois de ces hautes lucarnes sont surmontées, respectivement, des armes de France, de celles du roi René et de celles de Jean Bourré.

Forteresse à l'extérieur, Le Plessis-Bourré est, à l'intérieur, un château d'agrément.

Par la porte de gauche du grand logis, les visiteurs pénètrent dans le vestibule donnant accès aux salles de réception :

— salon Louis XVI ;
— salon chinois ;
— grand salon Louis XV ;

— salle de justice dans le prolongement de laquelle sont les prisons.

Au-dessus des prisons, la salle dite du Parlement a conservé son carrelage ancien en terre cuite et ses voûtes en tuffeau remarquables par leurs nervures prismatiques.

L'alchimie au XVe siècle

Le XVe siècle voit un prodigieux essor de l'art d'Hermès. Sans doute faut-il en attribuer la cause à la multiplication des traités écrits en langue vulgaire. Et puis, comme le souligne Serge Hutin en son *Histoire de l'alchimie*, Marabout, 1971 : « Du haut en bas de l'échelle sociale, l'alchimie se répand et passionne. Les souverains, les hauts personnages ont volontiers leurs alchimistes attitrés, qu'ils protègent et subventionnent. »

Aux côtés de Nicolas Valois, de Nicolas Grosparmy, de Basile Valentin, de Bernard Le Trévisan, de Jean de La Fontaine (prévôt de Valenciennes), de Georges Ripley et de Thomas Norton, il faut citer Jacques Cœur, Jehan Lallemant, qui sont des bourgeois aisés. Ainsi que des souverains et des princes comme Charles VI de France, Henri VI d'Angleterre, les ducs de Berry et de Bourgogne. Les sociétés secrètes hermétiques se multiplient. C'est ainsi que l'ordre de la Toison d'or, fondé par Philippe le Bon le 10 janvier 1430, se double d'un cercle intérieur alchimique très fermé.

Jean Bourré, personnage énigmatique

Le duc de Dalmatie, dans son opuscule consacré au Plessis-Bourré (*Monographie des châteaux de France*, Barry), écrit : « Jean Bourré doit au Plessis d'être tiré de l'oubli relatif où il était tombé dès le lendemain de sa mort. Philippe de Commines ne le mentionne pas dans ses mémoires. Les dictionnaires élémentaires ne le citent pas d'avantage aujourd'hui, qui consacrent quelques lignes aux autres compères de Louis XI : Olivier le Daim, Tristan l'Hermite, Pierre de Gie. » Pourtant Jean Bourré devait avoir la confiance absolue du soupçonneux Louis XI puisque ce dernier lui confia la charge de gouverneur du dauphin (le futur Charles VIII).

Né en 1424 à Château-Gontier, d'une famille bourgeoise assez aisée, Jean Bourré fait ses études de droit à l'université de Paris et entre, en 1442, au service du dauphin Louis, fils de Charles VII. Il occupe l'emploi de secrétaire et d'homme de confiance. Il suit le futur Louis XI en Dauphiné, puis de 1456 à 1461 il séjourne, en sa compagnie, à la cour du duc de Bourgogne (Philippe le Bon). Il habite soit à Bruges, soit au château de Genappé, près de Bruxelles, en compagnie de son maître qui attend, avec une certaine impatience, la mort de son père. Celle-ci survient en 1461 et Louis XI devient roi de France. Dès lors, Jean Bourré se voit confier les charges successives de greffier du Grand Conseil, de conseiller du roi, de maître des comptes, de contrôleur des finances en Normandie, de trésorier de France et de gouverneur du dauphin à Angers. En même temps, il dirige la construction de « forts beaux châteaux et maisons de plaisance comme Langeais, Jarzé, Le Plessis-Bourré, Vaulx, Coudray et Entrammes » (archives du Maine-et-Loire provenant du chapitre de Jarzé). Puis peu à peu, Jean Bourré se dégage en raison de son âge des affaires publiques. Il meurt, en 1506, âgé de quatre-vingt-trois ans.

Jean Bourré, alchimiste ?

La décoration du plafond de la salle des gardes témoigne en faveur des préoccupations occultes de Jean Bourré.

C'est au cours de son séjour en Flandre, à la cour de Philippe le Bon, grand duc d'Occident, que Jean Bourré se familiarise avec les sciences traditionnelles. N'oublions pas que la bibliothèque du duc est riche en traités hermétiques. Eugène Canseliet (ouvrage cité) affirme : « Il est possible d'exactement imaginer les ressources que l'abondante et merveilleuse librairie du fondateur de l'ordre de la Toison d'or offrit au laborieux garçon et de trouver, conséquemment, l'origine et l'explication du savoir très secret, voilé plus tard sous les emblèmes peints au château de Plessis-Bourré. »

Non seulement Jean Bourré s'instruit dans la bibliothèque du duc mais il est au contact des chevaliers de la Toison d'or. Nous avons vu que c'est le 10 janvier 1430 que Philippe le Bon crée, à Bruges, l'ordre de la Toison d'or dont la devise *pretium laborum non vile* (noble prix des travaux) évoque l'histoire de Jason et des Argonautes, allégorie du Grand Œuvre alchimique. Tout aussi révélateur est l'insigne de l'ordre composé d'un collier d'or formé d'une succession de pierres à feu (ou briquets) entre lesquelles s'intercale un motif figurant une pierre environnée d'étincelles. Au collier est suspendue une dépouille de bélier en or.

Le but déclaré de l'ordre est de faire naître une nouvelle chevalerie, de régénérer l'idéal des croisés. L'épitaphe du tombeau de Philippe le Bon à Dijon est rédigée en ces termes :

« Pour maintenir l'Église qui est de Dieu maison
J'ai mis sus le noble ordre qu'on nomme la Toison. »

En fait le but secret de Philippe le Bon est non seulement de créer une nouvelle chevalerie mais aussi de rétablir les liens initiatiques entre l'Orient et l'Occident. Ce qui n'est pas sans analogie avec les desseins secrets de l'ordre du Temple.

Au départ, l'ordre compte 24 chevaliers. Le recrutement se fait par élection lors du chapitre général qui se tient chaque année, le 30 novembre, jour de la saint André, patron de l'ordre et l'un des maîtres (avec saint Jean et saint Jacques) de l'ésotérisme chrétien.

Au sein de la Toison d'or existe un cercle d'alchimistes animé par Nicolas Rolin, chancelier de l'ordre. À ce cercle appartenaient Wolfgang de Polham, le mystérieux prisonnier de Gisors (1479-1483), et Philippe de Montmorency, comte-alchimiste de Hornes, 224e chevalier de la Toison d'or, décapité le 5 juin 1568 en place de Bruxelles.

Très vite, l'ordre de la Toison d'or perd les caractères qu'avait voulu lui donner son fondateur. Mais qu'importe, la Flandre hermétique a joué son rôle dans la formation spirituelle de Jean Bourré.

La confirmation des opérations alchimiques auxquelles se livre le conseiller de Louis XI nous est fournie par la remarque pertinente d'Eugène Canseliet : « Comme l'adepte Berruyer (Jacques Cœur), Jean Bourré sut envelopper sa vie d'une magnificence sans tapage, dont la source semblait également tenir du merveilleux et du prestige. Lors même que, certainement les bénéfices de sa charge se soient montrés considérables, ils ne suffisent pas, en tenant compte de l'époque, à fournir la raison principale et satisfaisante de son immense fortune. Celle-ci était telle qu'elle formait en vérité une puissance annexe au trésor royal, à laquelle Louis XI s'adressait quasi constamment, sans que jamais il eût pris le souci d'en examiner préalablement les disponibilités métalliques. »

Par ailleurs, une lettre de Louis XI à Jean Bourré (Bibliothèque nationale — n° 20429, Fol. 3) apparaît des plus singulières : « Monsieur du Plessis, je vous envoie ce que monsieur de Crussol demande. Allez-vous-en demain à Paris, et vous et monsieur le président, trouvez de l'argent en *la boîte à l'enchanteur* pour ce qui sera nécessaire et qu'il n'y ait faute. » La boîte à l'enchanteur ? Une bien curieuse expression révélant l'existence d'un procédé « magique » pour se procurer de l'argent.

Le trésorier de l'ordre de Saint-Michel

Le 1er août 1469, en la chapelle du château d'Amboise, Louis XI crée l'ordre de Saint-Michel. Le préambule des statuts de l'ordre est rédigé en ces termes : « Nous, à la gloire et louange de Dieu, notre créateur tout-puissant et révérence de la glorieuse Vierge Marie, et à l'honneur et révérence de Monseigneur saint Michel, premier chevalier, qui, pour la querelle de Dieu, victorieusement bataille contre l'ennemi de l'humain lignage et le trébucha du ciel et qui son lieu adoratoire, appelé le mont Saint-Michel, a toujours et heureusement gardé, préservé et défendu, sans être subjugué, ni mis es mains des anciens ennemis de notre royaume, et afin que tous bons, hauts et nobles courages soient excités et émus à toutes vertueuses œuvres... nous avons constitué, créé et ordonné, et par ces présentes créons, constituons et ordonnons un ordre de fraternité ou aimable compagnie de certain nombre de chevaliers jusqu'à trente-six, lequel voulons être l'ordre de Saint-Michel. »

Suivent 66 articles (portés à 92 en 1476) précisant que :
— le roi et ses successeurs sont de droit les grands maîtres de l'ordre ;
— le siège de l'ordre est au mont Saint-Michel ;
— lors de l'assemblée générale du 29 septembre, la conduite de chacun sera examinée ;
— le secret des délibérations est absolu ;
— le roi consultera les chevaliers avant toute affaire conséquente ;
— le collier de l'ordre pèse 200 écus. Il est composé de doubles coquilles d'or, attaché d'aiguillettes rondes de soie noire à larges ferrets d'or, liés et noués au lacs d'amour. Au bout de ce collier pend un ovale d'or sur lequel est l'image de saint Michel foulant aux pieds le dragon.

Les grands officiers sont :
— le grand maître : Louis XI ;
— le grand chancelier : Guy Bernard, évêque de Langres ;
— le trésorier : Jean Bourré ;
— le greffier : Florimond Robertet ;
— le héraut d'armes : Montjoie.
Parmi les chevaliers, on relève les noms de Charles, frère

du roi (duc de Guyenne), du duc de Bourbon, du comte de Saint-Paul, des maréchaux Lohéac et Comminges, de l'amiral Louis, bâtard de Bourbon, de Jean d'Estouteville, des sires de Bueil, du Plessis-Macé, de Châtillon, de Dammartin, de La Trémoille, de Chabannes, de Crussol, de Tanguy du Chatel.

Pour célébrer cet événement mémorable, Jean Fouquet exécute une miniature. Sur celle-ci, on peut voir Louis XI et les chevaliers de l'ordre de Saint-Michel réunis sous un tableau représentant saint Michel terrassant un dragon. Le roi est au centre de la composition trônant sur un tapis d'azur parsemé de lys d'or. L'ensemble paraît s'inscrire dans un triangle équilatéral. Devant le roi sont couchés deux chiens blancs, face à face. Le plus grand porte un collier d'or. De chaque côté du roi, 9 chevaliers se tiennent debout (parmi eux on reconnaît Jean Bourré). Au total 19 personnages. Or 19 est précisément le nombre de lettres formant la devise de l'ordre : *IMMENSI TREMOR OCEANI* (ce qui fait trembler l'immense Océan). C'est, en Kabbale, le nombre du soleil, de la lumière et de l'or. C'est aussi le nombre d'or du cycle lunaire.

Après avoir fait remarquer que les deux chiens blancs se retrouvent sur une autre miniature illustrant un exemplaire des statuts de l'ordre (Vienne B.N., manus. 2637, Fol, 11v) et sur un des panneaux du plafond de la salle des gardes du Plessis-Bourré, René Alleau (*Énigmes et symboles du mont Saint-Michel,* Julliard, 1970) s'interroge sur leur signification. Il retient deux hypothèses. Selon la première, Jean Fouquet aurait voulu évoquer le mot lévrier qui se prononçait alors sans accent (levrier), ce qui donne en cabbale phonétique : l'œuvre y est. Selon la seconde, il faudrait voir non des lévriers mais des chiens employés dans la chasse au cerf et appelés bauds, chiens-cerfs, chiens muets ou chiens pythagoriciens, pour la bonne raison qu'ils n'aboyaient pas en approchant le cerf. René Alleau conclut : « Selon cette hypothèse ce chien blanc ferait allusion au silence imposé expressément par les statuts de l'ordre aux chevaliers de

150

Saint-Michel sur tout ce qui concernait leurs délibérations. Mais on peut y voir aussi une image de la quête initiatique et de la chasse spirituelle dans laquelle l'intuition joue un rôle aussi déterminant que le flair dans la chasse matérielle. La comparaison entre le cerf aux bois rayonnants et Jésus qui mène l'âme altérée aux sources de l'éternelle Sapience se retrouve dans la plupart des allégories mystiques du XVe siècle. » Rappelons aussi que le cerf-volant était l'emblème de Charles VI et de Charles VII, et que saint Michel, si cher à Jeanne d'Arc, était alors considéré comme le protecteur de la France.

Comme la Toison d'or, l'ordre de Saint-Michel apparaît comme une tentative de restauration de la véritable chevalerie. Il n'est donc pas sans intérêt de savoir que Jean Bourré en fut le trésorier de 1469 à 1498.

Le plafond de la salle des gardes

Si nous savons que les pierres utilisées dans la construction du château du Plessis-Bourré proviennent de la carrière de Boullay, près de Saumur, nous ignorons le nom des artistes qui ont œuvré pour décorer la résidence de Jean Bourré. Seul nous est connu le verrier Pierre Hardouin. Anonymes sont donc les hommes de talent responsables des 24 panneaux du plafond de la salle des gardes exécutés sur l'ordre de Jean Bourré. Nous avons déjà dit que 16 panneaux (le nombre du feu qui épure et libère, le nombre des pétales de la Rose-Croix) possèdent une signification alchimique incontestable. Nous allons donc les décrire et les commenter le plus simplement possible. Ceux de nos lecteurs qui désireraient en savoir plus sur les panneaux précités pourront se reporter à la savante étude qu'Eugène Canseliet leur a consacrée dans *Deux logis alchimiques* (Pauvert 1979). Nous emprunterons à l'adepte contemporain les noms qu'il a donnés aux 16 spécimens retenus.

1. *Les deux béliers.* Dressés sur leurs pattes postérieures,

deux béliers se battent. Cette lutte est celle que se livrent, malgré leur mutuelle attirance, le soufre et le mercure. C'est aussi une indication relative au signe zodiacal propice au début des travaux hermétiques.

2. *L'ourse et les deux singes.* Une ourse monstrueuse dévorant une feuille et portant sur son dos deux singes. L'un porte une baguette, l'autre embouche une trompette. Les deux singes symbolisent les alchimistes qui doivent imiter la nature (la singer). L'ourse est la vierge minérale, le mercure des sages. C'est aussi l'étoile polaire indiquant à l'adepte qu'il est sur la bonne route.

3. *L'âne chantant la messe.* Accroupi devant un pupitre, un âne déchiffre de la musique notée en caractères de plain-chant. L'âne qui a porté le Christ est la matière première de l'œuvre qui porte la potentialité de l'or.

4. *Le cerf soumis.* Un cerf est étendu sur le ventre dans une attitude de soumission. C'est le mercure des philosophes.

5. *La fontaine indécente.* Une fontaine hexagonale au sommet de laquelle un lion crache un liquide dans la bouche d'un homme nu. Au bas de la fontaine, une jeune fille urine dans le chapeau d'un autre homme nu. Les adeptes désignent parfois leur mercure par les expressions « urine des enfants » ou « urine de vierge ». Il y a aussi allusion au sel de l'harmonie ou harmoniac.

6. *Le combat de l'aigle et du lion.* Un aigle au corps de serpent attaque un lion. Ce dernier symbolise le fixe (le soufre) alors que son adversaire est le volatil (le mercure).

7. *La jeune fille et la tortue caudée.* Une jeune fille portant une guirlande de fleurs dans ses mains chevauche une tortue dotée d'une énorme queue. La tortue, emblème de Saturne, est l'emblème de la première matière, de la minière des sages. La jeune fille indique la qualité volatile du sujet. L'ensemble symbolise l'extraction du sujet des sages de son gîte minier.

8. *La laie musicienne.* Une laie jouant de la cornemuse fait danser ses trois marcassins. La laie symbolise le *capuut*

mortuum, et l'ensemble rappelle que l'alchimie est jeu des enfants, grande harmonie et art de musique. Les trois marcassins sont les trois phases de l'œuvre.

9. *La sirène noire et enceinte.* Une sirène noire et enceinte tient de la main droite un miroir. C'est la Vierge qui est sur le point d'enfanter, la terre primitive qu'il faut choisir pour sujet du Grand Œuvre. Le miroir est celui dont nous parle le Cosmopolite : « En son royaume, il y a un miroir dans lequel on voit tout le monde. Quiconque regarde en ce miroir peut voir et apprendre les trois parties de la sapience de tout le monde. »

10. *Le chariot à voile et son guide féminin.* Un chariot à la voile gonflée par le vent est conduit par une femme. La voile symbolise la voie humide et le chariot la voie sèche. L'alchimie est art de la navigation. Mais pour atteindre le port, la pureté (la jeune fille) s'avère nécessaire.

11. *Le phénix.* Un oiseau de forte taille tient sous sa patte un coq. C'est la quintessence du feu, la force créatrice, la réalisation de l'œuvre annoncée par le coq.

12. *Les deux chiens.* Une énorme levrette est accroupie et un petit chien tente de lécher le museau de son aînée : la levrette est la chienne d'Arménie ou Mercure. Le petit chien désigne le chien de Corascene ou Soufre. Le rapport des tailles est celui des proportions de mercure et de soufre nécessaires.

13. *L'homme-lion.* Un homme au corps de lion brandit une massue et se couvre d'un bouclier de fer. L'ensemble symbolise l'union de la théorie et de la pratique, le combat qu'il faut mener pour ouvrir la matière.

14. *L'homme anguiforme et la fileuse.* Un homme dont le corps se termine par un serpent étreint une jeune femme nue et enceinte qui tient une quenouille entre ses jambes croisées. L'homme anguiforme est le feu nécessaire au développement de l'embryon métallique. L'ensemble figure la coction finale.

15. *L'éléphant, le singe et les deux bahuts.* Un singe est assis sur l'un des deux coffres que porte un éléphant. Le singe

est l'alchimiste et l'éléphant rappelle les trois dons apportés par la pierre philosophale : la connaissance du passé et de l'avenir, la prolongation illimitée de l'existence, la richesse.

16. *La licorne domptée.* Une forte licorne est au repos sur le sol, les pattes repliées sous elle. Emblème de la pureté, la licorne est la lumière naissante du mercure. C'est la force masculine pure, le soufre.

Ainsi donc, les panneaux de la salle des gardes du Plessis-Bourré font-ils allusion soit aux principes de la philosophie hermétique, soit à des opérations alchimiques précises.

Nous emprunterons notre conclusion à Eugène Canseliet : « Jean Bourré, attentif à retrancher de ses papiers tout ce qui eût été positif et révélateur, à l'endroit du grand secret de son existence, nous en dissimule ou plutôt nous en révéla l'insolite nature par les images peintes de son plus beau château. En cela il obéit à l'inclination collective de son époque ; il partagea le goût affiné et universel de la société médiévale pour le rébus et le symbole... C'est donc dans la salle, au plafond richement peint, de sa tant chère « méson du Plessis » que Jean Bourré exposa, par iconographie, les préoccupations occultes qu'il voila si parfaitement sous sa personnalité officielle. »

X

LES CHÂTEAUX DE MÉLUSINE

Le château de Fougères

Intéressant spécimen de l'architecture militaire du Moyen Âge, le château de Fougères — contrairement à la plupart des forteresses médiévales — est tapi au fond d'une cuvette.

Négligence des constructeurs ? Excès de précipitation ? Erreur d'appréciation ? Certainement pas. Pour autant qu'il paraisse paradoxal à première vue, le choix de l'emplacement du château fort se révèle, à la réflexion, judicieux. Fougères ne se situe-t-il pas à la croisée des chemins reliant la Bretagne au Maine et à la Normandie ? Il a donc une importance stratégique indubitable. Et l'apparente faiblesse de sa position géographique est plus que compensée par l'existence d'une large ceinture de douves et d'étangs protégeant le château et ses occupants des dangers extérieurs.

Il est évidemment difficile aujourd'hui — même lorsqu'on contemple ses 2 hectares de fortifications, agrémentées de treize tours, depuis le magnifique belvédère de la Place-aux-Arbres (jardin public) — de se rendre compte de l'apparence originelle du château de Fougères.

Sachons que le fond de la cuvette choisie par le maître d'œuvre est légèrement surélevé. Une rivière — le Nançon —

l'aborde en amont, lui offre la protection d'une grande boucle avant de s'enfoncer dans la vallée de Gibary. Cette rivière alimente plusieurs étangs protecteurs. Distinguons l'étang supérieur de La Couarde (longeant la face nord du château), l'étang inférieur de La Couarde (inclus dans la boucle du Nançon), l'étang du Gast (en direction de Rennes) et l'étang du Roulard. Autant de protections naturelles — renforcées par des douves et des coupures artificielles — transformant tours et courtines, par ailleurs hors de portée des armes de jet manœuvrées depuis les hauteurs avoisinantes, en une forteresse inexpugnable.

Nous sommes très probablement au XIᵉ siècle. À coup sûr au XIIᵉ siècle. Une importante garnison occupe Fougères. Elle a pour mission essentielle d'endiguer toute intrusion en terre bretonne. Les hommes sont entraînés, solidement armés. Ils ont confiance en leur force et en la solidité des remparts. Ils disposent d'importantes réserves de vivres. Les étangs constituent un garde-manger naturel : on y pêche de beaux poissons. Bref, toutes les conditions sont requises pour supporter de longs sièges, venir à bout de la patience et de l'ardeur des assaillants.

Pourtant les Anglais prennent Fougères en 1166. Après un siège mémorable. Ils détruisent le château entièrement, soucieux de ne point laisser derrière eux un emplacement stratégique susceptible d'être repris et de leur valoir de nouvelles pertes. Fougères est donc rasé.

De la forteresse primitive, on ne connaît pas grand-chose. Quelques débris dégagés lors de fouilles ont tout de même apporté aux archéologues des éléments de réponse, permis d'échafauder des hypothèses cohérentes. On a pu ainsi cerner les substructures d'une gigantesque tour. Polygonale dans sa constitution extérieure, intérieurement circulaire, cette tour impressionnante — incontestablement la pièce maîtresse de la forteresse primitive —, de plus de 20 mètres de diamètre et de 5 mètres d'épaisseur, n'a pas été reconstruite après la déroute de 1166. Des traces de ses fondations subsistent dans le réduit du château actuel. D'autres vestiges ont permis de localiser des éléments de constructions primitives. Une chapelle bâtie à l'emplacement de l'enceinte principale, des bâtiments réservés à on ne sait quels usages, mais auxquels peuvent être rattachées une colonne romane, une cheminée (romane également) et deux baies superposées, mises au jour dans les ruines des bâtiments seigneuriaux (l'une des baies est taillée en plein cintre, l'autre, plus récente, est séparée en deux arceaux par une colonnette). De même, noyés dans la muraille de l'enceinte principale, des pans de murs primitifs subsistent-ils. Autant d'éléments qui nous donnent une certaine idée du château fort — au donjon impressionnant — occupé par Raoul II, baron de Fougères, la veille de la cruelle défaite de 1166.

Vaincu par le roi d'Angleterre Henri II Plantagenêt, ce même Raoul II entreprend de donner le signal de la reconstruction de son château — au même endroit — dès 1173. Une reconstruction qui s'étalera sur plusieurs siècles, au gré des vicissitudes et des priorités historiques. Entraînant maintes modifications, superpositions et adjonctions d'éléments architecturaux. Sans nuire à l'homogénéité de l'ensemble. Donnant ainsi raison aux occupants successifs, attachés, semble-t-il, à renforcer l'imprenabilité de la forteresse. Dans ces conditions, nous ne serons pas étonnés de déceler à Fougères des éléments s'étageant du XIIe siècle au XVe siècle. Tenant compte des progrès enregistrés par l'architecture militaire au cours des siècles et reflétant les préoccupations des époques traversées. On s'accorde toutefois à dire que les organes les plus beaux et les plus significatifs du château de Fougères remontent aux XIVe et XVe siècles...

Précisons qu'au XVe siècle — où l'on peut situer l'apogée du château de Fougères — la forteresse, telle que n'aurait pu l'imaginer Raoul II, se divise en quatre parties ; l'*Avancée* (composée de trois tours reliées par deux courtines à l'entrée de l'enceinte principale), l'*Enceinte principale* (comprenant huit tours reliées par des courtines et englobant l'ancienne chapelle ainsi que les bâtiments seigneuriaux), le *Réduit* (constituant par une troisième enceinte le point dominant du site) et la *Poterne* (composée de deux demi-tours unies par un pont-levis à un ouvrage fermé, aujourd'hui disparu, bâti sur le rocher de La Couarde).

L'Avancée

Imaginons un vaste rectangle. Le côté est — qui reçoit la lumière — comprend trois tours reliées par des courtines (la tour de Guémadeuc, la tour de La Haye-Saint-Hilaire, la tour Du Hallay). Les côtés nord et sud sont formés de deux courtines reliées à l'enceinte principale. Le côté ouest, parallèle à l'entrée, est constitué par le front de l'enceinte principale.

Pour pénétrer dans le château, il faut passer par l'entrée aménagée dans la tour de La Haye-Saint-Hilaire, laquelle constitue l'unique point d'accès de la forteresse. Pour arriver jusqu'à cette tour, les assaillants devaient jadis triompher de l'enceinte de la ville fortifiée. Par mesure de sécurité, les architectes avaient pris soin de faire se refermer sur le château les remparts de Fougères. Au niveau de la tour de Guémadeuc et de la courtine sud de l'Avancée.

Une fois venus à bout de ce premier obstacle, les assaillants — sous une pluie de flèches, de pierres, de poix ou plomb fondu, d'huile bouillante — se retrouvaient face à la coupure de La Couarde. Un obstacle liquide mais ô combien embarrassant ! La Couarde ne tombe-t-elle pas en cascade à cet endroit, juste devant l'entrée — alors soigneusement close — de la tour de La Haye-Saint-Hilaire ?

Trapue, carrée, haute de 12 bons mètres — coiffée de créneaux et de meurtrières — la tour de La Haye-Saint-Hilaire est construite jusqu'au premier étage en pierre de taille et ensuite en moellons tout-venant. Elle était primitivement dotée de deux étages que séparaient des voûtes (en blocage) plates ; chaque étage ne comprenant qu'une seule pièce percée de meurtrières. Deux portes — et deux herses manœuvrées depuis le premier étage — en interdisaient l'accès. Par mesure supplémentaire de sécurité, on ne pouvait accéder aux étages supérieurs par le rez-de-chaussée. Pour parvenir au premier étage, il fallait obligatoirement emprunter le chemin de ronde de la courtine (venant de la tour de Guémadeuc).

5 mètres de courtine séparent la tour de La Haye-Saint-Hilaire de la tour de Guémadeuc. Ouvrage cylindrique de 6 mètres de diamètre jaillissant de l'étang de La Couarde, la tour de Guémadeuc — également garnie de créneaux et de meurtrières — est construite en moellons ornés à chaque étage d'un liseré de granit et séparés par une voûte plate. On se rend d'un étage à l'autre par un escalier en spirale creusé dans la muraille.

11 mètres séparent la tour de La Haye-Saint-Hilaire de la tour Du Hallay. Cette dernière est également cylindrique et d'un diamètre légèrement supérieur à celui de la tour de Guémadeuc. Son sommet — aménagé à une époque ulté-rieure — est doté de mâchicoulis. Les consoles de ces mâchicoulis sont constituées de deux corbeaux superposés (chaque corbeau étant formé d'un seul bloc en quart-de-rond surmonté d'un listel). Précisons que les mâchicoulis de l'Avancée ne sont pas uniformes. Ceux de la courtine nord (joignant, sur 30 mètres, la tour de Guémadeuc à la tour de Coigny de l'Enceinte principale) sont garnis de consoles constituées de trois rangs de corbeaux superposés (formés de blocs en quart-de-rond). Alors que ceux de la courtine sud — unissant la tour Du Hallay à l'enceinte principale — n'arbo-rent que deux rangées de corbeaux superposés (formés de blocs cubiques non ouvragés).

L'Avancée jouait un rôle important dans la défense du château. Certes, si l'assaillant parvenait — en s'engouffrant sous la voûte de La Haye-Saint-Hilaire — à prendre posses-sion de l'Avancée, il ne s'en retrouvait pas moins à découvert, sous la domination des tours et courtines de l'Enceinte principale, butant sur la coupure de la deuxième tranchée de La Couarde. Il lui fallait s'exposer aux pluies de flèches en tentant de franchir le second fossé pour parvenir au pied des remparts et de l'entrée principale de la forteresse. Mais s'emparer de l'Avancée, c'était aussi — et avant tout — prendre possession de la commande des vannes en amont de l'étang de La Couarde. Donc pouvoir assécher l'étang et effacer — d'un geste — l'une des meilleures défenses du château.

L'Enceinte principale

Franchissant le second fossé couvrant le front (de 30 mètres) de l'Enceinte principale — laquelle épouse grossièrement la forme d'un croissant aux pointes tournées vers le nord et à la convexité tournée vers le sud (ses dimensions ne sont pas négligeables : 130 mètres de longueur médiane, 80 mètres de plus grande largeur) — on débouche devant la tour de Coëtlogon.

Avant de nous attarder sur cette tour — aujourd'hui en ruine — disons quelques mots du front d'entrée. Il date de l'époque de reconstruction décidée par Raoul II, baron de Fougères. Autrement dit, ce front a été élevé à la fin du XIIe siècle et au début du XIIIe. À l'emplacement d'une partie de l'enceinte primitive.

Quant à la tour de Coëtlogon, aujourd'hui entièrement démolie, elle était encore pratiquement intacte au XVIIIe siècle, soit six cents ans après sa construction. Il s'agissait d'une tour carrée comportant deux étages à l'image de la tour de La Haye-Saint-Hilaire. Le rez-de-chaussée — protégé par deux herses — ne communiquait pas avec les étages. On ne pouvait accéder au premier étage que par le chemin de ronde partant de la tour de Coigny. Par contre, un escalier intérieur reliait le premier au second étage. Le sommet de la tour de Coëtlogon était garni de hourds [1] faisant office de mâchi-

---

1. Balcons de bois.

MEHUN-sur-YÈVRE - Du somptueux château édifié (1367-1390) par Jean, duc de Berry, le gardien de Bourges, la capitale hermétique de la France, il ne reste plus que les vestiges de deux tours qui témoignent cependant du raffinement architectural qu'offrait cette demeure princière. *(Arch. Phot. Paris / S.P.A.D.E.M.)*

COUCY - Érigé pour « mille ans » par Enguerrand III selon les données de la géométrie sacrée, le château de Coucy a perdu en 1917 son donjon qui était le plus important de l'univers féodal (56 m de haut, 31 m de diamètre). *(Arch. Phot. Paris / S.P.A.D.E.M.)*

QUÉRIBUS - Dominant la plaine du Roussillon, faisant corps avec le roc, Quéribus, la dernière citadelle cathare (1256) renferme en son sein un temple solaire. *(Ph. Yan.)*

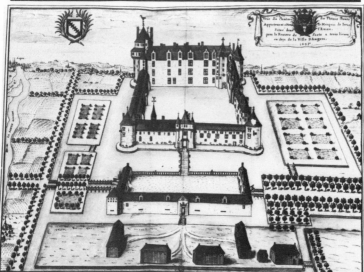

BONAGUIL - De 1480 à 1520, Béranger de Roquefeuil a fait édifier ce château que l'on considère comme le chant du cygne de la féodalité. En Bonaguil, le rêve et l'hermétisme s'allient. *(Arch. Phot. Paris / S.P.A.D.E.M.)*

LE PLESSIS-BOURRÉ - Édifié de 1468 à 1473 par Jean Bourre, ministre du roi Louis XI mais aussi adepte de l'art d'Hermès, le château du Plessis-Bourré, tout en marquant la transition entre le Moyen Age et la Renaissance, est une demeure philosophale. *(Arch. Phot. Paris / S.P.A.D.E.M.)*

PROVINS - Au centre des remparts de Provins dont la configuration est celle de la constellation du Bélier, la tour César, de structure octogonale, rappelle la puissance des comtes de Champagne, protecteurs des templiers. *(Arch. Phot. Paris / S.P.A.D.E.M.)*

VAUCOULEURS - C'est par cette porte dite « de France » qu'elle franchit le 24 février 1429 que Jeanne d'Arc entama sa mission. *(Coll. Viollet.)*

CHINON - Dans les murs de ce camp retranché errent les spectres des dignitaires de l'ordre du Temple qui y ont été emprisonnés (1308). C'est là que Jeanne d'Arc rencontra Charles VII (1429). *(Arch. Phot. Paris / S.P.A.D.E.M.)*

LUSIGNAN - De la forteresse de Lusignan, il ne reste que de maigres vestiges mais la fée Mélusine est toujours présente dans le folklore local comme elle l'est dans la plupart des châteaux forts de l'ouest (Fougères - Vouvant). *(Arch. Phot. Paris / S.P.A.D.E.M.)*

TIFFAUGES - Bâtie sur l'emplacement d'un ancien camp romain, la forteresse de Tiffauges a connu, avec Gilles de Retz, son propriétaire le plus controversé. Magie et alchimie ont été pratiquées en sa chapelle. Ci-dessus, la tour du Vidame édifiée vers 1520 par Louis de Vendôme possède un dispositif acoustique lui permettant de surveiller à distance le gué de la Crume. *(Ph. Yan - Arch. Phot. Paris / S.P.A.D.E.M.)*

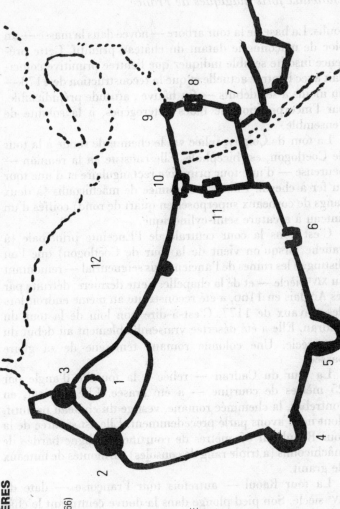

CHATEAU DE FOUGÈRES

1 - ANCIEN DONJON (détruit 1166)
2 - TOUR MÉLUSINE
3 - TOUR DU GOBELIN
4 - TOUR SURIENNE
5 - TOUR RAOUL
6 - TOUR DU CADRAN
7 - TOUR DU HALLAY
8 - TOUR DE LA HAYE St-HILAIRE
9 - TOUR DE GUÉMADEC
10 - TOUR DE COIGNY
11 - TOUR DE COËTLOGON
12 - ÉTANG DE LA COUARDE

coulis. La base de la tour arbore — noyée dans la masse — un bloc de maçonnerie datant du château primitif. Cette présence insolite semble indiquer que l'entrée primitive coïncidait avec l'entrée actuelle et que la reconstruction de 1173 — du moins à ses débuts — fut hâtive ; attitude préjudiciable, par l'incorporation de blocs hétérogènes, à la solidité de l'ensemble.

La tour de Coigny, reliée via le chemin de ronde à la tour de Coëtlogon, est bicéphale. Elle consiste en la réunion — heureuse — d'une tour primitive rectangulaire et d'une tour en fer à cheval. Elle est couronnée de mâchicoulis (à deux rangs de corbeaux superposés en quart de rond) coiffés d'un linteau à arcature semi-cylindrique.

C'est dans la cour centrale de l'Enceinte principale (à gauche lorsqu'on vient de la tour de Coëtlogon) que l'on distingue les ruines de l'ancien logis seigneurial — remontant au XIVe siècle — et de la chapelle. Cette dernière, détruite par les Anglais en 1166, a été reconstruite au même endroit lors des travaux de 1177. C'est-à-dire non loin de la tour du Cadran. Elle a été désertée vraisemblablement au début du XVIe siècle. Une colonne romane témoigne de sa gloire passée.

La tour du Cadran — reliée à la tourelle d'angle par 25 mètres de courtine — a été arasée. Elle soutient, en contrebas, la cheminée romane, vestige du château primitif, dont nous avons parlé précédemment. Elle est séparée de la tour Raoul par 35 mètres de courtine rectiligne bardée de mâchicoulis (à triple rang de consoles) surmontés de linteaux de granit.

La tour Raoul — autrefois tour Françoise — date du XVe siècle. Son pied plonge dans la douve ceinturant le château (de la Poterne à la tour Du Hallay). Elle fait une saillie d'environ 15 mètres sur le rempart et — comme sa sœur Surienne — fait face à l'église Saint-Sulpice. Tour en fer à cheval monumentale (haute de 20 mètres au-dessous des mâchicoulis), elle présente un diamètre de 7 mètres à la base et de 5,80 mètres au sommet. Elle est armée de canonnières.

La tour Surienne [1] — plus abîmée en sa partie supérieure — lui ressemble comme une sœur jumelle et remonte, elle aussi, au XVe siècle (elle s'appelait primitivement la Tourasse).

Le Réduit

Constituant la partie la plus élevée du château, le Réduit affecte la forme d'un triangle isocèle ; il se compose de la courtine unissant les tours Mélusine et du Gobelin, d'une partie de la courtine nord à partir du Gobelin et d'une troisième courtine reliant Mélusine au rempart nord. Ce singulier triangle — communiquant par une porte avec l'enceinte principale — a le privilège d'abriter les fondations du donjon détruit en 1166.

Lors de la reconstruction de 1173, c'est la tour du Gobelin qui a constitué le nouveau donjon (non loin des restes du donjon primitif). Elle date donc de la fin du XIIe siècle et du début du XIIIe siècle pour ce qui est des trois étages originels (le troisième étage s'achevait alors par une plate-forme entourée de créneaux et percée de meurtrières). Elle fut, par la suite, remaniée et complétée (certainement lors de l'érection de la tour Mélusine).

Construite en moellons tout-venant — nonobstant un anneau en pierre de taille s'élevant à 5 mètres de sa base — la tour du Gobelin, haute de 27 mètres, comporte, en plus d'un caveau inférieur, quatre étages séparés par des planchers de bois. Ses flancs sont percés de meurtrières et de canonnières. Au deuxième étage, une porte munie d'un pont-levis débouche sur la courtine en direction de la tour Mélusine. Signalons que 96 mètres de courtine relient la tour du Gobelin [2] à la tour de Coigny ; avec pour centre la tourelle de Guibé (servant pour le guet et la défense de l'entrée du Réduit).

---

1. Du nom du vainqueur de 1449 qui, par surprise, enleva la forteresse de Fougères pour le compte de l'Angleterre.
2. En Flandre, un gobelin désigne un être fantastique.

La Poterne

Datant de la seconde moitié du XVe siècle, sise à l'extrémité de l'enceinte principale, la Poterne affecte la forme d'un triangle tronqué. Elle est délimitée par deux courtines — l'une de 27 mètres depuis la tour Mélusine, l'autre de 8 mètres depuis la tour du Gobelin — aboutissant à deux tourelles (les tours d'Amboise), posées en encorbellement et réunies à un parapet par une ligne de mâchicoulis. Courtines et tourelles arborent de superbes canonnières ; elles servaient d'appui à un ouvrage fermé commandant la distribution des eaux des étangs et des douves.

La tour Mélusine

Construite au début du XIIIe siècle, achevée, si l'on en juge par certains détails (moulures, courbes des linteaux), à la fin du XIVe siècle, la tour Mélusine mesure plus de 30 mètres de hauteur, pour un diamètre extérieur de 13 mètres et une épaisseur de murs de 3,60 mètres. Un escalier à vis en pierre de taille, encastré dans la muraille intérieure, atteste du génie de ses constructeurs et facilite l'accès des quatre étages que séparent des planchers de bois. Chaque pièce est percée de meurtrières mises au service de l'artillerie.

On accédait à la tour Mélusine de deux façons. Par une porte munie d'un pont-levis donnant sur la cour intérieure du Réduit (en franchissant une douve). Par une porte débouchant sur le rempart menant à la tour Surienne.

Rappelons qu'en 1256 la baronnie de Fougères fut absorbée par la maison de Lusignan : Jeanne, fille unique du dernier descendant de la famille de Fougères, ayant convolé en justes noces avec Hugues de Lusignan. Mais en 1314 le château de Fougères quitta la famille de Lusignan pour revenir au roi de France, lequel le donna en 1328 à la maison

164

d'Alençon, laquelle le céda en 1428 au duc de Bretagne...

La tour Mélusine rappelle donc la période « lusignanes-que » du château de Fougères. Construction légèrement conique à sa base (en pierre de grand appareil), elle est par la suite rigoureusement cylindrique et faite de moellons divisés à intervalles égaux par *sept* cordons de pierre de taille, *trois* de ces cordons étant formés d'une *double* assise.

N'oublions pas que dans l'iconographie hermétique, l'al-chimiste se doit d'installer son laboratoire dans une tour. Il n'obtient la pierre d'or qu'après avoir percé le secret des sept métaux, contemplé les trois couleurs fondamentales du Grand Œuvre et s'être définitivement affranchi des limita-tions humaines (stigmatisées par l'inévitable dualisme mani-chéen).

Fille de Merlin l'Enchanteur

Pour les alchimistes, Mélusine est une sirène dont la double nature suggère les propriétés du « mercure double » ou « mercure philosophique », la fameuse matière prochaine du Grand Œuvre ; un composé qui unit en lui le fixe et le volatil...

Selon une tradition orale, Mélusine est une Vouivre, née des amours de Merlin et de la fée Viviane. L'abbé Montfau-con de Villars, dans *Le comte de Gabalis*, soutient que nier l'histoire de Mélusine revient à brûler tout bonnement les livres du grand Paracelse, ce dernier ayant souligné à cinq ou six reprises, dans ses écrits, que Mélusine était une authenti-que Nymphe.

Pour Jehan d'Arras qui rédigea, vers 1392-1393, l'*Histoire des Lusignan* (ou *Roman de Mélusine*) — après l'avoir recueillie en 1387 — Mélusine est la femme de Raimondin de Lusignan. Jehan d'Arras, pour bâtir son histoire, a largement puisé dans les légendes du Poitou, les écrits de Gervais de Tilbury (1153-1221), Jean Bersuire (1285-1362), les chants de ses amis trouvères. Car le *Roman de Mélusine* appartient au fond commun de l'histoire populaire. Il est de partout et de nulle part. Sous couvert de chroniques recueillies auprès du duc de Berry, comte de Poitou et d'Auvergne, seigneur de La Marche, Jehan d'Arras nous entraîne — dans la grande tradition des chansons de geste — en Bretagne, en Angleterre et au Proche-Orient. Abandonnant volontiers Lusignan et sa fée-serpente. Se lançant dans d'interminables digressions héroïques, d'infinies et touffues descriptions. Lors du récit des noces au château de Lusignan, n'a-t-on point droit — entre autres — à de larges extraits des œuvres de Pierre de Corbie, Rutebœuf, André Le Chapelain et même à un copieux récit du barde de Penhoël s'attardant sur les aventures de Remondin (ou Raimondin) en Bretagne ?

À l'instar de Jehan d'Arras, de Theophrastus Bombastus von Hohenheim Paracelse (1493-1541), de Nicolas-Pierre-Henri de Montfaucon (1635-1675), nombreux sont les auteurs qui se sont interrogés sur la véritable personnalité de Mélusine. Pour d'aucuns, Mélusine doit être identifiée à Mélisende, veuve de Foulques d'Anjou, roi de Jérusalem [1]. D'autres penchent en faveur de la dame de Mervent, épouse de Geoffroy de Lusignan. D'autres encore pour une réminiscence de la *Mater Lucina* qu'invoquaient les femmes romaines durant leur grossesse.

Toujours est-il que le *Roman de Mélusine* débute dans une forêt, au cours d'une partie de chasse à laquelle participent le comte Aimery de Poitiers et son neveu Remondin. Ouvrons d'emblée une parenthèse : le premier des comtes de Lusignan, Hugues Ier, vivant sous le règne de Louis d'Outre-Mer, fils de Charles le Simple (c'est-à-dire entre 921 et 954), n'est-il pas appelé *Le Veneur ?* Quant au comte Eymery, d'après Jehan d'Arras, il est le grand-père du roi Saint Guillaume « qui fut contes et relinquit toutes possessions mondaines pour servir Nostre Créateur, et se mit en l'ordre et

---

1. Rappelons que la duchesse Ermengarde, avec laquelle correspondait saint Bernard, était demi-sœur de Foulques d'Anjou et grande admiratrice de l'amour courtois.

religion des Blans Manteaulx ». Mais revenons à notre partie de chasse.

Le soir tombe. Lancés à la recherche d'un magnifique sanglier, alors que les valets, écuyers, seigneurs amis ont déserté depuis longtemps la forêt de Coulombiers pour rentrer chez eux se restaurer et se reposer, le comte Aimery et son neveu Remondin ne peuvent se résoudre à faire demi-tour. C'est à peine s'ils consentent, pour ménager leurs montures, à mettre pied à terre dans une clairière. Ils décident de passer la nuit sous un grand arbre. Remondin va ramasser du bois mort et allume un feu. Couché sur le dos, la tête posée sur une bossée, Aimery scrute le ciel étoilé. Le comte est non seulement expert en « gramoire, logicque, phisique » mais « grant et sage astronomyen ». Ne s'est-il pas attaché les services du magicien Arbatel ? Hélas, on fait parfois dans les étoiles de bien cruelles lectures. Le comte Aimery annonce à son neveu que l'heure est venue pour un riche seigneur de mourir de la main même de son plus fidèle vassal. Le ciel est formel : ce même vassal deviendra riche, puissant, comblé d'honneurs. De lui naîtra « si noble descendance » qu'il en sera fait « mention et remembrance jusqu'à la fin du monde » ! Et ce vassal n'est autre que... Remondin.

Le neveu proteste. Il aime son oncle et suzerain. Il le vénère plus encore que son propre père. On comprend donc son étonnement : « Comment par moi vous saurait-il advenir malheur ? » Et Aimery de rétorquer que c'est écrit dans le ciel !

Hélas, le comte a raison. Dans les minutes qui suivent, surgissant d'un fourré, un énorme sanglier se dirige « escumant et morcelant les dens, vers euls moult horriblement ». Le « porc senglier » renverse Aimery. Voulant défendre son oncle, Remondin charge la bête et — malencontreusement — occit son suzerain en même temps que l'animal. Devant la dépouille du comte Aimery, le jeune vassal se lamente. Il prend Dieu à témoin. Il se demande quel pays osera l'accueillir après un tel crime. Il embrasse le défunt, pose son

167

cor sur ses pieds et se recueille un dernier instant. Grimpant sur sa monture, Remondin s'éloigne dans la forêt où il erre jusqu'à plus de minuit, tout « dolent et déconforté »...

Il parvient alors à la *Fontaine de Sée* [1] qui passe pour être fréquentée par des fées. La Lune est blanche et brillante. Elle éclaire l'eau de la fontaine dans laquelle s'ébattent trois gentes damoiselles. L'une de ces damoiselles est si belle qu'elle éclipse la plus jolie des étoiles du vaste ciel ! Totalement absorbé par sa douleur, Remondin passe près de la fontaine sans accorder la moindre attention aux baigneuses. Notre belle seigneuresse ne craint point de l'interpeller fermement : « Vassal tu as bien grant orgueil et naïveté de ne pas saluer gentes damoiselles. » Et comme Remondin ne se décide pas à sortir de sa torpeur, elle insiste : « Sire musars, êtes-vous si despiteux que vous ne daignez répondre ? »

Reprenant ses esprits, notre jeune vassal aperçoit enfin la belle damoiselle. Il lui présente ses excuses. L'inconnue lui annonce qu'ayant occis son seigneur par accident il ne saurait avoir commis un péché. Remondin s'étonne que la seigneuresse ait pu avoir connaissance d'un fait survenu en l'absence de témoins. Serait-elle sorcière pour lire ainsi en son cœur ? Serait-elle créature de Satan ? L'inconnue le rassure. Que le jeune homme n'aille point voir « fantasme » ou œuvre diabolique là où il n'y a que paroles inspirées de par Dieu ! La meilleure preuve ? Elle connaît le moyen de le sortir d'embarras, de le rendre riche, puissant, honoré et de lui donner « souche si noble qu'il en sera fait remembrance jusqu'à la fin du monde » !

Subjugué, Remondin — qui vient de reconnaître les paroles prophétiques prononcées par le comte Aimery peu avant son trépas — demande à la belle inconnue ce qu'il doit faire. Celle-ci lui propose un pacte en trois points. Le beau damoiseau devra l'aimer, ensuite l'épouser, et surtout s'engager à ne jamais douter que sa bien-aimée se conduise honnêtement et chrétiennement, au-delà de tout sortilège...

---

1. En patois poitevin, « Sée » signifie savoir, science.

Remondin accepte. Il promet d'être loyal. Il jure de la prendre pour femme devant Dieu dès qu'elle le décidera. Mais, de grâce, que la damoiselle lui dise son nom.

À peine Remondin a-t-il formulé cette requête qu'un profond silence emplit la forêt. La fontaine cesse de couler. Le temps s'efface. Et puis — brusquement — les oiseaux reprennent leurs plus beaux chants, les fleurs exhalent leurs plus doux parfums, la fontaine libère son plus gentil murmure. Tandis que la belle et noble fiancée de Remondin révèle : « Je m'appelle Mélusine », et sollicite de son futur époux une ultime promesse : que le gentil Remondin jure par tous les sacrements d'un bon chrétien que chaque nuit de samedi, du coucher du soleil à l'aube du dimanche, il ne cherchera ni à la voir ni à s'enquérir du lieu où elle se trouve.

Et Remondin de jurer. Par tous les sacrements d'un bon chrétien.

Le secret de Mélusine

Mélusine a un secret. Et, ce secret, elle se garde bien de le confier à Remondin.

Mélusine est une fée « déchue ». Pour retrouver ses prérogatives passées, il lui faut épouser un chevalier et vivre comme toutes les femmes de la terre. Fille d'Élinas, roi d'Albanie (Angleterre), et de la fée Présine, Mélusine a hérité des pouvoirs de sa mère et — comme ses deux sœurs Mélior et Palestine [1] — subi la purification par le feu l'ayant libérée des attaches humaines héritées d'Élinas. Le roi d'Albanie ignorait avoir épousé une fée. Il avait rencontré Présine au cours d'une chasse ; la future reine se désaltérait à une source. Élinas fut subjugué par la beauté de Présine et sa voix magnifique. Il pria la belle inconnue de le suivre en son

_____

1. À ce propos, soulignons que Guy de Lusignan, succédant à Baudouin V, fut couronné roi de Jérusalem et reçut du grand maître des Templiers le trésor du roi d'Angleterre.

palais. Présine accepta à condition que le roi d'Albanie promît de ne point la déranger durant les trois jours qui suivraient chacune de ses maternités. Élinas accepta ce curieux marché et le mariage eut lieu.

Lorsque Présine donna naissance à trois filles (Mélusine, Mélior et Palestine), Élinas, tout à sa joie, pénétra dans les appartements de son épouse alors occupée à purifier ses triplées par le feu (la purification par le feu intervient aux trois stades fondamentaux de transformation de la *materia prima* en pierre philosophale) et encourut les reproches légitimes de Présine. Courroucée d'avoir vu son mari bafouer la promesse faite lors de leur rencontre dans la forêt, Présine disparut dans un tourbillon de flammes. Elle emporta ses trois filles au sommet d'une montagne d'Albanie pour les élever dans la tradition féerique.

Devenue adulte et soucieuse de venger sa mère, Mélusine — bénéficiant de la complicité de ses deux sœurs — emprisonne son père « dans la montagne de Northumberland, nommée Brumbelays, en Albanie ». Mais Présine, toujours amoureuse de son époux, punit sa fille indélicate. Mélusine se voit transformée en serpent jusqu'à la taille. Toutefois si un homme vient à l'épouser, Mélusine verra sa peine allégée : elle ne deviendra femme-serpent qu'une nuit par semaine (la nuit du samedi au dimanche) et ce charme ne durera qu'une vie humaine. Mélior se voit condamnée à rester célibataire et à garder un épervier. Quant à Palestine, elle devra garder les trésors de son père jusqu'à ce qu'un chevalier de la maison de Lusignan vienne s'en emparer afin de conquérir la Terre Sainte.

Mélusine épouse donc Remondin. Les noces sont célébrées en grande pompe. Les comtes de Poitiers et de Forez assistent aux festivités. On sert les mets les plus raffinés, les vins les plus fins. Les nobles chevaliers disputent un tournoi au cours duquel Remondin — tout de blanc vêtu et monté sur un cheval liard [1] — fait merveille.

---

1. Gris pommelé.

Car c'est un fier guerrier que Remondin. Il ne craint personne au combat. Dès le lendemain de ses noces, il court en Bretagne — à la tête d'une armée de cinq cents chevaliers — venger l'affront fait jadis à son père (le comte de Forez) par un seigneur nommé Josselin et prendre possession du fief qui lui revient de droit (son père ayant occupé la charge de sénéchal du roi de Bretagne) [1].

De son côté, Mélusine ne reste pas inactive. Épouse féconde, elle donne à son mari dix enfants mâles. Huit d'entre eux sont plus ou moins difformes. *Urian* a un œil gris (ou vert) et l'autre rouge. *Odon* a une oreille plus courte que l'autre. *Guyon* a un œil placé au-dessus de l'autre. *Antoine* a la joue marquée d'une griffe de lion. *Regnault* est borgne. *Geoffroy* a une grande dent. *Froimont* (ou Florimond) a une tache de taupe. *Oruble* (ou l'Horrible) est le plus laid et le plus cruel de tous : il possède trois yeux placés en triangle ; il tue deux nourrices en quatre ans. Seuls *Raimonnet* et *Thierry* semblent parfaitement normaux.

Rappelons que les initiés sont souvent représentés souffrant d'une infirmité physique (pour être distingués des profanes) et que *dix* est le nombre royal par excellence : il existe dix rois initiés en Atlantide, souligne Platon, en souvenir des dix fils engendrés par le « dieu » Poséidon et son épouse Clito.

Mais revenons à Mélusine. Épouse aimante et prolixe, elle excelle également dans l'art de la construction. Quelques mois après avoir épousé le fils du comte de Forez, elle fait venir — d'on ne sait où — « grande foison d'ouvriers, terrillons et ouvriers de bois ». Elle les emploie, près de la fontaine de Sée, à « essarter et déraciner les grands arbres et mettre la roche nette ». Puis arrivent des maçons et tailleurs de pierre. Ceux-ci ont tôt fait d'édifier les fondations ; « telz et si fors que c'estoit merveille à voir ». La dextérité des constructeurs étrangers est telle que les gens du pays,

---

1. Il n'y a guère loin de la fée Viviane et de Merlin l'Enchanteur au roi de Bretagne...

proprement « esbahiz », voient surgir en un clin d'œil une magnifique forteresse. Aux murailles impressionnantes, « advironnees de fortes tours machicolees, et les voûtes des tours tournees à ogives, et les murs haulx et bien crenellez ».

« Et il y a trois paires de brayes [1] haultes et puissantes et plusieurs tours es dictes braies. Et si y a poternes fors a merveilles [2]. »

Mélusine adore fréquenter les chantiers de construction. Elle œuvre souvent seule. Portant dans sa dorne (tablier) des pierres de taille et de la terre pour faire des talus, elle travaille vite et bien. Grâce à ses pouvoirs de fée bâtisseuse, châteaux et églises poussent comme des champignons. À Remondin (qui n'en croit pas ses oreilles) un manant révèle avoir vu Mélusine, venue un soir à cheval sur le chantier, travailler si vite que l'église qu'elle construisait avait l'air de monter toute seule ! Et un moine de confesser qu'à Saint-Pierre de Parthenay-le-Vieux, la façade, les voûtes et le clocher furent érigés en trois nuits par Mélusine œuvrant à la lueur des astres [3] !

Le doute finit par ronger Remondin. S'interrogeant sur l'opportunité des disparitions hebdomadaires de son épouse, notre impétueux seigneur finit par s'introduire dans la tour interdite du château de Sée, un certain soir où Mélusine fait retraite. Il découvre le sol couvert de sable et les murs tapissés de coquillages et de coraux. Une vaste cuve de marbre repose au milieu de la tour. Et dans cette cuve remplie d'eau et de plantes aquatiques se baigne Mélusine. Une Mélusine plus belle, plus attirante que jamais. Nue jusqu'à la ceinture. Peignant ses longs cheveux d'or. Et livrant — bien malgré elle — son secret : une queue de serpent, couverte d'écailles vertes, qui lui prolonge le nombril et les reins. Une queue de serpent si longue qu'elle « debatoit de sa coue l'eau telle-

---

1. Ceintures de fortes palissades ou de maçonneries.
2. André Lebey, *Le roman de Mélusine* (Albin-Michel, 1925).
3. En Flandre, la reine Brunehaut est censée avoir construit les « chaussées magiques » au départ de Bavay en trois jours et en trois nuits. Voire en une seule nuit.

ment qu'elle la faisoit saillir jusque a la voulte de la chambre. Et quant Remont la voit, si fu moult dolent [1]. »

Épouvanté — et meurtri — par sa cruelle découverte, Remondin s'enfuit. Il rejoint ses appartements. Mais il aime tellement Mélusine qu'il la supplie bientôt de lui pardonner de s'être parjuré : « Ma chiere amie, ma licorne merveilleuse (...), je vous supply (...) que vous me veuilliez pardonner ce meffait et veuilliez demourer avec moy. »

À l'aube, tandis que Remondin feint d'être endormi, Mélusine entre dans la chambre conjugale, « se despoille et se couche toute nue delez lui ».

Mais plus rien ne sera désormais comme avant. Remondin sait qu'il a épousé une fée. Mélusine s'apprête à voir s'évanouir le charme jeté par sa mère Présine...

Quelques heures plus tard, tandis que les cloches de la chapelle de Sée annoncent la messe dominicale, vient l'heure de la séparation. Une séparation inéluctable. Qui a lieu dans les couloirs du château. Les deux époux, agenouillés à même le sol, prient Dieu de bien vouloir les absoudre à l'heure du jugement dernier. Un profond silence s'installe. Relevant la tête, Remondin aperçoit Mélusine debout dans l'embrasure d'une fenêtre grande ouverte. Avant qu'il ait pu esquisser le moindre geste, la fée s'élance dans le vide sous la forme d'un serpent ailé long d'au moins quinze pieds et disparaît dans les airs.

Ainsi s'achève le roman de Mélusine (la fée-serpent) et de Remondin (le preux chevalier).

Mais si le neveu du comte Aimery dort du sommeil du juste, le fantôme de Mélusine revient parfois hanter le château de Lusignan. Le sommeil n'existe pas pour les fées. Et Mélusine se manifeste en Poitou chaque fois qu'un membre de la maison de Lusignan est menacé de mort. Alors, dit la légende, on peut apercevoir Mélusine sous la forme d'un serpent ailé ; « elle environne trois fois le château dans

---

1. Fol. 128, v[e], 1re col, traduction Louis Stouff (*Mélusine ou la Fée de Lusignan*, Paris, 1925).

son vol, se lamente piteusement et vient fondre soudainement et horriblement sur la tour Poterne, en menant telle tempête et tel effroi qu'il semble que tout le castel dut cheoir en abisme et que toutes les pierres se remuassent l'une contre l'autre ».

En attendant que Mélusine revienne, comme l'assure la tradition locale, désigner l'emplacement de son trésor (enfoui non loin de l'église Saint-Hilaire-de-Poitiers), on peut toujours visiter les nombreux ouvrages attribués à la fée bâtisseuse. Telles les églises poitevines de Civray, Chamdeniers, Clussay, Genouillé, Limalonges, Frontenay-l'Abattu, Saint-Pierre-de-Melle, Saint-Pompain, Saint-Jouin-des-Marnes. Ou les châteaux de Benet, Aiffres, Barbezière, Échiré, Crémault, Charrière, Souché, Sainte-Pezenne, Saint-Hilaire-la-Palud, Moutiers-sur-le-Coy. Sans oublier ceux de Niort, Béruges, Pons, Issoudun, Marmande, Talmont, Caumont, Sassenage, Mervant-Vervant, Parc-Soubise, Coudray-Salbart...

Et la liste n'est pas close !

À propos du Coudray-Salbart — poste défense du Poitou dès le haut Moyen Âge — notons que son maître d'œuvre l'a doté d'une « gaine » (galerie) creusée dans l'épaisseur même de la muraille, permettant aux défenseurs de se porter sur les points menacés sans risquer d'être atteints par les traits des assaillants. Cette gaine — que l'on retrouve, dès le IXe siècle, dans la forteresse d'Okhaydir (à une cinquantaine de kilomètres de l'Euphrate, en plein désert irakien) — traverse la tour du Moulin, la tour Saint-Michel, la tour Bois-Berthier, la tour Double. Mais elle contourne la tour du Portal (abritant l'entrée de la forteresse) et la Grosse Tour.

Faisant office de donjon, la Grosse Tour — reliée à la tour Double par une puissante courtine — présente des dimensions impressionnantes : 40 mètres de hauteur, 16 mètres de diamètre extérieur. Il est périlleux, de nos jours, de vouloir atteindre son sommet en raison de l'écroulement des escaliers. Mais il est toujours possible de pénétrer dans l'unique salle de la Grosse Tour et de s'attarder sur le « fini » de sa voûte, portée par huit branches de croisées d'ogives, à quelque dix mètres de hauteur.

C'est la fée Mélusine qui a construit le Coudray-Salbart, nous dit la légende. En trois nuits. À la grande joie des seigneurs de Parthenay, propriétaires des lieux. Et à la grande frayeur des gens du pays. Car du donjon et des douves, alors que s'activait Mélusine, montaient des frôlements d'ailes, des bruits étranges, des clameurs lugubres.

XI

PROVINS ET SES MYSTÈRES

La cité des Roses

Bâtie sur un éperon rocheux du plateau briard, la ville
haute de Provins abrite une garnison romaine lorsque, en
271, le général Probus y fait halte. Séduit par le calme de la
cité et désireux de consolider les murailles, notre général
prolonge son séjour et autorise la culture de la vigne interdite
par Domitien. D'où le nom de Provins : *Probinum*, ville de
Probus, ainsi que le colporte la tradition.

En 485, Clovis profite de la défaite de Syagrius pour
s'emparer de la cité. Au IXe siècle, des moines de Saint-
Benoît-sur-Loire, fuyant l'envahisseur normand, se réfugient
au pied de la ville haute et dissimulent dans un bois de
châtaigniers les reliques de saint Ayoul (martyr blésois). Ces
saintes reliques sont découvertes miraculeusement en l'an
996 et font l'objet de pèlerinages. Une église et un monastère
sont alors construits, donnant le signal de la fondation de la
ville basse. Au Xe siècle, Provins compte parmi les plus
puissantes forteresses du domaine royal.

En 1019, la cité passe des mains des comtes de Vermandois à celles des comtes de Champagne. Provins demeure
jusqu'en 1284 la résidence favorite des comtes de Champagne et voit s'accroître sa prospérité industrielle et commer-

ciale (banquiers lombards, juifs usuriers, commerçants romains, florentins, Gênois, Flamands, Allemands, Hollandais fréquentent ses foires annuelles). L'importance et la réputation de Provins sont telles — en France et à l'étranger — que la cité bat sa propre monnaie. Elle bénéficie d'une aune particulière, de poids et de mesures de grains spéciaux. Ces privilèges ne disparaissent qu'après la révolte ouvrière de 1279 et les massacres qui s'ensuivent (ordonnés par Edmond de Lancastre).

Quelques dizaines d'années auparavant (1238), rentrant de la quatrième croisade, le comte de Brie et de Champagne, Thibaud IV le Chansonnier, a ramené de Terre Sainte des *roses rouges* dont l'espèce s'est perpétuée à Provins. Les roses « Galica » servent à faire des confitures et des potions. Rappelons — dans un tout autre domaine — que Christian Rose-Croix, avant de se lancer à la conquête de la pierre d'or, a pris soin de piquer « quatre roses rouges » à son chapeau, en signe de reconnaissance...

Thibaud IV est poète. Il porte à Blanche de Castille un amour qui ressemble fort à celui dont parle André le Chapelain à propos des dames appartenant à l'*Ordre de la chevalerie d'amour*. Il figure parmi les amis et protecteurs des Templiers. N'oublions pas que la Champagne est très attachée au Temple. Hugues de Payns, premier maître des Templiers, est l'un des hommes de confiance du comte de Troyes et participe à la première croisade dans l'ost du comte de Blois et de Champagne. Et, dès le début de l'épopée templière, Hugues de Champagne est présent aux côtés des fondateurs du Temple [1].

Curieux personnage que ce Hugues de Champagne. Né en 1077. Fils de Thibaud III et d'Alex de Valois. La Champagne lui échoit à fief en 1093. En 1125, se séparant de son épouse, il revêt l'habit templier et rejoint les neuf fondateurs du Temple en Terre Sainte. Dix ans auparavant, il a offert à son

---

1. C'est au Champenois Chrétien de Troyes (1135-1190) que l'on doit la première œuvre importante du cycle du Graal.

ami Étienne Harding, dans la forêt de Bar-sur-Aube, un vaste terrain (« la vallée de l'Absinthe ») pour y fonder une abbaye. Et Étienne Harding a choisi un moine dynamique pour défricher, avec douze compagnons, la vallée de l'Absinthe, bâtir et diriger la nouvelle abbaye [1] : un certain Bernard de Fontaine. Plus connu sous le nom de Bernard de Clairvaux ou saint Bernard...

Ce même saint Bernard qui se charge, en 1128, de réunir un concile à Troyes pour doter l'ordre du Temple d'une règle solide et lui octroyer la reconnaissance officielle de l'Église romaine. Saint Bernard écrit à cette occasion au comte Thibaud (neveu et héritier du comte de Champagne) : « Daignez vous montrer plein d'empressement et de soumission pour le Légat, en reconnaissance de ce qu'il a fait choix de votre capitale pour tenir un si grand concile, et veuillez donner votre appui et votre assentiment aux mesures et résolutions que celui-ci jugera convenable de prendre dans l'intérêt du bien. »

Un concile réuni pour discuter d'un ordre de chevalerie : cela ne s'est jamais produit avant 1128 et cela ne se produira plus après cette date. L'initiative prise par saint Bernard est donc unique. Et c'est la ville de Troyes qui est choisie pour abriter cette manifestation unique. Troyes sise sur les terres du comte de Champagne. Comme Clairvaux, Payns, Bonlieu et Provins.

Les Templiers s'installent à Provins en 1193. Ils reçoivent l'appui du vicomte de Provins, Henri Bristaud, et de sa mère Héloïse. Ceux-ci font donation aux moines-soldats d'une dizaine de maisons situées dans la ville basse et d'une centaine d'arpents de terre [2]. Donation aussitôt approuvée par la comtesse Marie de Champagne, veuve de Henri le Libéral.

Rue Sainte-Croix, le commandeur Du Fresnoy bâtit le siège de la commanderie de Provins. Les compagnons bâtis-

---

1. Qui reçoit le nom de Clairvaux.
2. Environ 40 hectares.

seurs entrés au service des Templiers de la cité des Roses ne chôment pas. Ils construisent l'hôpital dit « des Templiers » dans la ville basse, au hameau de Fontaine-Riante. Ainsi que l'hôpital de la Madeleine dans la ville haute, vers la porte de Jouy. Ils assurent la réfection de maisons, la construction de fermes et de moulins. Précisons qu'une importante commanderie templière existe également à La Croix-en-Brie, à une quinzaine de kilomètres à l'ouest de Provins. Châteaubleau, Coutençon et Rampillon dépendent de La Croix-en-Brie et proviennent comme cette dernière d'une donation effectuée par la comtesse Marie de Flandre (fille du comte de Champagne, Henri le Libéral et de Baudouin, comte de Flandre, mort en Terre Sainte en 1191)...

Dans ses *Récits champenois et briards* (1879), Louis Godefroy rapporte qu'en 1240, au retour d'un voyage en Orient, Thibaud IV le Chansonnier faillit périr en mer. Il fut sauvé par un jeune esclave cypriote nommé Zupha. Reconnaissant, le comte de Champagne ramena, après l'avoir affranchi, le jeune Cypriote en France. Zupha partagea l'existence des pages et des seigneurs de Champagne, de Brie et de Navarre, au castel de Provins. Mais il était triste à cause de sa fiancée (Palmyre) demeurée en Orient. Il confia son chagrin à Thibaud IV qui le laissa retourner quérir sa fiancée. En 1241. Et deux ans plus tard, Zupha, accompagné de la dame de ses pensées, revint à la cour de Provins. En gage de remerciement et d'amitié, Palmyre et Zupha offrirent au comte de Champagne une splendide *rose rouge* de Damas au parfum incomparable. Thibaud IV, soucieux de ne point voir s'étioler cette magnifique rose rouge, la confia aux Templiers de Provins. Les jardiniers de la commanderie l'entourèrent de leurs soins et, bientôt, les jardins de Provins furent couverts de roses rouges de Damas.

Cette belle histoire rapportée par Louis Godefroy se rapproche davantage de l'esprit « chansonnier » de Thibaud IV que de celui de... négociant en confitures ! N'oublions pas que le comte de Champagne est poète. Sympathisant de l'amour courtois. Il aime les belles histoires

179

d'amour, les récits émouvants. Mais comme il pratique l'ésotérisme, Thibaud IV le Chansonnier (1205-1253) mêle à la trame classique des repères symboliques et initiatiques. Tout d'abord l'histoire débute en Orient, parce que la Lumière (la tradition, la connaissance) vient de l'est [1]. Nous sommes en pleine guerre contre les « infidèles » ; l'ennemi est généralement dépeint sous un jour défavorable, mais ce n'est pas le cas de Zupha : le jeune Cypriote se conduit noblement (en sauvant le comte de Champagne de la noyade) ; il est respectueux de la parole donnée (il revient au castel de Provins en 1243). L'infidèle Zupha est également adepte de l'amour courtois (il aime profondément Palmyre). Dépositaire de la connaissance orientale (la rose rouge), il vient l'apporter en Occident et réaliser l'unité de la tradition. La rose rouge est offerte à Thibaud IV car les comtes de Champagne jouent, depuis Hugues de Champagne (protecteur d'Hugues de Payns et ami d'Étienne Harding), un rôle important dans l'histoire traditionnelle. Et Thibaud IV s'empresse de confier cette rose rouge aux Templiers. À charge pour eux de la répandre dans les jardins...

Dans son *Parzival,* le « chansonnier » Wolfram von Eschenbach ne révèle-t-il pas que les Templiers sont les gardiens du Graal (symbole de la connaissance au même titre que la rose rouge) ? Or von Eschenbach — qui écrit son *Parzival* vers 1210, au plus fort de la croisade d'Innocent III et de Simon de Montfort contre l'Occitanie cathare — affirme tenir cette révélation d'un mystérieux « *Kyot der Provinzal* » (généralement traduit par Kyot le Provençal).

Ne peut-on pas rapprocher ce Kyot de Provence de... Guyot de Provins ?

Si l'on fait entendre le « s » final, il n'y a pas loin, phonétiquement parlant, de Provence à Provins (se)... Surtout si cette prononciation est effectuée par un étranger (et c'est le cas d'Eschenbach).

---

1. Dans les temples maçonniques, le Vénérable siège à l'est. Le périple initiatique de Christian Rose-Croix débute au Proche-Orient.

N'est-ce pas entre 1204 et 1218 que le troubadour, pèlerin, croisé et enfin moine Guyot de Provins écrit sa fameuse *Bible* (satire virulente de la société de son temps) ? Guyot de Provins est troubadour et contemporain de Wolfram von Eschenbach. Il fréquente la cour de Champagne. Il dépeint sans concession ses contemporains, se gausse des fausses valeurs, refuse le dogmatisme desséchant, le conformisme stérile. Il ne peut être que du côté des cathares occitans odieusement persécutés par l'Église romaine — n'oublions pas que les cours d'amour véhiculent un catharisme à peine dissimulé —, et en le baptisant « Provençal » von Eschenbach ne peut que faire plaisir à ce troubadour contestataire qui revendique le droit à la différence et à la tolérance à une époque où il vaut mieux être catholique, c'est-à-dire du bon côté du bûcher. En même temps qu'il cite Guyot de Provins — fort malicieusement —, Wolfram von Eschenbach rend hommage, à travers son mystérieux provençal, en pleine croisade religieuse, au martyre occitan. Il prend position, comme nous dirions aujourd'hui. Il rejoint la famille des auteurs « engagés ». Et ce n'est guère facile en période troublée...

Aussi ne partageons-nous pas l'analyse qu'effectue Gérard de Sède dans *Le secret des Cathares* (livre par ailleurs remarquable) : « D'autres ont supposé que Kyot était en réalité Guyot de Provins, écrivain médiéval de l'Ile-de-France. Mais Provins n'est pas la Provence, or, c'est la Provence que Wolfram mentionne explicitement *(Aus der Provence in Deutsche Land)*. De plus, Guyot de Provins était un auteur satirique et l'on ne voit pas bien ce qu'il viendrait faire dans un récit ésotérique comme celui du Graal. »

Certes, Guyot de Provins n'est pas tendre envers l'Église romaine (« Rome, Rome. Encore occiras-tu maint homme ! »). Il malmène les cisterciens, les chartreux, les chanoines blancs de Prémontré, les religieux de Grammont. Mais il épargne les Templiers. Il les couvre même de louanges :

> « Mult sont prud'hommes les Templiers
> Là se rendent les chevaliers
> Qui ont le siècle assavouré
> Et ont et veü et tasté (vu et goûté)
> Là ne fait pas bourse chacun
> Mais c'est tous les avoir à un
> C'est l'ordre de chevalerie
> À grand honneur en Syrie... »

Et notre troubadour de conclure :

> « Et leur vie et leur contenance
> Aime-je mult, et leur croissance
> Et leur hardiment leur octroie
> Mais ils se combattront sans moi ! »

Ce dernier vers est significatif. C'est moins l'aspect guerrier des Templiers que leur qualité de « prud'hommes », de chevaliers du Graal, qui séduit le caustique Guyot de Provins. Et celui-ci ne s'en est point caché à son « collègue » Wolfram von Eschenbach. Aussi les ésotéristes n'ont-ils pas tort d'identifier « Kyot » au cercle intérieur du Temple [1].

Tours, fortifications et souterrains

Difficile de fixer avec précision la date de construction des remparts de Provins. Ceux-ci ont été remaniés entre le XIe et le XIIIe siècle, notamment à l'instigation de Thibaud IV. Rappelons que la ville haute est un ancien oppidum ou camp retranché romain et qu'elle a dû, très tôt, être entourée de fortifications...

---

1. Auquel appartinrent des personnalités « extérieures » comme saint Bernard et Dante Alighieri.

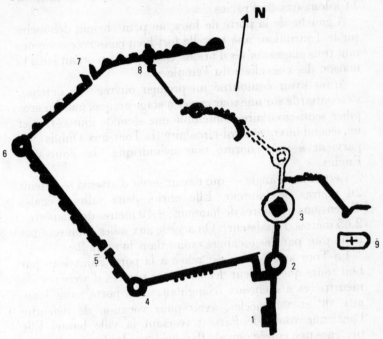

PROVINS

N

1 - TOUR DU BOURREAU
2 - TOUR DU LUXEMBOURG
3 - TOUR CÉSAR
4 - TOUR AUX POURCEAUX
5 - PORTE SAINT-JEAN

6 - TOUR AUX ENGINS
7 - PORTE DE JOUY
8 - POTERNE FANERON
9 - ÉGLISE SAINT-QUIRIACE

Aujourd'hui subsistent de nombreux vestiges de l'épopée médiévale de Provins.

Citons la porte de Jouy (XIIᵉ siècle), détruite en 1723, dont il demeure fort heureusement les massifs des deux jambages. Flanquée de deux tours en éperon, elle se situe pratiquement dans l'alignement des courtines. Autrefois dotée d'un pont-levis et de deux portes battantes, garnie de herses, elle

183

s'ouvrait sur la route de l'abbaye cistercienne de Jouy (à 11 kilomètres de Provins).

À gauche de la porte de Jouy, un petit chemin débouche sur le Tournillon, une tourelle fort bien conservée comportant trois étages voûtés d'arêtes. Le Tournillon ornait jadis la maison des chevaliers du Temple.

Après avoir contourné un premier ouvrage de défense, s'être attardé sur une tour carrée à étage unique, puis un gros pilier semi-circulaire, contemplé une seconde tour carrée et un second ouvrage semi-circulaire (la Tour-aux-Oublis), on parvient à une énorme tour cylindrique : la Tour-aux-Engins.

Cette tour d'angle — qui devait servir d'arsenal — atteint 20 mètres de hauteur. Elle abrite deux salles d'égales dimensions (4 mètres de hauteur ; 4,10 mètres de diamètre ; 2,65 mètres d'épaisseur). On accède aux salles et au sommet de la tour par des escaliers taillés dans la muraille.

La Tour-aux-Engins est reliée à la porte Saint-Jean par huit tours que soudent des courtines percées d'archères, de meurtrières à meneaux triangulaires. La porte Saint-Jean, aux XIIe et XIIIe siècles, avait pour vocation de défendre l'ancienne route de Paris traversant la ville haute. Elle présente une entrée ogivale flanquée (sur les fossés) de deux tourelles en éperon.

Une courtine garnie de deux ouvrages prolonge la porte Saint-Jean. À partir de la Tour-aux-Pourceaux, les remparts forment un angle droit. Si l'on suit la ligne sud des murailles, on découvre les terrasses épaulées de Saint-Jacques (ancienne demeure de chanoines réguliers), le Pinacle (première résidence des comtes), la tour du Luxembourg précédant la tour César.

En pénétrant dans la ville haute par la porte Saint-Jean, on parvient — après avoir dépassé les ruines de l'église du Refuge (XIIe siècle) — à la Grange-aux-Dîmes. Ce bâtiment aux magnifiques voûtes sur croisées d'ogives formées de voûtins en blocage servait, au XVe siècle, à entreposer les dîmes prélevées sur les récoltes. Aujourd'hui, la Société d'archéologie a installé dans la salle du rez-de-chaussée un intéressant musée lapidaire abritant — entre autres — des sarcophages mérovingiens, des baptistères et clefs de voûte sculptées (provenant de l'église de Mortery). La vocation première de la Grange-aux-Dîmes fut celle d'un ouvrage militaire, baptisé Fort-Cadas, antérieur à 1176.

Par la rue Couverte, on aboutit à la place du Châtel, ceinturée de petites maisons à pignons. On peut admirer à loisir l'ancienne *Auberge du Petit-Écu* (maison du XVᵉ siècle, à trois pignons), le puits féodal avec son bahut carré et son armature en fer forgé, la *Maison des Petits-Plaids*, salle d'audience du prévôt (XIIIᵉ siècle), et les restes du *Château de la reine Blanche* voûté d'ogives. S'engageant dans la rue du Palais, on parvient au pied de la motte de la tour César.

Appelé indifféremment tour du Comte, Grosse Tour ou tour César, ce splendide donjon existait déjà dans la première moitié du XIIᵉ siècle. En temps de guerre, il abritait les chevaliers appartenant à l'ost du comte de Champagne. Tandis que les villageois prenaient place, avec leurs troupeaux, dans l'enceinte du Châtel. En octobre 1432 — deux ans après avoir été chassés de Provins par Jeanne d'Arc — les Anglais s'emparèrent par surprise (et par trahison) de la cité des Roses. Leur chef, Guérard, leva un impôt de 3 000 livres tournois pour fortifier le donjon. Il le fit entourer d'une « chemise » (muraille arrondie en panse de cruche) pour abriter son artillerie. Cette muraille fut baptisée *Pâté aux Anglais* par l'habitant. Elle ne constitua pas, en 1433, un obstacle suffisant pour endiguer les assauts des troupes du grand prieur de France Nicolas de Giresne et de Denis de Chailly, bailli de Meaux. La Grosse Tour fut reprise. Les soldats anglais — le capitaine Guérard en tête — furent massacrés. On jeta les cadavres des vaincus dans un clos, non loin du donjon [1].

Carrée à sa base, puis octogonale, la Grosse Tour est

---

1. Leurs squelettes furent découverts, en 1772, par l'abbé d'Aligre.

185

flanquée de quatre tourelles que relie une galerie (autrefois couverte). Quatre piliers et deux plates-formes encore debout témoignent de la présence originelle d'échauguettes.

Le premier étage de la Grosse Tour abrite le cachot du duc de Bretagne Jean le Bon (1267), ainsi que la grande salle par laquelle on accède à l'échauguette du midi, la salle de gardes (comportant, à 4,50 mètres de hauteur, une superbe voûte formée de quatre arcades ogivales soutenues par quatre corbeaux saillants), le couloir de l'échauguette du Levant (faisant office de prison), le couloir de l'échauguette du Nord renfermant une piscine en pierre de taille, ainsi que les cachots jumeaux ayant servi à emprisonner Charles le Chauve (en 835) et Louis d'Outremer (946), ce dernier ayant déplu à Thibaud le Tricheur. Toujours au premier étage du donjon : le couloir de l'échauguette de l'Ouest [1] et la fameuse chambre du gouverneur.

On accède au second étage, depuis la chambre du gouverneur, par un escalier de vingt marches. On débouche alors sur la galerie contournant le donjon par l'intermédiaire des quatre tourelles. Une poterne relie cette galerie à la salle des gardes. Tandis que deux petites portes (à l'est et à l'ouest) donnent sur d'étroits escaliers menant au troisième étage.

Au centre de la terrasse dominant la ville haute et les lignes fortifiées qui constituaient l'enceinte du Châtel — terrasse à ciel ouvert (jusqu'en 1554), entourée d'une muraille haute de 2 mètres percée de seize grands créneaux desservis par un chemin de ronde — s'élevait jadis le troisième étage de la Grosse Tour : la *tour de guette*, choisie pour abriter, en 1282, la cloche municipale.

Quittant la tour César et suivant le mur d'enceinte du Midi, nous parvenons à la tour du Luxembourg, à proximité du Pinacle. En direction des remparts de la ville basse plongent des courtines encore munies de leur chaperon. Tandis que la muraille est percée d'abris à archères dotés de

---

1. Dont le pilier, comme celui de l'échauguette du Levant, a conservé sa plate-forme.

bancs à doucine. Au pied du *Raidillon* (ancienne lice militaire) — et à cheval sur les remparts — s'élève une tour carrée : la Maison du bourreau. C'est dans cette tour que demeuraient les sinistres exécuteurs des hautes œuvres ; le dernier occupant de la Maison du bourreau fut Cyr-Charlemagne Sanson qui exécuta, assisté de son frère, le 21 janvier 1793, le roi de France Louis XVI.

Avant de quitter Provins, rejoignons — par la place du Cloître-Saint-Quiriace et la rue des Beaux-Arts — l'emplacement de l'ancien palais des comtes de Champagne, occupé aujourd'hui par le collège, au bout de la rue du Palais. Sous la salle de gymnastique subsiste une basse-fosse carrée (voûtée d'ogives). Le réfectoire est peu banal puisque orné d'arcatures en tiers point. Le laboratoire de physique est installé dans l'ancienne chapelle construite par Henri le Libéral (XIIe siècle). Reconnaissons que les « labos » de physique voûtés d'ogives et éclairés par des fenêtres en plein cintre ne courent pas les villes ! C'est donc dans ce palais que le comte Thibaud IV de Champagne — le seigneur à la rose rouge, l'ami des Templiers — regardant nonchalemment par l'une des baies géminées (agrémentées de colonnettes et archivoltes tréflées) vit apparaître sainte Catherine, armée d'une épée flamboyante. De la pointe de son épée, l'apparition traça les contours du futur couvent des Cordelières.

C'est sous la chapelle d'Henri le Libéral que se dissimule la plus vieille salle souterraine de Provins (fin du XIe siècle). Couronnée d'une voûte en berceau, cette crypte sert aujourd'hui de cave. Son cas est loin d'être unique. Nombreuses sont les salles souterraines de Provins — les « caveaux » — utilisées comme entrepôts ; quand elles ne sont pas tout simplement remblayées ou transformées en exutoires de sanitaires !

Les salles souterraines de Provins sont dotées — à l'instar des constructions religieuses érigées « à l'air libre » — de voûtes en ogives et de piliers à chapiteaux décorés de crochets. Ces salles — parfois construites sur deux étages — ont surtout été creusées au XIIIe siècle. Elles ont servi de

187

refuges lors des périodes difficiles. Aérées par des puits aux ouvertures soigneusement dissimulées, débouchant ici ou là sur des sources d'eau claire, les galeries menant aux salles souterraines et aux principaux édifices civils, religieux et militaires de la cité des Roses ont permis à la population de survivre aux assauts et pillages qui se sont multipliés aux XIVe, XVe et XVIe siècles. Elles ont également facilité la conservation des opulentes marchandises destinées aux foires (lesquelles s'étendaient sur la moitié de l'année et attiraient à Provins les plus grands banquiers et négociants d'Europe). Il convient également de mentionner les innombrables souterrains de la ville basse dotés d'alvéoles latérales et se répartissant sur deux ou trois niveaux. Ne communiquant pas entre eux, leurs réseaux sont antérieurs aux galeries médiévales, aux salles ogivales de la ville haute et pourraient bien remonter à la période franque.

Les Templiers de Provins passent pour avoir été grands amateurs et utilisateurs de souterrains. De nos jours encore des traditions locales font état de souterrains reliant l'ancien château d'Hugues de Payns — château aujourd'hui disparu, après avoir constitué le siège de la Baylie de Payns — au village de Villacerf ; et, de là allant jusqu'à Troyes, Provins et Bonlieu...

À Provins, certains souterrains — comme par exemple ceux de la rue Saint-Thibaud — présentent, gravés sur leurs parois et couverts de calcite [1], de nombreux graffiti ésotériques. Parmi ceux-ci, citons le Sanglier (symbole solaire), le Hibou grand duc (symbole lunaire), l'Étoile à huit branches (escarboucle des Sages), la Spirale (symbole de fertilité), la Croix templière, l'Échelle des philosophes, le Pendu (douzième lame du Tarot) et la Montagne sacrée (axe du monde) surmontée d'une croix — le Golgotha — qu'entourent le Soleil et la Lune (le bon et le mauvais larron). Précisons que la représentation de la Montagne sacrée figure également parmi les graffiti de Chinon.

---

1. Prouvant leur grande ancienneté.

XII

LES CHÂTEAUX DE LA PUCELLE

Le château de Chinon

Au milieu du Ve siècle, un certain Égidius, général romain de son état, met le siège devant le *castrum cainonense*. Il pense ne faire qu'une bouchée des occupants du castrum que commande un saint ermite nommé Mexme. Mais le ciel n'est pas de cet avis. Un orage providentiel vient à éclater qui calme la soif des assiégés et met en fuite les légions romaines. Nous tenons ce récit de Grégoire de Tours.

Il est permis de déduire de la présence de pierres sculptées et de blocs hétérogènes dans les fondations du château actuel que le castrum convoité par le général Égidius englobait le fort du Coudray et la majeure partie du château du Milieu. Au Xe siècle, Thibaud le Tricheur, comte de Blois — qui possède également Tours, Château-Renault et Saumur — décide de construire un puissant château à l'emplacement même du castrum. Il fait élever des murs en moyen appareil pourvus de larges créneaux (que l'on peut remarquer sur les faces nord et ouest du fort du Coudray et la partie nord-est du château du Milieu).

Les comtes d'Anjou — de la fin du XIe siècle à la première moitié du XIIe siècle — poursuivent l'œuvre de transformation. Ils élargissent les murailles, leur adjoignent tours et

189

contreforts. Utilisant pour ce faire un appareil en pierre dure (jaunâtre) avec mortier à gros sable de rivière. Le château de Chinon abrite alors des prisonniers de marque : Guillaume le Gros, comte de Poitiers, incarcéré en 1045, puis Geoffroy le Barbu, fils de Geoffroy Martel. Les comte d'Anjou ont effectué de nombreux voyages en Terre Sainte ; on comprend dès lors la raison des influences orientales décelées à Chinon.

Henri II Plantagenêt [1] prend ensuite possession du château. Il complète le système de défense, construit à l'est de la grande (et unique) enceinte un ouvrage avancé : le fort Saint-Georges, à l'intérieur duquel une chapelle est dédiée à saint Georges, protecteur de l'Angleterre. Il renforce également la face nord-est, fait ériger — à l'autre extrémité du château — la tour du Moulin (qui sert de donjon) et adosser aux murs d'enceinte des tours flanquantes. Les murailles sont couronnées de parapets crénelés. Les travaux réalisés sous Henri II s'étalent sur une période de vingt ans (de 1160 à 1180). À la mort de Henri II Plantagenêt (survenue à Chinon en 1189), Richard Cœur de Lion prend possession de la forteresse [2]. Ce sera ensuite le tour de Jean sans Peur — roi félon — qui enlève au cours d'une chasse en Poitou la fiancée du comte de La Marche, Isabelle, fille du comte d'Angoulême, et l'épouse le 30 août 1200 au château de Chinon.

De 1205 à 1370, Chinon appartient aux rois de France. Philippe Auguste, Saint Louis et Philippe III donnent à la forteresse voulue par Thibaut le Tricheur son allure quasi définitive. Au XIVᵉ siècle, on ne fait plus guère que des travaux d'aménagement : on rénove l'intérieur des logis d'habitation, on couronne les courtines de mâchicoulis.

Chinon sert de place d'armes et de prison. En 1308, le donjon du Coudray abrite d'illustres prisonniers : les grands dignitaires de l'ordre du Temple que sont Jacques de Molay

---

1. Devenu roi d'Angleterre en 1154.
2. Huit ans plus tard, Richard construit Château-Gaillard en Normandie.

(vingt-deuxième grand maître), Hugues de Péraud (visiteur de France), Geoffroy de Gonneville (commandeur du Poitou et d'Aquitaine), Geoffroy de Charnay (commandeur de Normandie), Rimbaud de Caron (maître de Chypre). Durant leur séjour au donjon du Coudray, les dignitaires auraient gravé les énigmatiques « graffiti de Chinon » sur lesquels se sont penchées des générations de chercheurs. Ils se sont également entretenus, à différentes reprises, avec les trois cardinaux, venus de Poitiers à la demande du pape Clément V : Béranger Frédol, Étienne de Suizy et Landolphe Brancaccio. Ces cardinaux ont séjourné dix jours au château. L'interrogatoire des dignitaires du Temple a débuté le 17 août...

En 1425, Chinon — après avoir appartenu un temps à un gentilhomme écossais — sert de place de sûreté au connétable de Richemont. Deux ans plus tard, Charles VII reprend possession du château et y établit sa cour. Notre « Gentil Dauphin » fera construire la Grande Salle prolongeant les logis d'habitation et ériger une chapelle au pied du donjon du Coudray.

Fort Saint-Georges

Le château de Chinon — défenses extérieures comprises — couvre une dizaine d'hectares. Il repose sur un éperon calcaire qui lui permet de dominer les vallées de la Vienne et même de la Loire. Trois ouvrages séparés par de profondes douves épousent étroitement la forme de l'éperon. Le premier d'entre eux est le fort Saint-Georges.

Quadrilatère irrégulier (de 110 mètres de long sur 40 mètres de large), jadis appelé *Castel Rousset*, le fort Saint-Georges tente de compenser sa vulnérabilité vers l'est par deux tours — l'une carrée (à l'angle sud) et l'autre à bec (angle nord) — encadrant la courtine et dominant une douve creusée à même le rocher. C'est à partir du Castel Rousset, pris à l'automne 1204, que Philippe Auguste au terme de huit mois de siège a pu s'emparer de la forteresse de Chinon et achever — le 23 juin 1205 — sa conquête de la Touraine.

L'entrée du Castel Rousset se trouvait initialement à l'ouest. Au sud, une poterne donnait accès au chemin de ronde. Tandis qu'au sud-est se tenait la chapelle Saint-Georges dont la crypte [1], mise au jour en 1904, est séparée en deux parties rigoureusement égales par une muraille percée d'une porte (surmontée d'un arc de décharge en tiers-point).

Le château du Milieu

Quadrilatère irrégulier (de 180 mètres de long sur 65 mètres de large), le château du Milieu est séparé du fort Saint-Georges par des douves sèches [2] fermées vers le nord par une large barbacane en hémicycle et du côté de la ville par une solide courtine.

Au nord-est s'élève la tour de l'Échauguette (XIIIᵉ siècle) qui a perdu son parement extérieur. L'entrée actuelle du château s'effectue par la tour de l'Horloge comprenant trois étages.

Haute de 22 mètres, la tour de l'Horloge est éclairée par de petites fenêtres rectangulaires coupées d'un linteau transversal. Un escalier à vis, dans la partie nord, dessert les trois étages et la plate-forme supérieure. Plate-forme protégée par un parapet que supportent des corbeaux moulurés formant mâchicoulis. Ces corbeaux ressemblent à ceux qui subsistent sur les courtines nord.

Partant de la tour de l'Échauguette, au coin nord-est, une partie de la courtine sert de soutènement au pavillon des Dames (construction du XVᵉ siècle attribuée à Charles VII). Deux tours élevées durant la seconde moitié du XIIᵉ siècle

1. D'une longueur totale de 32 mètres.
2. En partie construites sous les comtes de Blois.

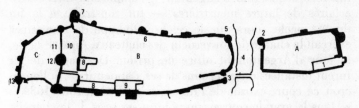

LE CHATEAU DE CHINON

A-FORT SAINT-GEORGES

1 - Chapelle St-Georges
2 - Porte des Champs

B - CHATEAU DU MILIEU

3 - Tour de l'Horloge
4 - Douves
5 - Tour de l'Échauguette
6 - Tour des Chiens
7 - Tour d'Argenton
8 - Logis Royaux
9 - Grande Salle

C - CHATEAU DU COUDRAY

11 - Chapelle Saint-Martin
12 - Tour du Coudray
13 - Tour du Moulin

jalonnent les courtines reliant le pavillon des Dames à la tour des Chiens.

Devant son nom aux meutes royales qu'elle abritait, la tour des Chiens — haute de 23 mètres — comporte trois étages aux travées voûtées d'ogives. Chaque étage est percé de meurtrières inclinées pour faciliter le tir ; l'ouverture intérieure des meurtrières est de 1,10 mètre (pour une ouverture extérieure de 3 mètres). Un escalier — éclairé à l'ouest par une archère — relie les trois étages. Composé de trois branches parallèles, cet escalier est couvert tantôt d'un berceau, tantôt d'une voûte en tiers-point, tantôt de dalles. Il mène à la plate-forme supérieure qui domine d'environ trois mètres les courtines et était encore couverte au XVIIᵉ siècle (la plate-forme servait de corps de garde).

Une courtine présentant des corbeaux de mâchicoulis — ajoutés au XIVᵉ siècle et au long desquels courait un chemin de ronde couvert — relie la tour des Chiens à la tour d'Argenton.

Haute de plus de 20 mètres, massive, couronnée de

mâchicoulis, la tour d'Argenton — comportant trois étages éclairés de larges meurtrières — fut construite à la fin du XVe siècle, alors que le célèbre Philippe de Commines exerçait la charge de gouverneur des châteaux. Au XVIIe siècle, la tour d'Argenton fit office de prison. Des cages de fer furent installées dans certains de ses « appentifs ». Si l'on en croit ce court extrait de l'itinéraire de Dubuisson (1634) : « Dans la grande cour en un point assez près de la chapelle est une cage de bois revestue de lames de fer par dehors et par dedans et percée de trous quarrés qu'ils appellent la cage Balue. »

Aménagé à l'intérieur de la courtine et éclairé par deux ouvertures étroites et rectangulaires, un passage voûté reliait la tour d'Argenton aux bâtiments royaux (installés dans la partie sud-ouest du château du Milieu). De la Grande Salle où, en mars 1429, Jeanne d'Arc vint offrir ses services à Charles VII, il ne reste plus que les fondations, les premières marches de l'escalier extérieur et, adossée au pignon ouest, une superbe cheminée à haut manteau reposant sur des piédroits moulurés.

Le fort du Coudray

Ceinturé de larges et profondes douves (XIIIe siècle), le fort du Coudray recèle les plus anciennes fortifications du château (courtines de l'ouest et du nord-ouest) et tire une légitime fierté de ses tours du Moulin, du Coudray et de Boisy.

À cheval sur la courtine du Xe siècle — à l'angle sud-ouest de la troisième enceinte — la tour du Moulin est haute de 20 mètres et large de 7,50 mètres. Elle est généralement attribuée à Henri II Plantagenêt. Elle comporte trois étages. De base carrée et pleine, elle emprunte ensuite une forme octogonale qui ne tarde pas à devenir franchement circulaire (par le miracle de glacis triangulaires). Elle est percée de meurtrières s'ouvrant sur des formerets ou des arcades en plein cintre. Primitivement coiffée d'un toit en poivrière, la tour du Moulin jouait, à ses débuts, le rôle d'un véritable donjon. À l'inverse de sa sœur de Boisy, de construction plus récente (milieu du XIIIe siècle) et légèrement postérieure à la tour du Coudray.

Intéressant spécimen de l'architecture militaire du XIIIe siècle (sous Philippe Auguste), la tour du Coudray est — à l'origine — appelée « donjon » ou « Tour pavée ». À cheval sur la courtine orientale de la troisième enceinte — et au milieu de ladite courtine —, le donjon se présente sous la forme d'une magnifique tour cylindrique comportant trois étages reliés par des escaliers disposés en chicane. Cette tour a actuellement 25 mètres de hauteur et 12 mètres de diamètre. Elle est construite en millarge jusqu'au niveau des courtines, puis en tuffeau.

On pénétrait dans le donjon par une porte en tiers-point située au troisième étage, au niveau de la courtine sud. Cette porte était protégée, du côté des douves, par un parapet (remplacé au XIVe siècle par des mâchicoulis). Elle s'ouvrait sur un arc en berceau surbaissé ; elle était renforcée par une pièce de bois (que l'on faisait coulisser dans le mur) et un assommoir rectangulaire défendant l'accès d'une seconde porte débouchant sur le couloir intérieur.

C'est dans le donjon du Coudray que séjournèrent (en 1308) — bien malgré eux — les dignitaires templiers arrêtés sur ordre de Philippe le Bel. Et en 1429, Jeanne d'Arc, venue à Chinon s'enquérir des intentions de Charles VII, y prit ses quartiers.

Les graffiti templiers

Difficile de ne pas évoquer — même succinctement — les fameux graffiti du Coudray analysés, en leur temps, par l'ésotériste Charbonneau-Lassay (*Le cœur rayonnant du donjon de Chinon*, brochure éditée par le Secrétariat des œuvres du Sacré-Cœur, Paray-le-Monial, 1922), Paul Le

195

Cour et l'équipe d'*Atlantis*. Le lecteur désireux d'approfondir cette question pourra se reporter aux remarquables travaux publiés régulièrement par les successeurs de Paul Le Cour [1]. En attendant, rappelons que les graffiti les plus importants — consignés sur huit pierres d'archère — n'ont point encore fait l'objet d'un décryptage satisfaisant. Probablement parce que ces graffiti s'adressaient à des lecteurs privilégiés. Ils ont pu également être modifiés, surchargés à travers les siècles par des mains anonymes (n'oublions pas que ces graffiti sont censés dater de l'an 1308). Leur richesse symbolique est évidente. Leur portée initiatique aussi. S'agit-il d'un *testament* de dignitaire(s) templier(s) emprisonné(s) ? C'est bien possible...

Une chose est sûre : si testament il y a, celui-là ne peut que s'adresser à des initiés. Pour mieux brouiller les pistes, il comportera des éléments « envieux » et des éléments « charitables ». Nous savons que le message délivré débute par un cœur (pierre n° 1) et s'achève par un cœur (pierre n° 8) [2]. La pierre centrale (n° 4) arbore un calvaire (à trois degrés) constitué d'une colonne (l'axe du monde) et de deux bras en pointillé. Le tout entouré de trois clous, d'une lance, d'un porte-éponge et de dés rappelant que la tunique du Christ fut tirée au sort par des soldats, peu après la crucifixion. Nous sommes donc à Jérusalem, haut lieu par excellence et « pivot » de l'histoire traditionnelle de la planète Terre. Jérusalem qui fut au centre de la passion du Christ et de la mission temporelle et spirituelle de l'ordre du Temple.

La pierre n° 5 représente un ecclésiastique tourné vers la mandorle de gloire. D'aucuns y voient — en dépit du visage profondément mutilé — saint Bernard de Clairvaux. Rappelons-nous la déposition du frère Aymery, lors du procès des Templiers : « Ton Ordre qui a été fondé en concile général

---

1. *Cf. Chinon et l'énigme templière*, n° 268 de la revue *Atlantis*, mai-juin 1972.
2. Si l'on parle volontiers de « Cœur sacré de Jésus », le Christ n'est-il pas aussi l'*Alpha* et l'*Oméga* ?

(...) par le bienheureux Bernard... » Et la tradition initiatique ne soutient-elle pas que les Templiers ramenèrent de Jérusalem des *dépôts sacrés* (Graal, Arche d'alliance, etc.) avant de bénéficier de la réunion du concile de Troyes voulue par saint Bernard ?

La pierre nº 7 figure un groupe de cinq ennéades et une main (déja présente sur la pierre nº 2). La main — sur laquelle nous nous sommes longuement attardés à propos des cagots — est « l'amie » naturelle du compagnon bâtisseur. De même les cinq ennéades évoquent-elles certains sceaux lapidaires au sujet desquels le Club du vieux manoir note dans le numéro 3 de ses *Cahiers médiévaux* (juin 1970) : « Les signes lapidaires se trouvent dans la chaîne plusieurs fois millénaire de la transmission des procédés et rites corporatifs des maçons et tailleurs de pierre ; monogrammes ou signes géométriques, plus ou moins compliqués, ils se trouvent sur les pierres de certains monuments antiques et sur la plupart des édifices romans et gothiques. »

Une fleur est présente sur la pierre nº 6 ; elle figure également parmi les graffiti de la cathédrale Saint-Gatien-de-Tours (XIIᵉ-XVIᵉ siècle). On peut donc se demander s'il n'existe point *plusieurs lectures* des graffiti de Chinon. Une lecture symbolique et une lecture plus matérielle, plus géographique. Et cela peut-être moins pour révéler que pour rassurer...

Après avoir dressé — symboliquement — le bilan de l'action occulte du Temple, les dignitaires emprisonnés ont pu vouloir confirmer que toutes les précautions avaient été prises pour mettre à l'abri ce qui devait l'être. Tel dépôt sacré en provenance de Jérusalem (pierre nº 4) avait été retiré de la cache qui l'abritait (église ou calvaire en rase campagne par exemple). Notons à ce propos que le calvaire figurant sur la pierre nº 4 peut être rapproché — à défaut d'exemple plus significatif — d'un motif identique, merveilleusement sculpté, qu'on peut observer sur une pierre de l'église de Brennilis (Armorique). Une église d'ailleurs bien singulière ;

l'autel de son croisillon droit n'est-il point orné des peu chrétiennes sibylles ?

Et Louis Charpentier de noter à propos des graffiti de Chinon : « Supposez qu'un dignitaire ait gravé un cœur surmonté d'une croix. C'est un symbole. Un symbole chrétien, entre autres ; pas d'ailleurs spécifiquement chrétien, mais connu ; que l'on rencontre un peu partout dans les édifices religieux. Personne ne songera à lui prêter une particulière attention.

« Mais un cœur, cela peut se faire de diverses façons. Régulièrement, ou avec des défauts ; et un " défaut " dans le cœur, cela peut avoir une signification particulière, et surtout pour celui qui serait accoutumé à déchiffrer certaines formes de cryptographie symbolique — certaines figures templières, par exemple.

« Un tel défaut pourrait signifier un lieu, picturalement ou phonétiquement.

« Alors, où l'illettré ne verra qu'un cœur surmonté d'une croix, l'" érudit " lira peut-être :

« Dans telle commanderie (le fameux défaut dans le cœur) la " cache " est située dans le cœur, sous la croix. »

« Et cela, les frères initiés seront seuls à le lire.

« Je n'ai, évidemment, aucune preuve que cette explication soit la bonne, mais je la tiens cependant pour logique [1]. »

Un cœur rayonnant éclaire le coin supérieur gauche de la pierre n° 8. Ce cœur fait office de soleil. Et un moine regarde dans sa direction. Interprétons cette figure « à la Charpentier ». En illettré, cela fait : il ne reste plus qu'à s'adonner à la contemplation et à espérer en la grâce divine. En érudit, cela donne : regardons du côté du soleil. Ou mieux : regardons *du côté de ceux qui adorent le soleil...*

Et l'on peut penser aux Aztèques. Ou aux Incas. D'autant que si l'on consent à imiter le moine, c'est-à-dire à lever la tête vers le coin gauche du mur, on peut faire (jusqu'en juin 1971 en tout cas) une intéressante découverte. Ainsi que

_____

1. *Les mystères templiers*, Robert Laffont, même collection.

nous le rapporte spontanément Albert Héron de La Chesnaye : « En haut et à gauche de ce mur mais peu visibles puisque l'archère est bouchée et le mur abaissé de 2 mètres environ, il y a deux têtes et deux bateaux avec des inscriptions, au-dessus des trois points dans les trois cercles enlacés dont parle Paul Le Cour. Avec mon ami, Pierre Vincent, nous les avions remarqués le samedi 12 juin 1971 ; malheureusement, à l'automne suivant un crayonnage a masqué les bateaux [1]. »

Mais vers quelles terres lointaines, peuplées d'adorateurs du Soleil, avaient-ils donc hissé leurs voiles, nos bateaux du Coudray ?

Pucelle et bâtard

Le dimanche 6 mars 1429, une petite escorte — dirigée par Collet de Vienne, conseiller de Charles VII — arrive à Chinon. Les cavaliers sont couverts de poussière et il en va de même de la damoiselle prise en charge à Vaucouleurs. Il est environ midi, l'heure de se mettre à table.

La damoiselle — une certaine Jehanne d'Arc — est logée dans le confortable « hostel » de la veuve de Gustave de Coigny. Les cavaliers se restaurent. Parmi eux : Poulengy et Novelompont qui seront reçus, en début d'après-midi, par Gérard Machet, confesseur du roi et accessoirement évêque de Carcassonne, un personnage influent qui jouit de l'entière confiance de la reine Yolande d'Anjou. Ces deux hommes — ainsi que leur compagnon de route Jean de Dieulouard — logeront d'ailleurs chez Gobert Thiébault, écuyer royal et homme de confiance de Gérard Machet. Il convient de préparer — et ce n'est pas une mince affaire ! — la rencontre officielle entre Jeanne et Charles VII qui doit avoir lieu trois jours plus tard.

Des tractations s'avèrent nécessaires. Le Conseil du roi est

---

1. N° 268 d'*Atlantis*, p. 301.

divisé sur l'opportunité de recevoir Jehanne devant la cour. On charge le maître des requêtes Simon Charles de négocier avec le parti de la Pucelle. Mais finalement Jeanne obtient gain de cause. La rencontre a lieu dans la Grande Salle d'apparat des logements royaux (partie sud-ouest du château du Milieu). Il ne reste pas grand-chose de cette salle de réception aujourd'hui. Nous l'avons dit précédemment. Mais, à l'époque, le bâtiment qui l'abrite mesure 30 mètres de long sur 15 mètres de large et dépasse l'alignement du reste des logis. Il s'appuie, au midi, sur la courtine et la vieille tour du Trésor (qu'on vient de surélever). Il comprend un rez-de-chaussée divisé en trois pièces et un étage sans combles : la Grande Salle. Celle-ci est éclairée par trois grandes baies ouvertes sur les jardins et une fenêtre donnant sur la ville. La Grande Salle communique avec le reste des appartements royaux par une galerie de bois extérieure [1] couverte d'une charpente apparente.

Trois cents personnes — gentes dames coiffées de hennins, seigneurs parés de leurs plus beaux atours — attendent l'arrivée de la Pucelle. La Grande Salle, aux murs tendus de tapisseries, est éclairée par des torches. Charles VII — que rien ne distingue des courtisans — s'est éloigné de son trône ; il devise avec son favori, La Trémoille, son chambellan, le sire Raoul de Gaucourt [2], le comte de Clermont et l'inévitable Gérard Machet.

On fait ouvrir la porte à deux battants, sonner les hérauts. La foule s'écarte. Jeanne vient d'entrer. Louis II de Bourbon, comte de Vendôme, grand maître de l'Hôtel du roi, prince du sang, descendant direct de Saint Louis, cousin de Charles VII, s'est effacé devant la visiteuse. Et avec lui les grands seigneurs qui l'accompagnent. Tandis que Jeanne s'avance seule et s'arrête devant le roi auquel elle fait la révérence, une fois ôté son chaperon. « Elle fist les inclinations accoutumées à faire aux rois, comme si elle avait été nourrie,

---

1. Représentée sur le dessin de Gaignières.
2. Gouverneur de Chinon.

depuis toujours, à la cour », note la « Chronique-de-la-Pucelle ».

Ensuite, Charles VII et Jeanne se mettent à l'écart. Ils conversent longuement. Dans l'encoignure d'une fenêtre. À l'abri des tentures.

À l'issue de ce long entretien, le visage de Charles — d'ordinaire impavide — trahit une réelle émotion. Le roi appelle son conseiller Raoul de Gaucourt, gouverneur de Chinon, premier chambellan de la Couronne, et lui intime l'ordre de loger la Pucelle au château et de lui donner comme demeure particulière le donjon du Coudray.

Ce qui est fait sans plus attendre.

Mais pourquoi la tour du Coudray ? Il y a d'autres tours, d'autres pièces au château du Milieu ou du fort du Coudray. Pourquoi pas la tour du Moulin, à l'angle sud-ouest de la troisième enceinte ?

Détail sans importance, diront d'aucuns. Affaire d'intendance. Pas forcément. La tour du Coudray n'est pas une tour comme les autres. Elle a abrité les dignitaires templiers en 1308. Et l'on peut se demander si Jeanne n'a pas sollicité du roi la permission de s'y installer. L'initiative ne vient pas forcément de Charles VII. Le geste est peut-être symbolique. Ou pratique. Jeanne souhaitant — pourquoi pas ? — examiner à loisir les « signes » laissés par Jacques de Molay et ses frères...

Car Jeanne s'y connaît en signes. N'en obtient-elle pas du Ciel ? Ne converse-telle pas avec l'archange saint Michel ou sainte Catherine ? N'entend-elle pas des voix ? N'évolue-t-elle pas dans un univers magique ?

Rien n'est simple avec Jeanne. Et l'image naïve que l'on a voulu nous donner d'elle est trop simpliste pour être retenue. À vouloir trop en faire...

La petite bergère aux moutons, la pauvresse aux manières frustes, la petite paysanne endimanchée — n'en déplaise aux crédules —, tout cela relève d'un mauvais « folklore ».

Jeanne d'Arc n'est pas Cosette. Et Charles VII n'est pas Jean Valjean.

Châteaux forts magiques de France

Notre Cendrillon du XIXe siècle, aux allures de princesse, qui fait « les inclinations accoutumées à faire aux rois » comme si elle avait été élevée à la cour, va se voir attribuer — sur ordre de Charles VII — une Maison civile et une Maison militaire. Rien de moins ! Elle aura donc, attachés à sa très modeste personne, une dame d'honneur (Anne de Bellier, dont l'époux est conseiller de Charles duc d'Orléans), un page (Louis de Coutes, dont le père est chambellan de Charles d'Orléans et capitaine-châtelain de Châteaudun), un écuyer (Jean d'Aulon, membre du Conseil royal, ancien capitaine des gardes du roi Charles VI), un chapelain [1] (le frère Pasquerel, moine franciscain). Notons que le frère Pasquerel s'occupe, entre autres, du *secrétariat* de Jeanne (avec le moine Nicolas de Vouthon et un certain Mathelin Raoul, dit « le clerc de la Pucelle », faisant office de trésorier).

Jeanne se voit également attribuer un *maître de l'Hôtel* qui commande sa « garde écossaise ». Une garde composée de douze cadets nobles ayant servi dans les compagnies écossaises de Jean Stuard d'Aubigny. Jeanne a également droit à deux hérauts d'armes : *Cœur-de-Lys* et *Fleur-de-Lys*. Elle dispose d'une écurie de douze chevaux d'armes (six palefrois et six destriers). Elle a droit à une bannière. Rappelons que ce privilège est réservé d'ordinaire aux seuls seigneurs dits *bannerets*, c'est-à-dire pouvant arborer bannière en tête de leur ost. Elle porte des éperons d'or, privilège des chevaliers ayant été régulièrement adoubés (rappelons-nous Perceval se laissant chausser l'éperon droit par le prud'homme Gornemans).

Jeanne se voit ensuite offrir une armure ; celle-ci coûte cent livres tournois prélevées sur le Trésor royal. La Pucelle reçoit également une hache d'armes portant, gravée dans son fleuron, la lettre J surmontée d'une *couronne* ! Une dalle de l'abbaye de Saint-Denis, représentant Jeanne et sa masse d'armes couronnée, porte l'inscription suivante : « Ce que

---

1. Comme pour les princes du sang.

estoit le harnois de Jeanne par elle baillé en hommage à monseigneur saint Denis [1]. »

Une hache d'armes gravée et couronnée à la manière des « princes de sang », si l'on en croit les règles de l'héraldique, voilà qui n'est pas banal pour une fille de laboureur ! D'autant qu'il est exclu — même pour les dames de la cour — de courir la campagne en armure au temps du roi Charles VII...

Alors ?

Alors, avec Jeanne, c'est le *miracle permanent*. Elle est reçue par Charles VII, elle dispose d'une Maison civile et d'une Maison militaire, elle a rang de princesse royale, elle revêt une armure (avec bassinet, salade, curasse close, braconnière, gorgerin, épaulière, cubitière, gantelet, cuissards, genouillères, jambières et solerets), elle possède l'épée de... Louis d'Orléans.

Cette épée, Jeanne l'a récupérée dans le tombeau de Clignet de Bréban, en l'église de Fierbois [2]. « L'épée était sous terre, toute rouillée. Il y avait dessus cinq croix gravées », dira Jeanne à son procès (quatrième audience publique). Bien sûr, ce sont les fameuses « voix » du ciel qui ont indiqué à la Pucelle la cachette de l'épée recueillie, à la mort de Louis d'Orléans, par le fidèle capitaine Clignet de Bréban.

La découverte de l'épée du duc d'Orléans par Jeanne d'Arc est donc d'origine surnaturelle. Elle peut être rapprochée de la découverte d'*Excalibur* par le bon roi Arthur. Pour devenir roi, conformément aux prédictions de Merlin l'Enchanteur, Arthur Pendragon ne dut-il pas — la veille de Noël — arracher Excalibur de l'enclume où elle était fichée jusqu'à la garde [3] ?

---

1. Blessée en septembre 1429 devant Paris, Jeanne offrira ses armes à l'abbaye de Saint-Denis en ex-voto.
2. Pour d'aucuns, cette épée ayant appartenu à Charles Martel était dissimulée derrière l'autel de l'église Sainte-Catherine de Fierbois.
3. Selon une autre version, *Excalibur*, tenue hors des eaux d'un lac par un bras ganté de soie (à la manière du trident de Poséidon), fut apportée à Arthur par une jeune fille marchant sur les eaux.

Jeanne a une parfaite connaissance des jeux d'armes. Elle adore chevaucher les destriers. Elle porte des toilettes ravissantes. Perceval de Boulainvilliers, dans une *Lettre au duc de Milan*, la dépeint de la manière suivante : « Cette Pucelle est d'une rare élégance, avec une attitude virile. Elle parle peu, et montre une merveilleuse prudence en ses paroles. Elle aime autant la société des gens de guerre et des nobles qu'elle aime peu les visites et les conversations du grand nombre. »

Cette Pucelle prudente en paroles fait néanmoins montre d'une certaine arrogance envers Jean Dunois, bâtard d'Orléans. Fils naturel de Louis d'Orléans et de Mariette d'Enghien (alors épouse du simple officier Aubert de Cany), Dunois est couvert de respect (la bâtardise, à l'époque, n'a aucun caractère infamant, bien au contraire !) et lorsqu'on s'adresse à lui, on a soin de lui donner du « Monseigneur le Bâtard ». Pourtant Jeanne d'Arc ne lui donnera jamais que du « Bâtard » tout court. Y compris lors de leur première rencontre. Tandis que Dunois [1] lui lance un respectueux : « Noble Dame, comment vous va ? », la Pucelle lui retourne un méprisant : « C'est vous, le Bâtard d'Orléans ? »

Attitude pour le moins inattendue de la part d'une jeune paysanne timorée, qui n'est jamais sortie de son village natal de Domrémy, qui ne fréquente personne en dehors des « voix » surnaturelles censées la visiter ! Et cette attitude hautaine ne variera pas. Jeanne ira même jusqu'à dire un jour à Dunois : « Bâtard ! Bâtard ! Si tu ne m'obéis, je te casserai mon martin sur la tête... »

Et Dunois, décidément peu rancunier, de lui rétorquer : « Ne vous fâchez pas, Jeanne ! Ne vous fâchez pas... »

---

1. Jean, comte de Dunois, comte de Porcéan, comte de Longueville, lieutenant général du royaume, bâtard d'Orléans, a reçu de Charles VII des lettres le légitimant comme prince de la Maison de France.

Le château de Vaucouleurs

De nos jours, il ne subsiste pas grand-chose de l'enceinte fortifiée de Vaucouleurs ; quelques restes de murailles, deux tours, deux bases de tours et quelques pierres figurant l'emplacement de deux autres bases d'ouvrages.

La tour des Anglais, au nord de l'enceinte, est un ouvrage de flanquement. Ses murs ont une épaisseur de 2,10 mètres. La tour atteint encore — vers le fossé (aujourd'hui comblé) — 13,60 mètres. Ce qui lui donnait, à l'origine, une hauteur totale de 18 mètres.

Au rez-de-chaussée, sont percées trois archères au tracé en V, dotées de plongées triangulaires (XIIᵉ siècle). La tour comportait trois étages séparés par des planchers. La toiture était en tuiles.

Le troisième étage est occupé par le chemin de ronde, jadis large d'un peu plus d'un mètre et desservant quatre créneaux. Seuls deux créneaux demeurent, rigoureusement intacts, surmontés de deux corbeaux. La tour des Anglais fut construite sur ordre de Louis VI le Gros (entre 1108 et 1137), lequel avait alors pour principal ennemi Thibaud IV, comte de Champagne.

À l'époque de Jeanne d'Arc, la tour des Anglais n'était pas la plus importante des constructions de défense de Vaucouleurs. Il fallait compter avec la tour qui commande le pont fortifié franchissant le bras du canal des Moulins ou la tour qui s'élevait au sud de la porte de Chalaine.

À l'image de la forteresse de Loches[1], il existe à Vaucouleurs des tours en éperon. Telle la tour Laurent[2]. D'un diamètre de 8,32 mètres (hors œuvre), la tour Laurent est solidement talutée, en appareil de septfonds. Au-dessus du

---

1. Ou celle de Carcassonne.
2. Du nom de son ancien propriétaire.

talus, elle est en appareil à bossage (calcaire dur) qu'on a dû travailler par éclatement. Encore haute de 6 mètres, depuis le fond du fossé, elle devait avoir à l'origine une hauteur totale d'environ 20 mètres. Des fouilles récentes ont permis de dégager une petite salle pavée, ainsi que deux niches de canonnières donnant sur les courtines (flanc sud-est et flanc nord-ouest).

Un plan du cadastre de 1812 fait apparaître, à Vaucouleurs, 9 tours ou bases de tours, sans compter la tour porte de la baille du château. Mais un autre plan, daté de 1720, figurant aux archives de Meurthe-et-Moselle fait état de 22 tours ; ce dernier nombre risquant de ne pas être limitatif...

À la fin du XIIIe siècle, Vaucouleurs est une cité puissamment défendue. Son importance stratégique se conçoit sans peine. Pour les rois de France, cette cité est avant tout un important passage sur la Meuse. Le transit des marchandises et denrées exportées du baillage de Chaumont (Lorraine) ne se fait-il pas par le « port » de Vaucouleurs [1] ?

Par ordonnance du 4 juillet 1365, Vaucouleurs devient ville royale. Lorsque Charles V — quelques années plus tard — décide de rénover les principales places fortes françaises, Vaucouleurs n'est pas oubliée. On améliore son front est (tourné vers la Meuse). Charles V fait abattre la commanderie du Saint-Esprit, jugée trop proche des murailles, et renforce — avec les pierres ainsi récupérées — l'enceinte primitive.

Le 22 juin 1428, Bedford, régent de France pour le roi d'Angleterre, donne l'ordre d'assiéger Vaucouleurs. Les principales places fortes de la Meuse sont déjà tombées (Raucourt, Beaumont, Laneuville)...

Trois mille hommes se pressent aux portes de la ville. Ces assaillants sont commandés par Pierre de Trie, dit Patrouil-

---

1. Les marchands doivent acquitter un droit (dit « de rêves ») s'élevant à quatre deniers par livre de denrées exportées.

lart, Jean de Neufchâtel, Jean et Antoine de Vergy [1]. Ils entendent bien obliger le capitaine Robert de Baudricourt, commandant la garnison, à capituler.

Pourtant, fin juillet 1428, donc après un mois de siège, arrive le contre-ordre (toujours signé Bedford) : les assaillants doivent renoncer à prendre la forteresse et s'en retourner « le plus gracieusement qu'ils pourroient sans fouler le pays »...

Décision surprenante. Que les historiens expliquent ainsi : les Anglo-Bourguignons craignaient que le siège ne se prolongeât et ils prirent la (sage) décision de se retirer, sachant que les crues subites de la Meuse, à l'approche de l'hiver, inondaient tantôt la vallée, protégeant les murailles de Vaucouleurs sur une largeur d'un kilomètre.

Peut-être. Mais on peut tout aussi bien objecter qu'en mettant le siège à Vaucouleurs, les Anglo-Bourguignons savaient ce qu'ils faisaient. Ils ne pouvaient espérer venir à bout de la forteresse avant plusieurs mois. Or, fin juillet, Baudricourt avait déjà signé une reddition conditionnelle. Autrement dit le fruit était mûr et prêt à tomber...

Alors pourquoi une telle volte-face, après avoir obtenu la capitulation des principales places fortes de l'est ?

Le retrait de Vaucouleurs est un *non-sens* stratégique. À moins qu'il n'ait été guidé par des « intérêts supérieurs » dont le sens a échappé aussi bien aux stratèges de l'époque qu'aux historiens du XXe siècle...

Il n'est pas sûr que les chefs anglo-bourguignons, les Jean de Neufchâtel, Antoine de Vergy, aient perçu l'utilité du contre-ordre signé par Bedford. Ils ont probablement dû maudire le régent de France en opérant le retrait de leurs troupes.

Quels étaient ces « intérêts supérieurs » précédemment évoqués (pour autant qu'ils aient existé) ? Un homme eût pu

---

1. C'est Antoine de Vergy, gouverneur de la Champagne au nom du roi d'Angleterre, qui a reçu l'ordre d'assiéger Vaucouleurs, alors dernière place forte de l'est de la France à résister aux Anglais.

répondre. L'instigateur de l'opération en question : un certain Pierre Cauchon...

Car c'est l'évêque Cauchon que l'on retrouve derrière l'opération manquée de Vaucouleurs. Comme on le retrouvera derrière le procès truqué de Jeanne d'Arc.

Cauchon, commissaire du « roi de France et d'Angleterre », qui a reçu en 1424 la capitulation de Vitry des mains du fameux La Hire (futur compagnon de Jeanne d'Arc), comme il a reçu la capitulation de Larzicourt, de Heilz-l'Évêque et de Blanzy...

Cauchon, le véritable auteur du traité de Troyes.

Un homme habile. Fin diplomate. Dépositaire de bien des secrets.

En juillet 1428, il fait lever le siège de Vaucouleurs. Et sept mois plus tard Jeanne d'Arc quitte Vaucouleurs par la porte de France. Elle court rejoindre Charles VII à Chinon.

Jeanne, princesse royale

Pierre Cauchon de Sommièvre, évêque-comte de Beauvais, chapelain du duc de Bedford, a été en 1420 — au moment de la signature du traité de Troyes — le secrétaire et l'agent diplomatique de la reine Isabeau de Bavière, épouse du roi de France Charles VI.

Or le roi Charles VI [1], depuis 1392, souffre de profonde démence. Périodes de prostration, crises de folie furieuse succèdent à de rares moments de lucidité. Le roi vit dans un état de saleté repoussante, en l'hôtel Saint-Paul, avec sa maîtresse Odette de Champdivers. Il ne voit que rarement la reine Isabeau. Celle-ci réside la plupart du temps en son hôtel parisien, proche de la porte Barbette, où elle reçoit le duc Louis d'Orléans (son beau-frère et amant).

Le mercredi 10 novembre 1407, Isabeau de Bavière accouche d'un enfant qui ne vit que quelques heures. Le

---

1. Auquel on attribue la paternité de plusieurs traités d'alchimie.

chroniqueur flamand Enguerrand de Monstrelet (1390-1453) rapporte qu'en l'hôtel Barbette, « d'un enfant qui étoit trespassé gisait la reyne, qui n'avait pas encore accompli les jours de sa purification ».

Tandis que la *Chronique du Religieux de Saint-Denis* mentionne : « La veille de la Saint-Martin d'hiver, vers deux heures après minuit, l'auguste reine de France accoucha d'un fils, en son hôtel de Paris, près de la porte Barbette. Cet enfant vécut à peine, et les familiers du roi n'eurent que le temps de lui donner le nom de Philippe et de l'ondoyer au nom de la Sainte et Indivisible Trinité. Le lendemain soir, les seigneurs de la cour conduisirent son corps à l'abbaye de Saint-Denis, avec un grand luminaire suivant l'usage, et l'inhumèrent auprès de ses frères dans la chapelle du roi, son aïeul [1], qui y avait fondé deux messes par jour.

« La reine fut vivement affectée de la mort prématurée de cet enfant et passa dans les larmes tout le temps de ses couches. L'illustre duc d'Orléans, frère du roi, lui rendit de fréquentes visites et s'efforça d'apaiser sa douleur par des paroles de consolation. Mais la veille de la Saint-Clément, *après avoir joyeusement soupé avec la reine*, un crime affreux, inouï et *sans exemple* fut commis sur sa personne. »

Ce texte appelle plusieurs commentaires.

La reine Isabeau n'accouche point, comme cela s'est produit pour ses autres enfants (Louis, Jean, Charles), en l'hôtel Saint-Paul, *là où réside son époux*, ainsi que l'exige l'étiquette de la cour. Elle n'accouche pas davantage en présence des grands-officiers de la Couronne. Tandis que sont censées attendre avec impatience les dames devant prendre en charge le nouveau-né, à savoir : la gouvernante, la nourrice de corps, la remueuse, la chambrière, les nourrices retenues...

La reine Isabeau accouche en son hôtel Barbette. Dans la plus grande discrétion.

---

1. Charles V.

Châteaux forts magiques de France

Et ce n'est pas — contrairement aux usages de la cour — un haut dignitaire de l'Église (ni même un simple chapelain) qui se charge d'« ondoyer » le prince qui vient de naître, en attendant le baptême solennel à Notre-Dame de Paris. Mais d'obscurs « familiers » du roi.

Pourquoi tous ces manquements graves à l'étiquette ?

Pourquoi cet accouchement quasi clandestin ? Quels sont ces personnages familiers d'un roi fou qui viennent contempler — incognito — le petit « Philippe » et s'esquivent peu après ? Quel est ce prêtre inconnu ayant accepté d'ondoyer en hâte le nouveau-né ?

Pourquoi Isabeau, qui passe ses journées à pleurer, profondément affectée par la mort prématurée de son enfant, soupe-t-elle soudain *joyeusement* la veille de la Saint-Clément ? Soit treize jours à peine après l'inhumation du petit Philippe à Saint-Denis !

Enfin, pourquoi l'assassinat *sans exemple* de Louis d'Orléans se produit-il le soir même de ce joyeux souper en amoureux ?

Quelle nouvelle apportée par le duc d'Orléans a pu soudainement transformer une mère éplorée, voire inconsolable, en une femme pleine d'entrain ? Le religieux de Saint-Denis ne nous le dit pas. Mais l'agencement chronologique de son exposé laisse entendre que cette joie partagée par Isabeau et Louis vient effacer treize jours de douleur intense.

Il s'agit donc d'une nouvelle importante, puisqu'elle a pour effet de balayer l'hideux souvenir de la mort de Philippe. Et elle a des allures de « secret d'État » puisqu'elle débouche — peut-être — sur l'assassinat du duc d'Orléans...

Si l'on en croit les chroniques d'Enguerrand de Monstrelet, Louis soupe joyeusement avec sa maîtresse lorsque — vers les sept heures — un valet nommé Thomas de Courteheuse vient lui dire : « Monseigneur, le roi vous mande que, sans délai, vous veniez devers lui. Il veut vous parler hâtivement pour une chose qui grandement touche à luy et à vous. »

Louis d'Orléans prend congé d'Isabeau. Dans la rue, il est

attaqué par une troupe d'hommes en armes. Il a le poignet tranché et le crâne défoncé. L'un de ses écuyers est tué lui aussi.

L'attentat a été préparé par Jean sans Peur. L'*Histoire de Bourgogne* (XVIIIᵉ siècle) prétend que le duc d'Orléans avait séduit l'épouse de son cousin. C'est possible, Louis étant un incorrigible séducteur. Et Monstrelet de déplorer : « Ce fut la plus douloureuse et piteuse aventure advenue depuis long-temps dans le chrétien royaume de France. »

Il s'agirait somme toute d'un banal crime passionnel.

Ce n'est pourtant pas l'avis du Religieux de Saint-Denis qui qualifie ce crime de sans exemple. Or les crimes passionnels ne manquent pas [1] !

Faut-il chercher ailleurs la cause de l'assassinat du duc d'Orléans ? C'est l'avis du Religieux de Saint-Denis. Et ce religieux dispose sans doute d'informations inédites pour parvenir à une telle conclusion : n'est-ce point à l'abbaye de Saint-Denis qu'a été porté et enterré le corps du prince Philippe ?

À moins qu'il ne se soit agi d'un *faux* enterrement. À moins que le duc d'Orléans et la reine Isabeau, craignant que Charles VI — alors en pleine période de lucidité — ne se rende compte de la bâtardise de Philippe, aient choisi de mettre l'enfant en lieu sûr et de répandre la fausse nouvelle de sa mort. Ne mettant dans le secret qu'une poignée d'intimes. Et certains moines de Saint-Denis...

Mais en dépit des précautions prises, la nouvelle parvient aux oreilles du roi et de quelques courtisans. Dont Jean sans Peur. Lequel en profite pour assouvir la haine qu'il porte à son cousin d'Orléans et se charge de la triste besogne.

Car, entre-temps, l'enfant a disparu. On l'a éloigné de Paris. Avant de le confier à un couple sûr. Isabeau est donc pleinement rassurée. L'enfant aura une existence heureuse.

---

1. En 1417, Charles VI a fait torturer et mettre à mort (cousu dans un sac de cuir jeté à la Seine) Louis de Bois-Bourdon, amant d'Isabeau.

Charles VI ne pourra faire prononcer l'éventuelle déchéance d'Isabeau par le Parlement de Paris. On ne condamne pas une reine de France sur la foi de vagues rumeurs. D'autant que le roi ne va pas tarder à retomber dans l'une de ses crises de folie coutumières. Il n'aura bientôt plus souvenir de son infortune et Isabeau pourra continuer à recevoir son amant en l'hôtel Barbette.

On comprend, dans cette hypothèse (qui après tout en vaut bien une autre), que le duc d'Orléans et la reine de France aient soupé de bon appétit la veille de la Saint-Clément. Et qu'Isabeau de Bavière se soit montrée d'humeur joyeuse.

Mais c'était compter sans la rancune de Jean sans Peur.

L'affaire s'achève dans le sang pour Louis d'Orléans. Et un certain moine de Saint-Denis, conscient de détenir un secret d'État et de ne le partager qu'avec de rares « familiers » du roi Charles VI et de feu Monseigneur le duc d'Orléans, prend soin de qualifier cette mort de « sans exemple ». Et ce moine de Saint-Denis n'a pas tort : avant Philippe, il n'y a guère d'exemples de *simulacre* de mort princière débouchant sur l'assassinat d'un frère du roi !

Et si l'hypothèse du « simulacre » de la mort du nouveau-né peut être envisagée, on peut tout aussi bien objecter que l'« enfant » dont parle Monstrelet n'est pas forcément de sexe masculin. Au contraire. Deux précautions valant mieux qu'une, en octroyant un prénom masculin à un enfant de sexe féminin, on complique les recherches en cas de « fuites » malencontreuses. On brouille davantage les pistes.

Ce qui expliquerait pourquoi l'abbé Claude de Villaret, en son *Histoire générale de la Maison de France* (1764), rappelle que le mercredi 10 novembre 1407, deux heures après minuit, la reine Isabeau a accouché d'un enfant prénommé Philippe, avant de *modifier* dans des éditions ultérieures ce dernier prénom...

N'oublions pas que Villaret est « secrétaire et généalogiste de Nosseigneurs les Pairs de la Couronne de France ». Évoquant l'enfant enterré le 10 novembre 1407 à Saint-

Denis, il écrit dans une seconde version : « *Jeanne,* qui ne vécut qu'un jour [1] ».

Quel(s) document(s) déterminant(s) avait eu(s) en main ce très officiel généalogiste des pairs de la Couronne de France pour consentir à rectifier ses écrits ? Pourquoi a-t-il remplacé le prénom de « Philippe » (avancé par le Religieux de Saint-Denis) par celui de *Jeanne ?*

Mystère. À moins que Villaret n'ait pris en considération une foule d'indices singuliers. À l'image de la lettre adressée, le 21 juin 1429, par Perceval de Boulainvilliers (chambellan de Charles VII, sénéchal de Berri) à Philippe-Marie Visconti, duc de Milan (beau-père de feu Louis d'Orléans). Évoquant la naissance de Jeanne d'Arc à Domrémy, Perceval écrit : « Dans la nuit de l'Épiphanie, des hommes porteurs de flambeaux avaient troublé la quiétude habituelle. Invités à célébrer l'événement, les villageois, ignorants de la naissance de la Pucelle, allaient çà et là pour s'informer de ce qui était arrivé. Mieux encore, les coqs se mirent à battre des ailes, à chanter pendant des heures comme s'ils avaient le pressentiment de cet heureux événement. »

Si l'on en croit Perceval de Boulainvilliers, Jeanne d'Arc est née le 6 janvier 1408. Sa naissance a coïncidé avec l'arrivée au village de Domrémy d'une troupe d'hommes porteurs de flambeaux. Ces hommes se sont montrés plutôt bruyants : ils ont réveillé les gens du village.

Et comme nos villageois ignoraient la naissance de Jeanne d'Arc, les porteurs de flambeaux les ont gentiment invités à célébrer l'événement. Voilà toute l'histoire.

Une histoire plutôt curieuse. On ne voit pas comment, dans un petit village comme Domrémy, la grossesse d'Isabelle, l'épouse de Jacques d'Arc, ait pu passer inaperçue. À l'époque, on accouche chez soi, en prenant soin de solliciter l'aide d'une voisine faisant office de sage-femme. On accou-

---

1. À la mort de Villaret, ses collaborateurs revinrent, dans une nouvelle édition, à une phraséologie plus classique. Il fut de nouveau question de « Philippe, qui ne vécut qu'un jour ».

che rarement seule. Il y a toujours une « vieille » pour faciliter la délivrance des femmes enceintes, comme pour procéder à l'ensevelissement des morts...

Donc la petite Jeanne est arrivée *avec les porteurs de flambeaux*. En pleine nuit. Venant d'on ne sait où...

Peut-être de Paris. N'est-ce pas moins de deux mois plus tôt qu'est né le petit « Philippe » en l'hôtel de Barbette ? Le 10 novembre 1407. L'année du grand hiver. Car, nous dit Enguerrand de Monstrelet, « en l'an mil quatre cent sept. La gelée dura soixante-six jours, en un tenant si terrible qu'au dégel, le Pont-Neuf de Paris fut abattu en Seine, et que beaucoup d'eaux et de gelées firent de grands dommages en diverses contrées du royaume de France ».

Impossible donc d'entreprendre un voyage de 70 lieues, avec un nouveau-né, dans des conditions atmosphériques aussi déplorables. Les deux mois de « battement » s'expliquent aisément. Les porteurs de flambeaux durent attendre une « météo » plus favorable avant de quitter Paris, emportant la Pucelle d'Orléans vers son nouveau foyer.

Plus tard, lors de son arrivée à Chinon, Jeanne d'Arc — si l'on en croit le témoignage de Béroalde de Verville, qui assista à l'entretien — n'annonça-t-elle pas à Charles VII : « Mon âge se compte par trois fois sept » ? Soit vingt et un ans au début de l'année 1429...

Coïncidence ? En juin 1407, pour la Saint-Jean d'été, une certaine Jeanne d'Arc — veuve de Nicolas et belle-sœur de Jacques d'Arc — est à Paris. Les comptes de l'hôtel Saint-Paul, où réside Charles VI, en témoignent. Jeanne d'Arc est venue offrir au roi des couronnes de fleurs tressées, disposées en chapeau, selon la coutume de l'époque. En remerciement, le roi lui fait remettre une petite somme d'argent. « Dimanche XXIᵉ jour de juin 1407 : Le roy, pour argent donné à une pauvre femme [1] nommée Jeanne d'Arc, qui lui avoit présenté chapeaux. Pour ce, ledit seigneur, illec argent : 18 sols. »

---

1. Nullement péjorative, l'expression « pauvre femme » n'exclut pas la qualité nobiliaire, même dérogée.

Comment Jeanne d'Arc (future tante par alliance de la Pucelle) a-t-elle pu approcher Charles VI ? Par l'entremise de parents. Tout simplement. Mais pas n'importe quels parents ! Guillaume et Yvon d'Arc, respectivement gouverneur et conseiller du dauphin Louis, lequel s'occupera, dès 1408, des affaires du royaume avec sa mère Isabeau... [1].

Car les d'Arc, que l'on nous dépeint, dans les manuels d'histoire, sous les traits de pauvres laboureurs, possèdent des armoiries (antérieures au XVe siècle) : « D'azur, à l'arc d'or posé en fasce, chargé de trois flèches entrecroisées, les pointes ferrues, deux d'or ferrées et plumetées d'argent, la troisième d'argent ferrée et plumetée d'or, au chef d'argent, chargé d'un lion passant de gueules. »

Et des laboureurs portant blasons, ce n'est pas chose courante en France médiévale !

En 1331, la *Gallica Christianisa* mentionne un évêque nommé Jean d'Arc. En 1357, Marie d'Arc épouse Jean, duc de Bourgogne. D'après le chanoine de Longueville, la famille d'Arc est originaire d'Arc-en-Barrois et possède encore de petits fiefs dans cette région vers 1380.

Jacques d'Arc, le « pauvre laboureur », est né en 1375 à Ceffonds, en Champagne, d'une famille d'ancienne chevalerie, hélas ruinée par la guerre de Cent Ans et la peste noire de 1348.

Avant 1400, Jacques d'Arc se marie, se fixe à Domrémy où il loue des terres cultivables. Il déroge...

Son épouse, Isabelle de Vouthon, est également de famille noble et ruinée [2], comptant des alliances flatteuses : Beauveau, Ludres, Nettancourt, Armoises...

En 1419, Jacques d'Arc est doyen de Domrémy. Il commande les archers de la milice locale. Il est fermier général. Il est également procureur général fondé auprès de

---

1. Louis mourra le 18 décembre 1415, à l'âge de dix-neuf ans.
2. On surnomme Isabelle « Romée », en référence à sa mère qui a fait le pèlerinage du Puy (équivalent à celui de Rome).

Robert de Baudricourt, capitaine-châtelain de Vaucouleurs. Ses revenus annuels s'élèvent à cinq mille francs-or...

En confiant « Jeanne-Philippe » à Jeanne d'Arc (présente à Paris en juin 1407), pour la mener chez les d'Arc de Domrémy, Isabeau de Bavière (conseillée par son amant d'Orléans) montre qu'elle a de la suite dans les idées ! Le dauphin Louis — duc de Guyenne et dauphin du Viennois — n'est-il pas confié lui aussi, avant janvier 1408 (date d'arrivée de la petite Jeanne à Domrémy), à la famille d'Arc ? N'a-t-il pas pour gouverneur Guillaume d'Arc, seigneur de Cornillos-sur-Trièves (Isère) ? Et pour conseiller Yvon d'Arc, bailli du Grésivaudan ?

Mais il nous faut parler également de Raoul d'Arc, ancien chambellan de Charles VI, sénéchal de Ruthenensis (Ardennes). Et de Jean d'Arc, « arpenteur du roi pour les bois et forêts au pays de France ».

Le siège d'Orléans

En 1439, quittant Chinon, Jeanne la Pucelle — l'« envoyée de Dieu » — a gagné Poitiers. Elle n'est pas seule. Le roi et la cour l'accompagnent. Jeanne est logée en l'« Hostel de la Rose » (une très belle demeure particulière louée par Jean Rabateau, avocat général du roi).

Une commission extraordinaire, présidée par Mgr Regnault de Chartres, évêque de Reims, grand chancelier de France, interroge la Pucelle. Les interrogatoires s'avèrent satisfaisants. De même, la reine Yolande, belle-mère de Charles VII, assistée de l'épouse de Raoul de Gaucourt, gouverneur d'Orléans, procède-t-elle, sur la personne de Jeanne, à un examen gynécologique. « La Pucelle fut vue, visitée et secrètement regardée et examinée dans les parties secrètes de son corps.

« Après qu'elles eurent vu et regardé ce qui était à regarder en ce cas, la Dame — Yolande — dit et relata au roi qu'elle et ses dames trouvaient que c'était une vraie et entière pucelle en laquelle n'apparaissait aucune corruption ni violence. » (Déposition de J. d'Aulon, P.R.O.)

Désormais, plus rien ne s'oppose à la mission libératrice de Jeanne.

La Pucelle prend la tête d'une armée de 7 000 hommes. Elle marche sur Orléans, le 26 avril 1429, avec à ses côtés : Louis de Coutes, Gilles de Rais, La Hire, l'amiral de Culant...

Pour les 30 000 Orléanais assiégés, la situation est plus que préoccupante. Depuis le 17 octobre 1428, les Anglais bombardent la ville ; ils mettent en action de gros canons, dont le tristement célèbre *Passe-Voulant* qui « gectoit, nous dit le *Journal du siège* [1], pierres pesans quatre vingts livres qui feit moult de dommages aux maisons et édifices d'Orléans ». Le 22 octobre 1428, les Anglais ne tentent-ils pas de prendre les Tourelles ? La population résiste. Les femmes sont à la peine. Elles ne « cessoient de porter... plusieurs choses nécessaires comme eaues, huilles, gresses bouillans, chaux, cendres et chaussetrapes ». L'offensive du 22 est donc repoussée. Mais dès le lendemain les Anglais reprennent leurs bombardements. Ils démolissent le boulevard des Tourelles. Les Orléanais sont contraints d'abandonner leur position. Ledit boulevard « estoit tout myné » et intenable. Privées de cette défense avancée, les Tourelles tombent le dimanche 24 octobre 1428 entre les mains de Salisbury.

Le fort des Tourelles défend alors l'accès méridional du pont donnant sur la Loire. Construit au XIIe siècle — ou plus probablement au XIVe siècle lors des travaux de réfection de l'enceinte primitive —, ce fort doit son nom à ses quatre tours. Dont deux : « Rustiques faictes en pierre de taille à pointe, l'une à faiste, l'autre à demi-faiste, avec porte au milieu, deux porteaux, un guichet de vedecte (guet), deux

---

1. *Le Journal du siège d'Orléans, 1428, 1429, augmenté de plusieurs documents,* publié par Charpentier et Cuissard, Orléans, 1896.

herses et ung pont levis ou barrière volante avec chaisnes... [1] »

Complètement entouré d'eau, le fort est relié à la rive par un pont-levis. En 1428, les Orléanais ont édifié un boulevard (ouvrage de terre maintenu par des fascines et entouré d'un fossé) devant les Tourelles.

En novembre 1428, alors que la ville ne peut plus correspondre avec Bourges, le gouverneur Raoul de Gaucourt applique les consignes données jadis par Charles VII pour empêcher l'ennemi de se retrancher dans les faubourgs d'Orléans. Il fait abattre les églises Saint-Aignan, Saint-Michel, Saint-Avy, la chapelle du Martroy, l'église Saint-Victor, près de la porte de Bourgogne, l'église de « Sainct Michel dessus les foussés », les Jacobins, les Cordeliers, les Carmes, Saint-Pouoir et Saint-Laurent. Les citadins brûlent et démolissent « tous les forsbourgs d'entour leur cité, qui estoit belle et riche chose à veoir avant qu'ilz feussent abattuz ».

Les démolitions se poursuivent jusqu'à la fin du mois de décembre 1428. Tandis que les Anglais ceinturent la ville de « bastilles » et de « boulevards ». Telles les bastilles de Saint-Loup et de Saint-Jean-le-Blanc contrôlant les rives de la Loire.

Le 29 avril 1429, Jeanne la Pucelle, tenant son étendard, entre à Orléans par la porte de Bourgogne. La Hire, Dunois et ses gens l'entourent.

Avec la complicité du fleuve et du vent, Jeanne vient de faire parvenir aux assiégés de pleins bateaux de ravitaillement. On imagine l'accueil que lui réserve la foule orléanaise !

Le 4 mai 1429, la Pucelle et le « Bastart » d'Orléans s'emparent de la bastille Saint-Loup (dégageant ainsi l'accès oriental de la ville). Le lendemain, ils prennent la bastille des Augustins. Le 6 mai, au cours de l'assaut des Tourelles,

---

1. Document cité par Lottin (t. II de ses *Recherches historiques sur la ville d'Orléans*, 1836-1845).

Jeanne est blessée. On la soigne à l'écart. Le désarroi gagne le camp français. Dunois est d'avis d'ordonner le retrait des troupes. Jeanne refuse. Elle consulte ses « voix ». Elle exhorte Dunois à poursuivre l'offensive : « Tout est vostre et y entrez. »

Les Tourelles sont reprises. Les Anglais lèvent le siège dès le dimanche 7 mai. Sous les yeux d'une foule en délire, « se mirent les Angloys à chemin et s'en alèrent bien rengez et ordonnez dedans Meung sur Loire ».

Une retraite quand même moins précipitée que celle d'Attila chassé d'Orléans, en juin 451, par le patrice Actius.

Mission occulte

Nous n'avons nullement l'intention de disséquer l'action guerrière de Jeanne : ce n'est pas l'objet du présent ouvrage. Mais nous nous devons, par contre, de souligner les aspects occultes de sa « mission ».

Jeanne n'est pas la fille d'un simple laboureur. Elle est princesse royale. Son père est Louis d'Orléans, que le peuple accuse volontiers de sorcellerie et que l'on retrouve à l'origine de la condamnation au bûcher d'un certain Jean de Bas, nécromancien et invocateur du diable, au service de Jean sans Peur, duc de Bourgogne. Elle est élevée en Lorraine, une province où pullulent les sorciers, envoûteurs et autres jeteurs de sorts. Sa famille adoptive habite Domrémy, l'une des étapes du pèlerinage sacré qui va de Saint-Odile à la forêt de Fougères, en passant par la forêt de Fontainebleau (fontaine de Bélin) et Chartres (haut lieu sacré des Gaules). Enfant, elle va se recueillir au Bois-Chenu (bois des Chênes) ou au pied de l'Arbre-aux-Fées. C'est là que ses « voix » l'éduquent... [1].

---

1. Des prophéties attribuées à Merlin l'Enchanteur, Bède le Vénérable, Hermine de Reims circulent à l'époque ; toutes affirment qu'une vierge issue des marches de Lorraine va venir délivrer Orléans et rendre son royaume à Charles septième.

De mystérieux instructeurs l'initient également au maniement des armes et à l'équitation. Jeanne dialogue avec
l'archange saint Michel et avec sainte Catherine (qui est
apparue, armée d'une épée flamboyante, à Thibaud IV de
Champagne, l'ami des Templiers). Rappelons que saint
Michel est le patron de la chevalerie et qu'à l'époque, dans
certains milieux monastiques (nous pensons particulièrement aux franciscains), on prend l'habitude de faire précéder
le prénom des frères et des sœurs auxquels on s'adresse par la
formule « saint » ou « sainte ». C'est ainsi que « frère
Michel » se dit « saint Michel »... On peut donc voir en saint
Michel apparaissant à Jeanne pour l'instruire en plein
Bois-Chenu un certain frère Michel, chevalier de son état,
venu familiariser Jeanne avec le maniement des armes, à
l'abri des regards indiscrets[1].

À chacun sa vérité. Pour le peuple — grand consommateur
de merveilleux —, la version de la petite sainte dirigée par
des « voix » venues du ciel est nécessaire et suffisante. Pour
Charles VII et les chefs militaires qui l'entourent (Gilles de
Rais, Dunois, Xaintrailles, La Hire...), la qualité de Pucelle
d'Orléans — authentifiée par certaines pièces irréfutables
(certains « signes ») — et l'importance du *parti* dont elle
défend les intérêts politico-militaires[2] suffisent, après de
banales formalités de Chinon et de Poitiers, à rendre crédible
sa démarche. Jeanne obtient carte blanche. Elle défendra
donc la couronne de Charles VII. En famille. Avec le succès
que l'on sait.

Le 17 juillet 1429, la Pucelle d'Orléans assiste au sacre du
Gentil Dauphin en la cathédrale de Reims. Durant toute la
cérémonie, la Pucelle se tient à la droite du souverain (tandis
que d'Albret, comte de Dreux, porteur de l'épée royale, se
tient à sa gauche). Jeanne est élégamment vêtue de « très

---

1. Dans les temples initiatiques, les arcanes majeurs se transmettent
oralement. Un frère initiateur, ayant revêtu le masque de l'impersonnalité, n'est
plus qu'une « voix ».
2. Tout autant que religieux et traditionnels.

nobles habits de draps d'or et de soie bien fourrée ». Elle a déployé son étendard auprès de l'étendard de France [1].

Pour Pierre de Sermoise (*Les missions secrètes de Jehanne la Pucelle*, Robert Laffont), l'étendard de Jeanne n'est autre que l'emblème des pauvres et du petit clergé, symbole des Frères mendiants (franciscains). Tandis que Jacques Duchaussoy identifie l'étendard déployé à Reims au *Beauçant*, la fameuse bannière des Templiers : « Celle-ci qui portait la devise des Templiers (...) comportait, sait-on, en parts égales du noir et du blanc et une croix rouge. Elle a disparu officiellement depuis la dernière fois où elle fut déployée au sacre de Reims par l'écuyer de Jeanne d'Arc, Jehan de Foucauld qui remplaça exceptionnellement ce jour-là, le jeune page Louis de Coutes, ceci au grand étonnement du " Gentil Dauphin " [2]. »

Les deux thèses ne sont nullement incompatibles. Le *Cercle occulte* qui a initié Jeanne, qui s'est chargé de son éducation (spirituelle et militaire), qui lui a confié un rôle dirigeant — après avoir répandu les prophéties de Merlin l'Enchanteur —, comporte certainement des frères franciscains, à commencer par le frère Pasquerel, secrétaire de la Pucelle. Ce cercle bénéficie également du soutien « opérationnel » d'une certaine aile de la Maison d'Orléans. Il compte parmi ses affiliés des religieux, des militaires, des diplomates. Il se réfère à la tradition celtique tout autant qu'à la tradition templière. Les instructeurs de Bois-Chenu ayant joué auprès de Jeanne le rôle tenu par saint Bernard auprès des amis d'Hugues de Payns.

Et religieux, militaires, diplomates (tout autant que banquiers et bâtisseurs), les Templiers le furent. Comme nombreux furent les Templiers qui échappèrent aux hommes de Philippe le Bel. À commencer par la hiérarchie secrète et le

1. Normalement, devant l'étendard de France, conformément aux usages, celui de Jeanne eût dû se tenir replié.
2. Jacques Duchaussoy, *À la recherche de la parole perdue* (Omnium-littéraire, éditeur).

cercle intérieur de l'ordre. Tandis qu'archives et trésors rejoignaient des caches sûres. Dans l'attente de jours plus propices...

Si les aspects « celtiques » de l'épopée de Jeanne ne manquent pas, de Bois-Chenu au fameux *signe* évoqué par Haimond de Macy lors du procès en révision : une croix dans un cercle (le *cercle quarté* de la tradition celtique et de la tradition templière [1]), les indices éminemment « templiers » ne font pas davantage défaut. Du Beauçant exhibé, selon d'aucuns, lors du sacre de Charles VII à un certain anneau d'argent que la Pucelle portait au doigt. Anneau qui lui aurait été donné par son père ou sa mère (c'est du moins ce que Jeanne déclara à l'évêque Cauchon) et dont elle *fit don*, avant son exécution, à Henri de Beaufort, un Plantagenêt, cardinal de Winchester et d'Angleterre.

Dans son passionnant ouvrage *Drames et secrets de l'Histoire* (Robert Laffont), Robert Ambelain précise : « Jean de Beaufort l'offrit au petit roi Henri VI, lui qui déclarait tant aimer Jeanne, et à la mort de celui-ci, un musée hérita du précieux objet. Au XIXᵉ siècle, la bague fut confiée au conservateur du British Museum de Londres. Puis en 1947, on ne sait pourquoi, mais ce qui jette un jour étonnant sur la sûreté des musées britanniques, l'anneau de la Pucelle fut acheté au cours d'une vente aux enchères par un Anglais, le docteur James Hasson, de Londres.

« Et au cours de l'année 1953, M. Jean Favre, maire de La Turbie (Alpes-Maritimes), qui était en rapport depuis plusieurs années avec son nouvel acquéreur, annonça que l'anneau de Jeanne allait revenir en France. En fait, il fut exposé du début avril 1953 au mois d'avril 1954, dans la chapelle Saint-Jean, à La Turbie.

« Nous l'avons examiné dans le cours du mois d'août 1953. Il s'agissait d'un anneau d'argent large d'environ 5 à

---

1. Jeanne usait de deux types de signature : le cercle et la croix ; le premier symbolisait la vérité, l'homme nouveau, et le second le mensonge, le vieil homme. Leur superposition constituant le cercle quarté.

6 millimètres, épais de 2 millimètres au plus. À l'extérieur, se lisait l'inscription Jhesus + Maria, les deux mots séparés par une *croix pattée*, comme il en fut toujours pour séparer les mots des noms divins dans les cercles opératoires de la magie cérémonielle, et analogue à celles qui ornaient les manteaux de l'ordre des Templiers... »

Le château de Bouvreuil

Le 4 septembre 1429, Jeanne s'apprête à partir à l'assaut des murailles de Paris. Elle passe quatre jours dans la petite église de la chapelle Saint-Denis à prier sainte Geneviève, patronne du royaume de France. Le 8 septembre, vers dix-huit heures, devant la porte Saint-Honoré, la Pucelle est grièvement blessée à la jambe par un arbalétrier (qui la traite de paillarde et de ribaude). Ses « voix » l'ont-elles mal conseillée ? Toujours est-il que la Pucelle échoue piteusement devant Paris. Cet échec réconforte l'Université et les bourgeois parisiens qui font célébrer une messe solennelle à Notre-Dame « pour remercier Dieu (soudain redevenu anglais) de n'avoir pas permis à la Pucelle de prendre la ville au moment du siège qu'elle en fit ».

Fin juillet, Jeanne est à Bourges. Elle passe Noël à Jargeau. Elle rejoint ensuite Orléans. En mars 1430, elle séjourne au château de Sully-sur-Loire, chez son ami La Trémoille. En mai de la même année — abandonnée par le roi Charles VII (étant donné, souligne Mgr Renault de Chartres, qu'elle « s'était constituée en orgueil, à cause de ses riches habits (...) et qu'elle faisait tout à son plaisir, et non selon la volonté de Dieu ») — Jeanne tente de sortir de Compiègne où elle s'est enfermée, croyant la ville menacée. À peine est-elle sortie, pour une attaque surprise, que les cloches se mettent à sonner. Jeanne est capturée peu après. Lors de son procès, elle déclarera à propos des cloches : « Si on les sonna, ce ne fut point par mon commandement, mais à mon insu... Je ne savais pas que je serais prise. Je n'eus (par les « voix »)

223

d'autre commandement que de sortir. Mais il m'avait toujours été dit qu'*il fallait que je fusse prisonnière...* »

Commence alors pour Jeanne une longue période de captivité (capturée par Lionnel de Wandonne, la Pucelle est remise à Jean de Luxembourg, suzerain du premier). Elle est tout d'abord enfermée à la forteresse de Beaulieu-en-Vermandois. Puis on la transfère au château de Beaurevoir.

À Beaulieu, Jeanne tente de s'échapper. Elle confiera lors de son procès avoir demandé à ses « voix » la permission de s'évader : « Je l'ai demandée plusieurs fois, mais je ne l'ai pas encore !... *Sans congé, je ne m'en irai pas.* »

Doit-on en conclure que le *cercle occulte* qui manipule Jeanne compte, parmi ceux qui la retiennent captive, certains affiliés ?

Pourquoi les « voix » ont-elles jugé utile (voire indispensable) que Jeanne soit faite prisonnière (comme elle l'avouera elle-même à ses juges) ? Au nom de quels intérêts supérieurs ?

Nous savons simplement que ces intérêts sont franco-anglais. Et ce n'est pas un hasard. L'ordre du Temple a bénéficié, moins d'un siècle et demi plus tôt, de solides amitiés en France et en Angleterre...

Après quatre mois de détention au château de Beaurevoir, Jeanne est transférée à la forteresse maritime du Crotoy. Elle fait entre-temps halte à Arras où elle reçoit la visite de Jean de Naviel, clerc originaire de Tournai, qui lui remet vingt-deux couronnes d'or, et la visite de Jehan de Précy, secrétaire personnel de Philippe le Bon, avec lequel elle a un entretien en tête à tête.

En novembre, l'évêque Cauchon, agissant pour le compte de Bedford (et selon les intérêts d'Isabeau [1]), négocie la remise de la Pucelle contre rançon de 10 000 livres, évitant ainsi à Jeanne de tomber entre les mains de l'université de Paris !

---

1. Qui ne souhaite pas la seconde mort de « Philippe ».

Le 20 décembre, Jeanne quitte le Crotoy en compagnie d'une escorte. La petite troupe traverse la Somme à marée basse, puis Saint-Valéry, Vaudricourt, Bourseville et gagne — par la chaussée de Picardine — la forteresse d'Eu (où elle fait halte pour la nuit). Le lendemain, elle trouve refuge au château d'Arques. Puis à Saint-Germain-sous-Cailly.

Jeanne, escortée de ses hommes d'armes, ne parvient à Rouen que dans la soirée du 23 décembre. C'est dans cette ville que le duc de Bedford, oncle du petit roi d'Angleterre et régent de France, a installé son gouvernement [1].

La Pucelle est aussitôt emprisonnée au château de Bouvreuil.

De ce château, élevé par Philippe Auguste (1205), sur une colline — à l'emplacement d'un amphithéâtre romain —, il ne subsiste de nos jours que le donjon. Grâce à un manuscrit sur parchemin, dû au talentueux échevin Jacques Le Lieur (manuscrit composé en 1525), et à un plan tiré en 1575 par Belleforest, il est possible de décrire la forteresse telle que la découvre Jeanne, en cette fin décembre 1430.

Huit tours — dont la plus massive constitue le donjon — arment l'enceinte que protège également un large et profond fossé. On accède à la forteresse par deux portes dotées de ponts-levis. L'une donne sur la ville, l'autre sur la campagne. C'est par cette dernière que Jeanne fait son entrée au château de Bouvreuil. Avant d'être emprisonnée dans le donjon ou Grosse Tour.

Magnifique construction cylindrique intégrée à l'enceinte, protégée par un fossé que surplombe un pont-levis, la Grosse Tour — haute de 35 mètres à l'origine — repose sur un soubassement plein en forme de tronc de cône [2]. Elle possède trois étages (dont le dernier sera entièrement reconstruit au XIXe siècle sous la direction de Viollet-le-Duc). Elle est coiffée

---

1. Dès 1419, après un siège héroïque.
2. Sa circonférence est aujourd'hui de 46 mètres à la base, pour un diamètre de 14,95 mètres.

d'un toit en poivrière garni de hourds. Ce toit sera par la suite détruit et remplacé par une terrasse crénelée.

Jeanne est vraisemblablement enfermée dans la chambre du premier étage.

Le 3 janvier 1431, à la demande du régent, Henri VI ordonne aux geôliers de Jeanne de mettre la prisonnière à la disposition de l'évêque Cauchon « toutes et quantes fois qu'ils en seront par lui requis ». Mais l'ancien agent diplomatique d'Isabeau de Bavière juge insuffisant le contenu de l'ordonnance royale ; il réclame le transfert de Jeanne dans une prison ecclésiastique. Accusée d'hérésie, Jeanne est justiciable de l'Église. Il appartient donc aux juges religieux de conduire le procès et d'assurer la garde et la sécurité de l'accusée.

On parvient à un compromis : Jeanne quitte le donjon mais... reste au château de Bouvreuil. Elle est transférée dans une autre tour. Les clefs de sa nouvelle cellule sont confiées à Pierre Cauchon de Sommièvre sous l'autorité duquel sont placés, désormais, les nouveaux geôliers de la Pucelle : John Grey, écuyer du roi, John Bervoit et William Talbot.

D'aucuns pensent être parvenus à identifier, parmi les huit tours de la forteresse de Bouvreuil — en se fondant sur des témoignages précisant que le nouveau lieu de détention de la Pucelle se trouvait « vers les champs », près de la « porte de derrière » —, celle où Jeanne fut transférée deux mois après son arrivée à Rouen.

Le *Livre des fontaines* de Jacques Le Lieur nous présente cette tour telle qu'on pouvait encore l'observer au début du XVIe siècle : ronde, comportant trois étages percés de meurtrières, s'achevant par une plate-forme garnie de mâchicoulis et coiffée d'un toit pointu. Elle fut abattue en 1809, lorsqu'on aménagea le jardin des Ursulines. Un siècle plus tard, des fouilles perpétrées à son emplacement ont permis de connaître ses dimensions (approximatives) à la base : 9,80 mètres de diamètre et 2 mètres d'épaisseur de muraille. On peut d'ailleurs observer quelques vestiges de cet ouvrage cylindrique dans la cour de l'immeuble du 102, rue Jeanne-d'Arc...

On s'accorde à dire que Jeanne fut enfermée au premier étage de la tour, dite Vers les champs. Selon le témoignage de l'huissier Jean Massieu, on accédait à la cellule de la Pucelle par un degré de huit marches (à partir de l'escalier ?). Et toujours selon Massieu : « De nuyt, elle (Jeanne) estoit couchée ferrée par les jambes de deux paires de fer à chaisne, et attachée moult estroitement d'une chaisne traversante par les piedz de son lict, tenante à une grosse pièce de boys, de longueur de cinq pieds, et fermante à clé ; parquoy ne pouvoit mouvoir de la place. »

Le mercredi 21 février, Jeanne quitte sa cellule. Escortée de ses geôliers, elle descend l'escalier à vis, traverse la cour du château, gagne les vastes bâtiments royaux adossés au rempart entre la tour de l'Horloge et la tour du Coin de la chapelle (angle des rues Horand et Faucon). À la suite de l'huissier Jean Massieu, la Pucelle rejoint la chapelle sise au premier étage. C'est là qu'a choisi de siéger — pour cette première séance solennelle — le tribunal ecclésiastique. Par la suite, celui-ci occupera la *chambre du parement* — donnant sur les appartements royaux et la Grande Salle où se tiennent les états de Normandie. Toutefois, pour mener certains interrogatoires (du 10 au 25 mars ; du 31 mars au 18 avril), les juges se rendront dans la « geôle » de Jeanne.

Le mercredi 9 mai, changement de ton et de décor : Jeanne est conduite au donjon. Dans la salle basse où officient les bourreaux. Au milieu des carcans, des chevalets et des brodequins. On menace la Pucelle des pires tortures, mais — fort heureusement — on se garde de passer aux actes ! Et Jeanne quitte la salle basse sans avoir à déplorer le moindre sévice. Grâce à la protection de Cauchon.

Aujourd'hui, on peut encore observer cette salle basse dans l'état où Jeanne la découvrit (sans trop s'attarder, pour cause de grand émoi, sur sa belle voûte d'ogives à six nervures reposant sur de petits culots et aboutissant à une clef de voûte centrale timbrée des armes de France)...

Le 30 mai 1431, une prisonnière au visage « embronché [1] », d'après la chronique de Perceval de Cagny (XVe siècle), quitte, au milieu d'une escorte de 120 hommes, le « chastel » par la porte « de derrière ». Il est environ neuf heures du matin.

Le cortège emprunte très probablement la rue du Sacre, puis celle du Moulinet, en direction du carrefour Pot-de-Cuivre. Ce sera ensuite le tour des rues Dinanderie, Bons-Enfants, Écuyère, Vieille-Prison et, enfin, l'arrivée place du Vieux-Marché. Une place noire de monde. Dont les hostelleries (bondées) exhibent des enseignes réputées : Dieu d'Amours, l'Aigle d'Or, le Plat d'Étain, le Mouton Rouge, la Couronne...

Dans les aîtres de l'église Saint-Sauveur, deux tribunes ont été dressées. L'une est occupée par les juges ecclésiastiques, l'autre par des personnalités diverses : les évêques de Beauvais, de Noyon, de Norvich, Louis de Luxembourg...

On a pris soin d'adosser une estrade à la halle pour que la condamnée puisse ouïr le sermon de Nicolas Midi. Non loin du bûcher établi sur un socle de plâtre.

C'est là que « Jeanne fut cruellement brûlée et suffoquée », nous dit la sentence de réhabilitation (7 juillet 1456).

Quelle Jeanne ? Nous n'en savons rien. Mais nous avons le choix entre Jeanne-la-Turquenne, Jeanne Vanneril, Jeanne-la-Guillorée [2].

Car la Pucelle d'Orléans ne s'est point rendue place du Vieux-Marché, le mercredi 30 mai 1431. C'est ce que nous confirme le *Journal d'un bourgeois de Paris* (manuscrit découvert aux archives du Vatican) : « Un frère de l'ordre de Saint-Dominique, qui était inquisiteur et maître en théologie (il s'agit de Jean Graverend, grand inquisiteur de France,

---

1. Couvert, dans le sens de voilé, dissimulé.
2. Dont les noms figurent sur les *livres des comptes des domaines*, parmi ceux des sorcières brûlées à Rouen (entre 1430 et 1432), avec le prix des bois et les salaires du bourreau.

lequel témoignera en faveur de Jeanne lors du procès de réhabilitation !), fit une prédication. Le prédicateur dit encore qu'elle (Jeanne) avait abjuré et qu'on lui avait infligé comme pénitence *quatre ans de prison* au pain et à l'eau, dont elle ne fit pas un jour [1]... Elle se faisait servir comme une Dame. » Et l'Anglais William Caxton de révéler en sa *Chronique d'Angleterre* (1480) qu'après la comédie du bûcher la Pucelle était demeurée prisonnière neuf mois durant.

Rappelons que les traces d'un puits sont toujours visibles au 102, rue Jeanne-d'Arc. À l'emplacement de la tour Vers les champs du château de Bouvreuil. Ce puits communiquait par un souterrain à la tour Jeanne-d'Arc (ou donjon). C'est probablement par ce souterrain que la Pucelle s'est échappée de Rouen — avec la complicité de ses « voix » et celle de Cauchon — le matin du 30 mai 1431, une fois la substitution (avec l'une des trois Jeanne) opérée...

Dix-sept jours auparavant (le 13 mai), Richard de Bauchamp, comte de Warwick, a offert un banquet à Louis de Luxembourg, évêque de Thérouanne (chancelier de France), Pierre Cauchon, évêque de Beauvais, Jean de Mailly, évêque de Noyon, le comte Jean de Luxembourg, deux chevaliers bourguignons et un émissaire du duc Amédée VIII de Savoie : Pierre de Menthon, connu pour ses talents de diplomate.

Ce même Pierre de Menthon qui possède à Lavagny-Gorges-du-Fier, non loin d'Annecy, un château fort : le château de Montrottier. Un château ceinturé de rochers à pic, dont le donjon comporte une salle, dite « Chambre de l'alchimiste ». Et une autre salle, dite *Prison de la Pucelle !* Or d'après une légende locale [2], une jeune fille aurait été enfermée dans cette prison « pour ne pas avoir voulu se prêter aux exigences de son seigneur, et aurait marqué ses

---

1. Au pain et à l'eau ?
2. Rapportée par Joseph Géraud en sa plaquette *Le château de Montrottier*, publiée à Annecy (1949).

jours de captivité par des traits sur l'embrasure de la fenêtre de sa logette [1] ».

Lesdits « traits » semblent indiquer que la période de détention de *la Pucelle* a couvert les années... 1431-1432 à 1436 !

Nous ne sommes donc pas loin des quatre ans d'emprisonnement dénoncés par l'inquisiteur dominicain dans le *Journal d'un bourgeois de Paris*. Et auxquels nous nous devons d'ajouter, pour faire bonne mesure, les neuf mois de détention dont parle William Caxton.

Décidément, la Pucelle d'Orléans n'a pas fini de nous étonner !

---

1. Un tel motif d'emprisonnement a dû satisfaire la curiosité des gens du pays ; d'autant qu'à l'époque il valait mieux ne pas trop se mêler des affaires de son seigneur.

XIII

TIFFAUGES
ET GILLES DE RAIS

Le château de Barbe-Bleue

Bâti sur un éperon de granit, à une quarantaine de kilomètres au sud de Nantes — un peu à l'écart de la route qui va de Poitiers à Nantes —, le château de Tiffauges s'élève en terre vendéenne. À la frontière du Maine-et-Loire. Non loin de la Loire-Atlantique. Protégé par la Sèvre nantaise et la petite rivière de la Crume, il servait jadis de poste frontière entre le Poitou et la Bretagne.

En 54 av. J.-C., César élève un *castrum* à l'emplacement de Tiffauges. Près de deux siècles plus tard, l'empereur Hadrien — au cours d'une tournée d'inspection — y fait halte. En l'an 400, les Bretons du roi Conan, en lutte contre l'envahisseur romain, franchissent la Sèvre à Tiffauges et enlèvent le castrum. Honorius réagit. Il dépêche une nouvelle légion dans la Gaulle de l'Ouest. Cette légion vient à bout des troupes de Conan et récupère le castrum (qu'elle fortifie).

En 480, l'empereur Nepos, qui ne sait plus à quel enfant de Jupiter se vouer pour endiguer les invasions barbares, cède l'Aquitaine aux Wisigoths. Les légionnaires romains en garnison à Tiffauges sont licenciés sur place ; ce sont des

Teiphaliens (originaires du Caucase). Ils font souche et donnent leur nom à la contrée. En 843, les Normands remontent la Sèvre nantaise et ravagent la région de Tiffauges. Pour se protéger des expéditions punitives, les descendants des Teiphaliens construisent un refuge fortifié auquel ils apportent, progressivement, des transformations importantes.

À la fin du XIe siècle, le château de Tiffauges appartient aux puissants vicomtes de Thouars. C'est vraisemblablement le sire Geoffroy de Thouars qui donne (au début du XIIe siècle) le signal de la construction du château actuel.

Le 22 novembre 1420, la jeune Catherine de Thouars — fille de Milet de Thouars et de Beatrix de Montjean — est enlevée par son cousin Gilles de Rais. Ce dernier, profitant de l'absence de Milet (parti combattre en Champagne), enlève Catherine et l'épouse discrètement le 30 novembre de la même année. Un mariage d'autant plus scandaleux qu'il est célébré en l'absence du père de la mariée (dont on s'est bien gardé de solliciter le consentement) et que les époux sont cousins. Or l'Église interdit expressément les mariages entre cousins. L'évêque d'Angers, Hardouin de Bueil réagit. Il envoie au sire Jean de Craon — tuteur et grand-père de Gilles — les sommations d'usage. Mais il en faut plus pour émouvoir Craon. Ce dernier ne tient aucun compte de l'anathème de l'évêque. Il en appelle au pape. Tout simplement. Il envoie un ambassadeur à Rome pour attirer l'attention du Saint-Père sur le fait que la jeune Catherine est enceinte des œuvres de Gilles et qu'il y aurait grand dommage à annuler un mariage aussi largement consommé. L'ambassadeur rappelle également que les nouveaux époux appartiennent à des familles qui se sont illustrées lors des croisades et ont versé leur sang en Terre Sainte. Pour aider le Saint-Père à prendre une décision objective, il prend soin de lui remettre une obole substantielle. Le pape prononce donc son jugement : le mariage est annulé (pour faire plaisir à l'évêque d'Angers), mais un nouveau mariage devra être bientôt célébré (pour faire plaisir à Jean de Craon). Nouveau mariage qui a lieu le 22 juin 1422 [1]. Et que célèbre, en grande pompe, Hardouin de Bueil !

Peu après, Milet de Thouars est tué au siège de Meaux.

Gilles de Rais, seigneur de Machecoul, de Saint-Étienne-de-Mer-Morte, de Pornic, de Prinçay, de Vue, de l'île de Bouin, de Blaison, de Chemillé, de Fontaine-Milon, de Grattecuisse, d'Ambrières, de Saint-Aubin-Fosse-Louvain, de Maurière, de La Mothe-Achard, s'apprête (grâce à Catherine de Thouars) à entrer en possession des terres de Savenay, de Pouzauges, de Chabanais, de Confolens, de Châteaumorand, de Lombart, des Grez-sur-Maine et de Tiffauges.

Le château fort de Tiffauges est alors dépourvu de boulevard (ou défense avancée). Ce n'est qu'à la fin du XVᵉ siècle et au début du XVIᵉ siècle que seront construits le boulevard, la tour Ronde, la tour du Vidame et le château intérieur.

Tiffauges se compose de la barbacane ou porte d'entrée, du donjon, de la chapelle et de l'enceinte extérieure (pour ce qui est des constructions remontant au XIIᵉ siècle). Le donjon, carré, de 18 mètres de côté, a été érigé sur ordre de Geoffroy de Thouars. On y accède par une chambre sise à l'intérieur de la barbacane. Pour franchir cette dernière, il faut passer sous une voûte en arc surbaissé, après avoir triomphé d'une porte solide et d'une herse de fer (la rainure dans laquelle coulissait cette herse est encore visible aujourd'hui). Par la porte nord de la barbacane, on débouche sur un chemin menant à l'intérieur de la grande enceinte. Le mur ouest du donjon — impressionnante paroi granitique — est dépourvu d'ouvertures (exception faite d'une minuscule croisée à 20 mètres du sol). L'angle nord-ouest est flanqué d'un contrefort aplati auquel se raccorde le mur de la seconde enceinte (XIVᵉ siècle). L'angle nord-est est flanqué du Châtelet également construit au XIVᵉ siècle. De nos jours, on peut distinguer dans le mur nord du Châtelet les rainures où glissaient les chaînes du

---

1. Malgré la grossesse imaginaire de Catherine.

**LE CHATEAU
DE TIFFAUGES**

1 - CHÂTELET

2 - TOUR DU PERTHUIS

3 - DONJON

4 - PUITS DE LA FÉE

5 - CHAPELLE

6 - MOTTE

7 - CHATEAU XVIᵉ

8 - TOUR DU FOUR

9 - TOUR RONDE

10 - TOUR DU VIDAME

pont-levis. De même, le bloc de maçonnerie couvert de lierre au milieu du fossé (comblé) servait-il d'appui au pont-levis. Tandis qu'une passerelle de bois (fixe) reliait ce bloc d'appui au bord extérieur du fossé.

Vers 1520, pour mieux défendre la digue bâtie sur la Crume, Louis de Vendôme, vidame de Chartres, fit élever la tour du Vidame. Tandis que le plateau, toujours ceinturé de ses murailles et de ses tours, recevait une nouvelle construction : le château intérieur. Incontestablement l'une des plus formidables réalisations architecturales du XVIᵉ siècle, la tour du Vidame protégeait l'accès d'un barrage de 50 mètres retenant prisonnières les eaux de la Crume (torrentielles en période de grandes pluies), favorisant ainsi l'alimentation des douves taillées à même le rocher. Au XIXe siècle, on a partiellement détruit cette digue pour supprimer l'important plan d'eau qui empêchait l'aménagement, en amont, de la route reliant Tiffauges à Montaigu.

Lorsqu'on visite le plateau ceinturé de douves, on remarque à peine la coiffe dentelée de la tour du Vidame. Posée au pied de la falaise abrupte, la tour due au descendant de Jean de Vendôme (second époux de Catherine de Thouars) se doit d'être admirée depuis la vallée en contrebas. Mais on la visitera par le plateau, en empruntant le chemin de ronde (couvert) desservant les mâchicoulis. Au nombre de 38, portés par des encorbellements de plus d'un mètre de long, surmontés d'un mur plein percé de cinq embrasures, les mâchicoulis s'alignent sur un plan semi-circulaire. Signalons l'acoustique remarquable du chemin de ronde. Quoique séparées par plusieurs mètres de maçonnerie, deux personnes placées à chacune des extrémités du chemin de ronde peuvent converser ensemble *en chuchotant*. De même, l'escalier à vis qui dessert les deux salles superposées de la tour s'articule-t-il sur une colonne creuse dotée d'ouvertures faisant office d'interphone pour la transmission des ordres.

Depuis l'étage des mâchicoulis, en descendant les 21 premières marches de l'escalier à vis, on débouche dans la salle supérieure qu'éclaire une fenêtre à croisillons donnant sur la baille. Une cheminée fait face à la fenêtre. Deux meurtrières, percées à l'est et à l'ouest, facilitent le guet et le tir à l'arbalète. 33 marches. On pénètre dans la salle inférieure, elle-même séparée par 33 marches de la poterne basse. Au bas de la tour coule la Crume. La digue qui formait au XVIe siècle un étang défensif au flanc ouest du château et alimentait les douves n'a disparu qu'à demi. Ses restes — encore impressionnants — sont couverts de végétation.

Une imposante courtine relie la tour du Vidame à la tour

Ronde (XVe siècle). Comme au Coudray-Salbart [1], une « gaine » est ménagée dans l'épaisseur de la courtine : long d'une vingtaine de mètres, large d'un peu plus d'un mètre, ce couloir voûté muni d'embrasures de tir permettait aux défenseurs de se déplacer rapidement et sans risque vers les points menacés.

Recherches alchimiques

En 1425, Charles VII charge Jean de Craon de gagner le duché de Bretagne à la cause du roi de Bourges [2]. Entreprise couronnée de succès. Yolande d'Aragon demande alors à Craon de protéger son fief d'Anjou menacé par une invasion anglaise.

Pendant ce temps, Gilles de Rais fait ses premières armes avec les fameux combattants que sont La Hire, Boussac, La Fayette, Ambroise de Loré, Beaumanoir. Il participe aux sièges de Ramefort, Malicorne et Le Lude.

En mars 1429, il est à Chinon lors de l'arrivée de la Pucelle. D'après le chroniqueur Enguerrand de Monstrelet : « Et lorsqu'elle (Jeanne) vint devers le roy, estoient à court le duc d'Alenchon, le marissal de Raix et plusieurs autres grands seigneurs et capitaines, avec lesquelz le roy avoit tenu conseil, touchant le fait du siège d'Orlyens. Et s'en alla tost aprez avec ly celle Pucelle de Chinon à Poitiers où il ordonna que ledit marissal menroit vivres et artillerie et autres besongnes necessaires audit lieu d'Orlyens à puissance. »

Gilles se rend à Poitiers. Il participe ensuite à la marche sur Blois, aux côtés de Jeanne et d'Ambroise de Loré. Selon Perceval de Clagny, Gilles contribue — le 4 mai 1429 — à la

---

1. Construit par Mélusine.
2. Depuis la mort de Charles VI (21 octobre 1422) et le désastreux traité de Troyes, la Bourgogne et la Bretagne sont passées à l'alliance anglaise, Bedford et Richemont ayant épousé les filles de Philippe le Bon.

prise de la bastille Saint-Loup à Orléans. Puis il aide la Pucelle à s'emparer de Jargeau. Le huitième compte de Guillaume Charrier, receveur général des finances, mentionne une somme de 1 000 livres [1] remise par Charles VII à « messire Gilles de Rais, conseiller et chambellan du roy nostre sire et mareschal de France » pour avoir repris, en compagnie de la Pucelle, la ville de Jargeau que « tenoient les Anglois ».

Gilles est à Beaugency et à Patay (où Talbot est fait prisonnier tandis que les Anglais perdent 2 000 hommes). Il reprend Troyes et Chalons. Le 16 juillet, il entre à Reims. Le 17 juillet, il assiste au sacre de Charles VII après avoir été chargé — insigne honneur — de rapporter de l'abbaye de Saint-Rémy la sainte ampoule dont le chrême (depuis Clovis) sert à oindre et sacrer les rois de France.

Le 8 mai, Gilles participe aux côtés de Jeanne à l'assaut fatidique de la porte Saint-Honoré. Il ne suit pas la Pucelle à Compiègne où elle est faite prisonnière. En décembre 1430, il est à Louviers. Selon Marchegay et l'abbé Bossard, il tente un coup de main pour arracher la Pucelle des griffes anglaises. En 1432, Gilles fait lever le siège de Lagny. Un an plus tard, il rentre en Bretagne. Il s'apprête à créer le personnage de Barbe-Bleue. Pour l'abbé Bossard, le « véritable Barbe-Bleue est (...) Gilles de Rais, égorgeur de femmes et d'enfants, jugé pour ses crimes et brûlé à Nantes. Voilà ce qui a survécu même après l'apparition du comte de Perrault. Voilà ce qui remonte bien au-delà du XVIIe siècle »...

Loin de la cour de Charles VII, loin des champs de bataille, Gilles de Rais se découvre une nouvelle passion : l'alchimie.

Un jour que le maréchal de France visite une prison, à Angers, un chevalier enchaîné dans un cul-de-basse-fosse lui remet un mystérieux grimoire. Gilles étudie ce grimoire et fait libérer notre chevalier qui s'installe à Tiffauges. Débute alors

---

1. Somme considérable à l'époque.

une série d'expériences hermétiques non couronnées de succès [1].

Gilles charge ensuite l'un de ses hommes de confiance, Eustache Blanchet, de ramener à Tiffauges des adeptes de l'Art d'Hermès. Blanchet se rend en Allemagne et en Italie. Muni de fonds inépuisables. Il ramène François le Lombard, Antoine de Palerme, Thomas Onafrasimus. Et bien d'autres. De leur côté, Gilles de Sillé et Roger de Bricqueville ne restent pas inactifs. Ils contactent, eux aussi, des chevaliers de la pierre d'or. Des bons et des moins bons. Tel cet « orfèvre » que l'on découvre ivre mort dans son laboratoire ! Ou le Poitevin Jean de La Rivière qui invoque le diable à la lisière d'un bois, se fait remettre vingt écus ou réaux d'or avant d'aller quérir à Poitiers de coûteux ustensiles dont le châtelain de Tiffauges ne verra, bien entendu, jamais la couleur : La Rivière ayant « oublié » de rentrer à Tiffauges.

En 1438, Blanchet ramène de Florence, à l'issue d'un de ces voyages qui ne souffrent pas de questions, l'aventurier François Prelati. Né à Montecatini, près de Pistoia, dans le diocèse de Lucques, Prelati a fait des études religieuses, reçu la tonsure cléricale de l'évêque d'Arezzo avant de s'adonner à la géomancie et à l'alchimie sous la direction du médecin florentin Jean de Fontanel. Il mélange allègrement satanisme et magie cérémonielle. Avec Prelati, à Tiffauges, les longues soirées d'hiver ne risquent pas d'être ennuyeuses ! Dès son arrivée au château de Gilles de Rais, le Florentin trace des cercles magiques, fait brûler de l'encens, de la myrrhe, des graines d'aloès, multiplie les invocations à Barron, Satan, Bélial et Belzébuth...

Il devient de plus en plus exigeant. Après avoir sacrifié des pigeons, des colombes, des tourterelles, le voilà qui réclame la main, les yeux et le cœur d'un enfant. (Confession de Gilles au procès canonique, séance du 22 octobre 1440.) Poussant le châtelain de Tiffauges à occire des centaines de garçonnets,

---

1. Au début des *Noces chimiques*, Christian Rose-Croix n'est-il pas enchaîné dans une tour ?

afin de recueillir, confie Enguerrand de Monstrelet, « partie de leur sang : duquel on escrivoit livres où il y avoit conjurations diaboliques et autres termes contre notre foy catholique... »

Le docteur Jules Regnault soutient qu'on découvrit au château de Tiffauges les ossements de plus de 200 victimes. Dans son *Histoire de France*, Michelet cite le chiffre de 140 suppliciés. Tandis que Bossard, Bernelle et Huysmans estiment qu'il n'est pas à priori impossible que Gilles ait exterminé 800 enfants.

L'information faite par le commissaire du duc de Bretagne [1] *sur les crimes de Gilles de Rais*, dont l'original figure aux Archives départementales de la Loire-Inférieure (E. 189), comporte des témoignages accablants. Des dépositions de parents déplorant la disparition de leurs enfants, à l'instar de Jehan Bernart, Georget le Barbier ou Jehan Meugnier. Dépositions dans lesquelles les historiens ont abondamment puisé. Et ils ont eu raison, nos historiens. Mais peut-être auraient-ils dû insister davantage sur le fait qu'à l'époque « des bruits courent. On dit que *les Anglais* font des razzias de petits garçons et les envoient en Angleterre pour les y élever en guise d'Anglais. Et d'ailleurs c'est vrai. Cela s'est produit pour des milliers d'enfants, peut-être des centaines de mille. On dit aussi que des partis français, de leur côté, enlèvent des enfants, justement pour pouvoir les vendre aux Anglais ou les offrir dans le marchandage des rançons, en tel ou tel nombre contre tel prisonnier notoire. Plus d'un seigneur retenu en Angleterre a été ainsi payé plus que son poids de chair humaine [2] ».

Gilles de Rais est un monstre. C'est chose entendue. Jules Michelet l'appelle « la bête d'extermination ». Rappelons cependant que la bête fait ses pâques, projette de se rendre en pèlerinage à Jérusalem, se rend sans combattre — elle qui a été faite maréchal de France pour son comportement

---

1. Jehan de Touscheronde.
2. Michel Bataille, *Gilles de Rais*, éditions Planète.

héroïque sur les champs de bataille —, alors qu'elle aurait pu, ce 14 septembre 1440, soutenir un long siège, bien abritée derrière les murailles et le pont-levis de Machecoul...

Rappelons que le 8 octobre, devant le défilé des témoins à charge, Gilles de Rais hurle aux juges ecclésiastiques qu'il est et demeure *un vrai chrétien*. Il a récusé la validité du tribunal qui prétend le juger, clamé son innocence (malgré les accusations de ses serviteurs Sillé, Bricqueville, Henriet, Poitou, Romulart, Buschet et Rossignol), nié avoir jamais tué et sodomisé quelqu'un. Il ira même jusqu'à traiter l'évêque de Nantes et le vice-inquisiteur de « simoniaques » et de « ribauds » !

Lors d'une ultime entrevue avec Prelati, Gilles s'écriera : « Adieu, Françoys mon amy ! Jamais plus ne nous entreverrons en cest monde : je prie a Dieu qu'il vous doint bonne pacience et cognoissance, et soyez certain, mais que vous ayez bonne pacience et esperance en Dieu, que nous nous entreverrons en la grant joye de *Paradis* ! Priez Dieu pour moy et je prieray pour vous. »

La veille de son exécution, l'ancien compagnon de la Pucelle sollicitera de ses juges la permission d'être mis à mort avant ses serviteurs. Afin de pouvoir exhorter ces derniers à mourir dignement et devenir « l'instrument de leur salvation en la *Jérusalem Céleste* ».

Curieux comportement de la part d'une bête d'extermination. Non ?

Le secret de Gilles de Rais

Le président du tribunal ecclésiastique qui obtient la condamnation à mort du châtelain de Tiffauges se nomme Jean de Malestroit. Un personnage douteux, corrompu. Il est évêque de Nantes. Il doit beaucoup d'argent à Gilles de Rais. Ses armoiries arborent une devise éloquente : *Non male stridet domus quae numerat nummos* (le bruit qui sort de la maison où l'on compte les écus n'est pas désagréable).

Il a reçu, pour condamner Gilles, l'aval de Jean V, duc de Bretagne (lequel rachète les propriétés du maréchal de France en sous-main, pour une bouchée de pain).

Les principaux témoins à charge appartiennent à l'entourage de Gilles : Henri Griart, dit *Henriet*, né vers 1414 à Paris (paroisse Saint-Jacques-de-la-Boucherie), Étienne Corillaut, dit *Poitou*, né à Pouzauges (diocèse de Luçon), Perrine Martin, dite *La Meffraye*, domiciliée à Nantes, près de l'hôtel de La Suze, Gilles de Sillé, Roger de Bricqueville, cousins de Gilles, et Eustache Blanchet, du diocèse de Saint-Lô, prêtre, pédéraste, recruteur de l'ineffable Prelati.

Perrine Martin, emprisonnée à l'écart de la tour Neuve où sont détenus les autres accusés, disparaît rapidement. Après le 15 octobre, on n'entend plus parler d'elle. Roland Villeneuve — *Gilles de Rais, une grande figure diabolique* (éditions Marabout) — note à propos de la disparition inopinée de La Meffraye : « On ne saurait trop regretter que les aveux de Perrine Martin ne nous soient pas parvenus (...). L'abbé Bossard suppose qu'un greffier a pu négliger sa déposition et ne pas la transcrire. Pour nous, La Meffraye a pu être exécutée avant de parler, se suicider dans la prison afin d'éviter la torture ou mourir de peur à l'idée qu'elle lui serait infligée. »

Henriet et Poitou furent pendus et brûlés ; « tellement, nous dit Jean Chartier, qu'ils devinrent pouldre ».

Sillé ne connut que l'exil.

Eustache Blanchet ne fut point inquiété. « Il est probable, souligne Michel Bataille, qu'il avait passé avec Malestroit ou le duc de Bretagne le marché de Judas : il reviendrait chez Gilles, le trahirait et le livrerait. En contrepartie, après l'avoir incarcéré pour sauver les apparences, on ménagerait sa tête. »

François Prelati fut oublié dans sa cellule. Heureusement,

Châteaux forts magiques de France

René d'Anjou vint l'en tirer. Pour faire du Florentin son alchimiste personnel [1].

Roger de Bricqueville obtint, quant à lui, des lettres de grâce du roi Charles VII. Il fut lavé de tout soupçon en mai 1446. Et Roland Villeneuve de s'interroger : « Comment Roger de Bricqueville parvint-il à se faire octroyer ce brevet de miséricorde royale ? Nous l'ignorons... »

Que les puristes nous passent l'expression, mais le procès de Gilles de Rais sent la « combine » à plein nez ! On n'exécute que les sous-fifres. Moins en raison de la gravité de leurs actes que pour les empêcher définitivement de parler. On élimine Henriet et Poitou (dont les aveux sont passablement identiques). On « suicide » Perrine Martin.

Tandis qu'on « oublie » les autres... Après avoir acheté leur collaboration.

Et Roland de Villeneuve — pourtant partisan de l'entière culpabilité de Gilles de Rais — de soulever le vrai problème : « Il (l'évêque de Nantes) ne saurait faire saisir un maréchal de France sans une raison valable, sur le seul témoignage de pauvres manants ou de petites gens dont les enfants ont disparu : ce serait s'exposer à l'hilarité de grands féodaux, du duc et des pairs du sire de Rais qui, certes, ne goûteraient pas cette mauvaise plaisanterie. »

Jean de Malestroit n'a agi qu'avec le consentement de puissants personnages désireux de mettre hors d'état de nuire le châtelain de Tiffauges. Il n'a probablement fait que leur obéir. En échange d'écus sonnants et trébuchants. Lui qui aime tant *le bruit qui sort de la maison où l'on compte les écus...* (sa peu évangélique devise).

Des personnages puissants qui agissent en coulisse. Qui tissent patiemment leur toile d'araignée. Qui frappent au moment opportun. Dépositaires — avec Gilles — d'un fabuleux secret.

---

1. Mêlé à une vilaine affaire, Prelati fut exécuté quelques années plus tard.

Un secret que le maréchal de France confiera — du moins en partie — à Pierre de l'Hospital, représentant la justice séculière (soutenue en la circonstance par Charles VII), lors d'une confession « hors la chambre » effectuée dans la matinée du 21 octobre.

Un secret capable de faire périr 10 000 hommes. C'est du moins l'avis du petit-fils de Jean de Craon : « Vrayment, il n'y avoit autre cause, fin, ni intencion que ce que je vous ay dit : je vous ay dit de plus grans choses que n'est cest cy, et assez pour faire mourir dix mille hommes. »

Le mystère de La Rochelle

Jeanne, Pucelle d'Orléans, fut condamnée au bûcher, parce que telle était la volonté de ses « voix ». Mais on lui permit néanmoins de s'échapper. Sa mission officielle achevée, il lui restait à accomplir une mission clandestine...

Gilles de Rais, maréchal de France, compagnon de la Pucelle, eut moins de chance. Sa mission officielle et sa mission clandestine terminées, il ne lui restait plus qu'à périr pendu au-dessus d'un bûcher, le 26 octobre 1440, et être inhumé en l'église des Carmes-de-Nantes. Après avoir prié « Monseigneur saint Jacques, pour qui il avait toujours eu une particulière dévotion » et Monseigneur saint Michel, afin « qu'au moment où son âme serait séparée de son corps il plût à Monseigneur saint Michel de la recevoir et de la présenter devant Dieu ».

Saint Jacques, patron des alchimistes, des pèlerins à l'étoile.

Saint Michel, patron des chevaliers du Temple. Protecteur du *cercle occulte* auquel appartient la Pucelle d'Orléans. Un cercle désireux de réaliser « l'unité des états chrétiens sous le contrôle des druides et des " Dames ", merveilleuse alliance des fraternités de saint François et des traditions celtiques, de l'ordre des Templiers de Saint-Bernard et Saint-Benoît

243

enracinés dans la terre mère, tous tournés vers un même idéal de foi et de connaissance [1]. »

Or Gilles de Rais n'est-il pas, pour Jeanne, l'un des compagnons de la première heure ? Gilles est présent à Chinon lors de l'arrivée de la Pucelle. C'est lui que la Pucelle choisit comme protecteur particulier dans les combats. Elle le préfère à Jean d'Aulon, Dunois, Poton de Xaintrailles, Étienne de Vignolles (dit La Hire), Jacques de Chabannes-La Palice, Jacques de Chabannes-Martin. Et Robert Ambelain de nous faire remarquer non sans humour : « Ni saint Michel Archange, ni sainte Catherine, ni sainte Marguerite ne viendront la déconseiller en ce choix étonnant. »

Aux côtés de Jeanne, Gilles de Rais est de tous les combats. Lorsque la Pucelle est faite prisonnière, il monte (avec La Hire) plusieurs expéditions pour la délivrer. Après la « mort » officielle de Jeanne, notre maréchal de France fait jouer *Le mystère du siège d'Orléans*, une pièce de 2 529 vers, interprétée par 140 personnages, sans compter les figurants, soit en gros plus de 600 personnes ! Sachons que chaque série de représentations du « Mystère » en l'honneur de la Pucelle coûte à Gilles — qui brade alors une à une ses riches possessions — la bagatelle de 80 000 écus d'or.

> « Aussy, moy, dame, ne doubtez ;
> Faire vueil ce qui vous plaira ;
> Mez alliez et depputez,
> Dame, sachez, tous y vendra
> Et vostre vouloir on fera
> Du tout en tout à vostre guise
> Et quand vouldrez on partira,
> Et faisant à vostre devise. »

Ces quelques vers — extraits du *Mystère du siège d'Orléans* — témoignent de la solidité des liens qui unissent la

---

1. Josianne Ducourau, article paru dans le n° 50 du magazine *l'Autre Monde.*

Pucelle au maréchal de France. Pour Jeanne, Gilles de Rais est prêt à tout vendre, tout brader, à partir sur un signe d'elle, à faire sienne sa devise...

Et ce ne sont pas là paroles en l'air, promesses fallacieuses, discours de circonstance.

Gilles vend vraiment tout. À bas prix. Comme un homme pressé. Il vend à Jean de Malestroit (qui le mènera au bûcher) ses belles terres de Prigné, de Vue et de Saint-Michel-de-Sénéché. À Hardouin de Bueil, ses seigneuries de Grate-cuisse et de Savenay. À Guillaume de Brussac, ses villes de Chabanais, Châteaumorand et Lombert. À Guy de La Roche-Guyon, ses châteaux de Maurière et de la Mothe-Achard...

Et il part. Avec Jeanne. Ex-Pucelle d'Orléans devenue — après sa captivité au château de Montrottier — Jeanne des Armoises.

Car Gilles a accueilli Jeanne des Armoises à Tiffauges (fin 1436, début 1437). Avant de la suivre en campagnes. Dans son *Histoire de Charles VII*, Vallet de Virville mentionne la présence, sur le sol poitevin, en juin 1439, de la Dame des Armoises (« capitaine de gens d'armes ») accompagnée de Gilles de Rais, maréchal de France. Et une lettre de rémission, libellée par Charles VII — le 29 juin 1441 — en faveur de Jehan de Siquenville, rapporte : « Charles, par la grâce de Dieu roy de France, scavoir faisons à tous présens et advenir, nous avoir reçu l'humble supplication de Jehan de Siquen-ville, escuier du pays de Gascoigne, contenant que, deux ans ou environ (donc durant le premier semestre 1439), *feu sire de Raitz*, en son vivant notre conseiller, chambellan et maréchal de France, sous lequel ledit suppliant estoit, dict à iceluy suppliant qu'il voulait aller au Mans, et qu'il voulait qu'il prît la charge et le gouvernement des gens de guerre qu'avait alors *une appelée Jehanne qui se disait Pucelle*, en promettant que, s'il prenait ledit Mans, il en serait capitaine. Lequel suppliant, pour obeir audict feu sire de Raitz, son maître (...) lui accorda et prit la charge un certain temps autour les pays de Poitou et d'Anjou. » (Trésors des Chartes, Archives nationales, J. 176.)

Jusqu'à la veille de son arrestation provoquée par l'évêque de Nantes (1440), Gilles de Rais soutient — logistiquement et financièrement — les expéditions de Jeanne des Armoises. Rien de plus normal. Ne partage-t-il pas avec cette dernière un secret capable de faire mourir dix mille hommes ?

Un secret aux allures de « séisme ». Dont l'épicentre se situe en plein port de La Rochelle, si l'on en croit la *Chronique de Don Alvaro de Luna* sur laquelle nous aurons l'occasion de revenir.

Louis Charpentier *(Les mystères templiers)* a montré l'importance que revêtait le port de La Rochelle pour l'ordre du Temple. Il a rappelé l'hypothèse de Jean de La Varende *(Les Gentilhommes)* : les Templiers exploitaient des mines d'argent en Amérique et tiraient de ce coffre-fort outre-Atlantique des ressources colossales, ce qui fit dire au bon peuple « qu'ils avaient de l'argent »...

Eugène Beauvois (*Les Templiers de l'Ancien Mexique*, Louvain, 1902) a reconstitué l'itinéraire suivi par les chevaliers du Temple (les « Tecpantlaques ») arrivés au Mexique, selon la chronique de Chimalpahin, à la fin du XIIIe siècle (ou au début du XIVe). Poursuivant les travaux de Beauvois et de Charpentier, Jacques de Mahieu (*Les Templiers en Amérique*, Robert Laffont) a recensé une foule d'indices illustrant l'implantation templière outre-Atlantique et la persistance, bien après la chute du Temple en Europe, de l'influence des « Tecpantlaques » chez les peuples du Nouveau Monde. Jacques de Mahieu a fait également état des « légendes » en vigueur chez les Xochimilques, les Mizquiques, les Cuitlahuaques, selon lesquelles reviendraient un jour des hommes blancs naviguant dans une « colline de bois »...

Nous renvoyons le lecteur aux ouvrages des auteurs que nous venons de citer. En rappelant que la veille de l'arrestation des Templiers français (octobre 1307), la flotte ancrée dans le port de La Rochelle disparut comme par enchantement. Elle ne rejoignit pas le Portugal. On ne la revit jamais.

Le château de Xaintrailles

En octobre 1436, la Pucelle d'Orléans épouse Robert des Armoises. Elle s'installe avec ce dernier à Metz, « en la maison dudit sire Robert, qu'il avait devant Sainte-Ségoleine », nous dit le doyen de Saint-Thibaud.

Peu après, Jeanne gagne Tiffauges [1]. Elle séjourne chez son ami Gilles de Rais. À la tête d'une armée de 400 hommes, la Pucelle assiège bientôt Blaye, Bordeaux, puis Bayonne.

Mentionnons qu'en 1437, Poton de Xaintrailles fait partie du Conseil du Roi. Il vient d'épouser Catherine Bréchet de Salignac. Charles VII le nomme sénéchal de Limousin. Poton contribue à la reconquête du Bordelais. Là encore le hasard fait bien les choses. Poton de Xaintrailles n'est-il pas un ancien compagnon d'armes de Jeanne ? Ne connaît-il pas la Pucelle depuis Chinon ?

En service commandé dans le Sud-Ouest, Poton n'a pas dû s'abstenir de séjourner, à quelques reprises, au château de ses ancêtres. Il a pu également y inviter Jeanne...

Le château de Xaintrailles est porté par un éperon calcaire de 198 mètres de haut (l'une des plus importantes collines de l'Agenais) et domine la vaste forêt des Landes qui descend doucement vers la mer. Son donjon remonte au XIIIe siècle (si l'on en croit les fondements qui subsistent de nos jours). Construction rectangulaire de 7 mètres sur 10 mètres, le donjon ne comporte au rez-de-chaussée qu'une salle étroite servant probablement de dépôt de munitions. Les trois étages supérieurs abritent chacun une chambre non voûtée percée d'archères en croix et de fenêtres à meneaux. L'escalier à vis

---

1. Pierre de Sermoise, *Les missions secrètes de Jehanne la Pucelle*, chapitre VII.

desservant les chambres débute au premier étage et est lové dans une tourelle carrée greffée sur la face nord du donjon.

Ceint d'un fossé, muni d'une porte charretière et d'une poterne précédées par un pont-levis, le château de Xaintrailles est protégé par deux tours carrées que relie un souterrain (servant aujourd'hui de cave).

Le corps de logis occupant le côté sud de la cour comporte trois niveaux (XVe siècle). Celui de l'aile nord n'en comporte que deux ; il est couvert d'une haute toiture.

La grande salle du côté nord occupe tout le rez-de-chaussée. Elle s'ouvre sur la cour par des baies (au linteau cintré). Elle communique, à l'est, avec la chambre seigneuriale qu'occupe Poton chaque fois qu'il séjourne au château.

En 1461, le château de Xaintrailles devient la propriété des Lamothe-Chamborel. En 1582, il appartient aux Montesquiou. Avant de passer à la famille de Lau. Puis aux Lusignan. Il arbore alors, au-dessus de sa porte d'entrée, les armes des descendants de Mélusine surmontées de la fée-serpent et de la couronne de Marquis.

L'invincible Armada

Nommé maréchal de France, puis sénéchal de Guyenne, Poton de Xaintrailles meurt au château Trompette en 1461. Peu après Charles VII.

Soit plus de vingt ans après Gilles de Rais.

Poton a-t-il connu l'épisode de La Rochelle ? A-t-il servi d'intermédiaire entre Jeanne et Charles VII ? A-t-il été seulement contacté par la Dame des Armoises durant son séjour dans le Sud-Ouest ?

Difficile de répondre...

Une chose est sûre : le maréchal de Rais paya de sa vie son soutien inconditionnel à la Pucelle d'Orléans.

La *Chronique de Don Alvaro de Luna,* connétable de Castille, révèle qu'entre 1436 et 1437 : « La Pucelle de France étant auprès de La Rochelle, il se passa un fait de grande importance.

« Elle écrivit au roi (d'Espagne) et lui envoya son ambassadeur, avec ceux que le roi (de France) expédia d'autre part, le suppliant de lui envoyer quelques navires de l'Armada, comme sa seigneurie était tenue de le faire conformément à la Confédération qu'il y avait entre sa seigneurie et le roi de France »...

La curieuse requête de Jeanne ne demeura point lettre morte. En retour, « le connétable qui gouvernait, avec le roi son seigneur, et par son ordre, décida immédiatement d'envoyer à la Pucelle une flotte telle qu'elle secourut bien le roi de France, et qu'elle put complaire à son service.

« Il fit équiper vingt-cinq navires et quinze caravelles, les meilleures qu'on put trouver, et armées de la meilleure manière (...) et, comme la flotte était prête, les ambassadeurs s'en allèrent de la cour du roi contents et joyeux. »

Que se passa-t-il ensuite ?

Aucun engagement n'eut lieu, avec ces 40 bâtiments de l'Armada, du côté de La Rochelle.

Les 25 navires et 15 caravelles quittèrent-ils seulement l'Espagne ? L'initiative (personnelle ?) de Jeanne fut-elle désavouée par le *cercle occulte* qui avait jusque-là soutenu la Pucelle ?

La Dame des Armoises souhaitait-elle récupérer les mines d'argent mexicaines qu'exploitaient jadis les Templiers ? Aider Charles VII, avec ce précieux métal, à relever la France des ruines de la guerre ?

De 1437 à 1439, Jeanne des Armoises est occupée à guerroyer. Elle ne participe donc à aucune expédition maritime. Officiellement brûlée à Rouen, la Pucelle dispose d'une marge de manœuvre plutôt réduite. Elle sait — pour l'avoir expérimenté — que Charles VII ne se montre pas spécialement reconnaissant et généreux envers ses alliés. Elle ne peut compter que sur Xaintrailles (qui tient à demeurer bien en cour) et Gilles de Rais.

Éliminer Gilles, c'est obliger la Pucelle de France à n'être plus que l'épouse de Robert des Armoises. C'est la rendre inoffensive. Pour de bon.

Gilles est exécuté [1]. En octobre 1430. Peu de temps avant la mort du maréchal de France, Charles VII dépêche Pierre de l'Hospital pour une ultime confession « hors la chambre ». Gilles a beau dire ce qu'il sait, rappeler que son secret vaut la vie de 10 000 hommes [2], ses confidences ne sauraient remplacer les archives templières qui, au dernier moment, ont fait défaut à Jeanne. Ses indications n'ont pas valeur de *cartes nautiques.* Peut-être même sont-elles inférieures aux explications codées des graffiti de Chinon...

Et si Charles VII, déçu de n'avoir pu disposer comme il l'entendait des caravelles espagnoles, est à l'origine du procès « diplomatique » de Gilles (pour tenter de forcer la main de la Dame des Armoises ?), son échec n'en est que plus cuisant. Jeanne ne sera jamais en mesure de lui ouvrir la route du Mexique. Ceux qui ont fait couronner Charles à Reims ne tiennent plus à servir les intérêts d'un souverain qui, à peine le but atteint, s'empresse d'oublier ses promesses.

Les mines d'argent découvertes par les « Tecpantlaques » échappent à la couronne de France. Jeanne des Armoises s'éteint paisiblement au cours de l'été 1449. Un demi-siècle plus tard, Christophe Colomb — qui a séjourné à La Rochelle et consulté les archives templières de Calatrava — se lance à la découverte de l'Amérique avec le succès que l'on sait.

Gilles de Rais n'en finit pas de comparaître devant le tribunal de l'Histoire et de faire parler de lui.

Dans les années 1961-1966, des fouilles furent perpétrées au château de Tiffauges par de jeunes délinquants, puis des

---

1. Après avoir « avoué ses crimes » pour que Jeanne, au terme d'un odieux marché, ne soit point inquiétée ?
2. Des conflits ont éclaté pour des causes moins substantielles...

équipes de scouts, sous la direction de Marcel Brosset, le dynamique guide du château. Lors des opérations de dégagement de la crypte et de la chapelle romane, plusieurs sépultures furent mises au jour. L'une d'elles, dépourvue d'inscriptions, arborait une immense croix templière.

XIV

GRANDEUR ET MYSTÈRE
DE LA CHEVALERIE

Égrégore et castellologie

L'apparence massive et statique des forteresses médiévales
ne saurait faire oublier que les pierres ont une âme.

Les murailles que nous venons d'observer ensemble, les
ruines que nous venons de visiter sont des écrins de l'histoire.
Et chacun de ces écrins renferme un joyau identique,
permanent et suprasensible : l'égrégore chevaleresque.

Bien qu'au cours des siècles de très nombreux ouvrages lui
aient été consacrés, la chevalerie est encore mal connue. On a
tendance à confondre chevalerie mystique et chevalerie
profane, à n'évoquer que l'aspect militaire, la fonction
sociale, l'éthique de la chevalerie, à ne s'étendre que sur ses
péripéties médiévales. Ainsi la chevalerie se trouve-t-elle
réduite à quelques faits anecdotiques de l'histoire de l'humanité.

Pour nous en convaincre, examinons les thèses profanes
des origines chevaleresques.

Des débuts controversés

Se basant sur un texte de Tacite (*Germania* XIII) relatant un rite par lequel l'adolescent d'une tribu germanique devenait un guerrier, des historiens n'ont pas hésité à attribuer à la chevalerie une origine germanique.

Pierre Honoré de Sainte-Marie — *Dissertations historiques et critiques sur la chevalerie ancienne et moderne*, 1718 — croit reconnaître dans le fait chevaleresque un vestige de l'ancien ordre équestre des Romains.

Aldabert de Beaumont — *Recherches sur l'origine du blason et en particulier de la fleur de lys*, 1853 — soutient que les Arabes ont donné aux croisés l'idée chevaleresque.

Mais pour nombre d'historiens, la chevalerie est née de la conjonction des coutumes de la classe des guerriers francs et de l'influence de l'Église. Le chevalier est issu de la classe des nobles ; il a reçu la consécration guerrière (colée, remise de l'épée) et la consécration religieuse (exposition de l'épée sur l'autel et sa bénédiction). L'Église n'a-t-elle pas tenté, à de multiples reprises, d'édicter un code chevaleresque formé de préceptes moraux, religieux et sociaux ?

Toutes ces thèses contiennent des éléments intéressants mais réduisent la chevalerie à une institution féodale ayant reçu l'aval de l'Église. Elles écartent les chevaleries antiques et n'expliquent pas les références mystiques qui dominent la chevalerie : le Graal, le Saint-Esprit, le Temple, la Table Ronde, saint Michel, saint Jean.

Un auteur contemporain, Paul Arfeuilles (*L'épopée chevaleresque*, Bordas, 1972), résume bien le problème en écrivant : « Misérable reste donc toute l'histoire de la chevalerie qui, après l'avoir fait surgir d'une ténébreuse barbarie germanique, miraculeusement domptée par l'eau bénite, la contraint à disparaître tout aussi mystérieusement en une restriction aux formes purement extérieures sans même apercevoir le schéma philosophique qui se cache derrière et qui déchire le voile historique... n'y a-t-il pas lieu, en effet, de retrouver enfin l'Évangile intemporel de cette religion de l'action pieuse, avant de s'étonner de l'étroite parenté qui existe entre la saisie des grands thèmes religieux dans les croyances et les dogmes d'une part et d'autre part, les références mystiques qui dominent toute la chevalerie ? »

L'une des clefs de la chevalerie réside peut-être dans le symbolisme du cheval.

Guide et intercesseur

Dans nombre de traditions antiques, le cheval, familier des ténèbres, est un animal clairvoyant. Ainsi le voit-on exercer des fonctions de guide et d'intercesseur pour ceux qui sont amenés à pénétrer dans l'au-delà. C'est pourquoi, au cours d'innombrables rites primitifs, on sacrifie les chevaux des défunts.

À cause de son pouvoir de clairvoyance et sa connaissance de l'autre monde, le cheval joue un rôle privilégié dans les cérémonies magiques où bon nombre d'instruments (tambour en peau de cheval, canne à tête de cheval) évoquent son action.

L'affinité du cheval et des eaux est clairement soulignée par les nombreuses légendes qui accordent aux chevaux le pouvoir de faire jaillir des sources sous leurs sabots (Pégase crée ainsi la source Hippocrène). Lesquelles sources, soulignons-le, passent pour favoriser l'inspiration poétique et éveiller les facultés supranormales.

Ce sont des chevaux qui tirent les chars d'Apollon, de Mithra et d'Élie. C'est pourquoi le cheval est coursier solaire lorsqu'il ne s'identifie pas à la lumière (Asha dans la tradition hindoue). Il n'est donc pas étonnant de voir dans l'Apocalypse le Christ, « Soleil de justice », chevaucher un cheval blanc.

Platon nous relate (le Timée et le Critias) que Poséidon,

fondateur de l'Atlantide, avait pour attribut le cheval (son char possédait six chevaux ailés).

Le cheval apparaît donc comme le symbole de la tradition, laquelle est d'origine divine. D'ailleurs, le mot cheval vient du latin *caballus* qui s'associe, selon le langage des oiseaux, à cabale (tradition) et à abkal (mot maya désignant le vase sacré, le Graal).

Tradition, religion, initiation et chevalerie sont des termes synonymes désignant une seule et même réalité. C'est pourquoi l'histoire de la chevalerie se confond avec celle de la tradition. Nous retrouvons cette identité dans le combat d'Horus contre Seth, dans les Gathas de Zoroastre, dans les écrits des Esséniens, dans la mythologie celtique, dans le Johannisme, dans le Fotowwat islamique et dans l'ordre du Temple.

Le véritable esprit chevaleresque

Un des maux dont souffre le langage contemporain (écrit ou parlé) réside dans le manque de précision du vocabulaire utilisé pour traduire nos idées et nos sentiments. Les mots sont rarement usités dans leur véritable sens. Voilà pourquoi, de nos jours, l'esprit chevaleresque est confondu avec le fair-play du sportif, l'héroïsme du sauveteur, le dévouement du médecin, la courtoisie de l'homme du monde, la générosité du mécène. Certes, l'esprit chevaleresque se manifeste par un certain nombre de qualités : le courage, la volonté, l'honneur, le respect des engagements, la défense de la justice, la protection accordée aux faibles, la fidélité, la courtoisie et la foi. Mais la chevalerie est plus que l'accumulation de ces qualités. Elle est la présence terrestre et militante de la tradition. Étant au service de l'Esprit, la chevalerie a pour mission de favoriser l'évolution spirituelle de l'humanité. Elle est un agent de transmutation spirituelle.

Présence terrestre de la religion de l'Esprit, reflet de la

milice célestielle, la chevalerie est souveraine et se situe au-delà des querelles qui agitent les profanes. Fondée sur la loi d'amour, le primat du combat spirituel, elle est une école de justice, de valeur et de liberté.

Les manifestations médiévales de la chevalerie

En Occident, durant tout le Moyen Âge, l'ésotérisme, le seul vrai support d'une chevalerie authentique, ne cesse de se manifester. Sans cesse, il se heurte à l'autoritarisme romain plus soucieux de valeurs matérielles que de spiritualité.

Puisant ses racines dans l'ésotérisme chrétien et les disciplines traditionnelles, la pensée occulte produit des manifestations nombreuses mais d'inégale valeur.

Les chansons de geste vivifient l'esprit d'aventure, c'est-à-dire de vaillance. Elles mettent en relief les exploits guerriers des ancêtres (Charlemagne, Roland, Olivier) présentés comme les défenseurs de la chrétienté.

Puis une vague lyrique déferle sur l'Occident. Troubadours et ménestrels célèbrent l'amour courtois. À partir des cours d'amour d'Éléonor d'Aquitaine, de la comtesse des Flandres, de Marie de Champagne, d'Ermènegilde de Narbonne, de Stéphanette des Baux, d'Odalasie d'Avignon, se diffuse un esprit de tolérance qui célèbre le beau, le légendaire, l'amour.

S'inspirant de l'*Historia Regum Britanniae* de Geoffroy de Monmouth (1137) — qui relate les légendes celtiques gravitant autour du roi Arthur — naît le cycle littéraire du Graal. Tour à tour, Chrétien de Troyes, Robert de Boron, Gauthier Map, Wolfram von Eschenbach mettent en lumière l'esprit mystique que doit revêtir la chevalerie : leurs œuvres ont bientôt valeur d'Évangiles.

Il est donné à Jean de Meung et Guillaume de Lorris (le *Roman de la Rose*) ainsi qu'à Dante (la *Divine Comédie*) de définir la dimension spirituelle de la milice du Christ.

Par ailleurs, on voit se créer et se multiplier les corporations de métiers (les ancêtres du compagnonnage actuel). Détenant non seulement la connaissance des techniques, mais aussi celle des arcanes de la géométrie sacrée, ces corporations sont chargées de la construction des édifices religieux et des châteaux forts. Par leur intermédiaire, les idées symbolisées par les nombres deviennent des réalités matérielles.

Vivifiée par les apports arabes et byzantins, l'alchimie occidentale connaît une vogue extraordinaire. Albert le Grand, Thomas d'Aquin, Roger Bacon, Arnauld de Ville-neuve, Raymond Lulle, Jean de Meung, Petrus Bonus, Jean de Roquetaille, Orthulain, Nicolas Flamel, Jehan de La Fon-teine, Isaac le Hollandais, Bernard le Trévisan, Eck de Sulzbach, Ripley, Norton, Basile Valentin figurent parmi les plus célèbres philosophes par le feu. Et l'alchimie s'inscrit dans les vitraux, les sculptures des cathédrales et des palais, dans les préoccupations des ordres de chevalerie.

Transitant par l'Espagne, la Kabbale se répand en Occi-dent. L'apparition du *Sepher Ha Zohar* (le livre de la splendeur) coïncide avec la multiplication des centres kabba-listiques (Montpellier, Rouen, Troyes, Paris).

Se réclamant du johannisme et du manichéisme, le catha-risme professe que le monde est le royaume de Satan et invite ses adeptes à se libérer de ses frontières desséchantes pour accéder au royaume de lumière.

Né au IVe siècle, en réaction contre l'appauvrissement qualitatif du christianisme, le monarchisme connaît un prodigieux essor en Occident. À côté des ordres anciens (bénédictin, augustinien) qui se reforment pour retrouver leur pureté primitive, d'autres naissent : les citeaux, les carmes, les chartreux, les franciscains, les prémontrés...

Ces ordres véhiculent une partie des enseignements tradi-tionnels du christianisme et de la sagesse antique.

Il est certes de bon ton, parmi nos exégètes contemporains se réclamant du catholicisme, d'ignorer ou de feindre d'igno-rer que saint Bernard a transmis la tradition celtique, que saint Benoît a poursuivi celle des Pères du désert, que saint François d'Assise a été marqué par le catharisme, pourtant les faits parlent d'eux-mêmes.

Mais c'est surtout dans l'ordre du Temple, créé, nous l'avons vu, le 27 décembre 1118 à Jérusalem, que va s'incarner la chevalerie. Couverture d'un centre initiatique chargé de perpétuer la véritable tradition et la véritable religion, l'ordre du Temple remplira, en outre, une importante fonction économique et sociale. On comprend sans peine que sa destruction, réalisée par l'alliance d'un pouvoir étatique injuste et d'une religion ayant perdu son âme, sera ressentie douloureusement par certains hommes d'honneur. D'où la naissance d'ordres chevaleresques (de l'Étoile, de Saint-Michel, de la Toison d'or) cherchant à combler le vide spirituel laissé par la disparition des Templiers.

Mais une question se pose : la chevalerie est-elle morte vers la fin du Moyen Âge, tandis que les châteaux forts (dont elle était l'âme) perdaient leur importance ?

Disons plutôt qu'elle s'est endormie...

Et de vieilles pierres abritent son sommeil.

Ces mêmes pierres que d'aucuns, en sacrifiant allègrement week-ends ou vacances scolaires, s'efforcent aujourd'hui de relever et de préserver. En même temps que la solution des graves problèmes que rencontre notre monde contemporain passe, pour d'autres, par une résurgence de la chevalerie authentique. Citons Paul Arfeuilles : « La mission du paladin de Dieu, grandi par sa lutte désespérée contre les moulins à vent de la bêtise triomphante, s'inscrit au cœur de l'assomption d'une humanité que la médiocrité matérialiste, les idéologies étriquées et le feu d'artifice technique détournent de la voie royale de son devenir spirituel. »

CONCLUSION

Les châteaux forts sont des témoins du passé. Non seulement parce que l'étude de leurs structures permet de mieux se représenter la vie seigneuriale mais — surtout — parce qu'ils ont servi de cadre à d'innombrables événements.

Chinon a vu les Templiers emprisonnés, la rencontre de Jeanne d'Arc et de Charles VII. Loches a été marqué par Foulques Nerra, Agnès Sorel et Louis XI. Angers et Tarascon ont servi de résidences au roi René. Falaise, Arques, Chambois, Caen, marquent la puissance des ducs de Normandie, rois d'Angleterre et rivaux des rois de France. Château-Gaillard symbolise la lutte de Philippe Auguste contre Richard Cœur de Lion et Jean sans Terre. Fougères, Vitré, Nantes, sont les œuvres des ducs de Bretagne. Vincennes, château royal, nous rappelle Saint Louis, Jean le Bon, Philippe VI, Charles V (dit le Sage), avant de servir de cadre à l'exécution du duc d'Enghien. Avignon, dont Froissart écrivait : « C'est la plus belle et la plus forte maison qui soit au monde », évoque la présence des papes. Le catharisme qui se confondit un moment avec l'indépendance méridionale, a fait des châteaux de Montségur, de Quéribus, de Roquefixade, de Foix, de Lastours, de Lordat ses sanctuaires et ses derniers réduits. Si La Brède a été la demeure de Montesquieu, Combourg a vu se dérouler la prime adolescence de Chateaubriand. Et nous pourrions multiplier les exemples !

Une chose est sûre : ce sont les châteaux forts qui ont fait la commune, la région et la France. Il importe donc que ces châteaux soient conservés...

Vouloir conserver le passé est un souci récent et bon nombre de nos contemporains ne le partagent pas encore. Nous en voulons pour preuve les déprédations de toute sorte qui sont apportées aux pierres de l'histoire. Ce n'est qu'au XIXe siècle que l'idée de préserver les vestiges du passé a pris corps. En 1830 fut créé le poste d'inspecteur général des monuments historiques, confié d'abord à Viret puis à Prosper Mérimée. Dès lors, la doctrine des monuments historiques n'a cessé d'osciller, au gré de leurs ressources financières, entre deux tendances : préserver l'intérêt archéologique par des travaux de pure conservation ou reconstituer le monument. Signalons, en ce domaine, l'œuvre accomplie par Viollet-le-Duc pour qui restauration signifiait remise en l'état originel. L'exemple de Pierrefonds en est la brillante illustration. Certes, notre architecte a parfois laissé courir son imagination, mais son travail n'en demeure pas moins exemplaire : combien de monuments a-t-il sauvés d'une mort certaine ?

La France compte aujourd'hui plusieurs milliers de châteaux forts. Les uns ont gardé toute leur splendeur, les autres — trop nombreux hélas ! — ne sont plus que des ruines. Mais il semble que les paysages de nos provinces ne seraient pas ce qu'ils sont sans leurs murailles parfaitement intégrées aux cadres naturels. Les tours de Merle s'allient au Limousin sauvage, les châteaux de Lastours aux gorges de l'Orbiel, Bonaguil au Périgord, Sully, Beaugency, Langeais au Val-de-Loire, Pierrepertuse (citadelle aérienne) aux contreforts pyrénéens.

Un beau sujet de méditation pour nos modernes constructeurs.

Autour des châteaux forts vient se cristalliser l'imaginaire. De nombreuses forteresses sont censées abriter des trésors (Gisors, Falaise, Arginy, Montfort-sur-Argens...).

Au fil du temps, l'imagination populaire et la littérature

romantique ont peuplé les escaliers et les salles médiévales de spectres et autres dames blanches. Marguerite de Bourgogne hante les ruines de Château-Gaillard ; le Chevalier à la jambe de bois et son chat errent dans Combourg.

Trécesson, près de l'antique forêt de Brocéliande (aujourd'hui forêt de Paimpont) est un lieu enchanteur : c'est la porte qui donne accès au royaume de Merlin. La fée Mélusine, grande constructrice de châteaux, est présente à Fougères et à Vouvans. Tiffauges — que Gustave Flaubert qualifie de « château fantôme, muet, abandonné, maudit, plein de souvenances farouches » — reste à jamais marqué par la magie de Gilles de Rais.

Durant des siècles, nos châteaux forts ont accumulé autour d'eux rêves et légendes. Ils sont devenus, selon l'heureuse expression de Henri-Paul Eydoux, des mondes perdus où la limite entre la réalité et le rêve semble insaisissable. En eux l'histoire et la magie se confondent.

BIBLIOGRAPHIE

ALLEAU R. : *Énigmes et symboles du mont Saint-Michel*, Julliard, 1970. *De la nature des symboles*, Flammarion, 1958.

AMBELAIN R. : *Drames et secrets de l'histoire*, Robert Laffont, 1980.

ARFEUILLES P. : *L'épopée chevaleresque*, Bordas, 1972.

AUDOIN Ph. : *Bourges, cité première*, Julliard, 1972.

AYWLES RP J.B. : *L'université de Paris au temps de Jeanne d'Arc*, Paris, 1902.

BAILLY A. : *La guerre de Cent Ans*, Fayard, 1941.

BANCAL J. : *Jeanne d'Arc, princesse royale*, Robert Laffont, 1971.

BARANTE G. de : *Histoire des ducs de Bourgogne*, Paris.

BARBIER P. : *La France féodale*, t. I, *Châteaux forts et églises fortifiées*, Saint-Brieuc, 1968.

BATFROI S. : *Alchimie et révélation chrétienne*, Trédaniel, 1976. *Alchimiques métamorphoses du mercure universel*, Trédaniel, 1977.

BÉLIARD O. : *Sorciers, rêveurs et démoniaques*, Stock, 1981.

BELMONT N. : *Mythes et croyances de l'ancienne France*, Flammarion, 1973.

BLOCH M. : *La société féodale*, Albin Michel, 1968.

BOINET A. : *Le château de Pierrefonds*, Laurens, Paris, 1930.

BOSSARD E. : *Gilles de Rais*, H. Champion, 1886.

BOURQUELOT F. : *Histoire de Provins*, Le Beau, Paris, 1839-1840.

BRUAND Y. : « Le château de Gisors », *Bulletin monumental*, vol. 116.

BUET C. : *Les ducs de Savoie aux XVᵉ et XVIᵉ siècles*, Tours, 1878.

CALMETTE J. : *La France au Moyen Âge*, « Que sais-je ? » (1969), P.U.F., 1955. *Les grands ducs de Bourgogne*, Albin Michel, 1949.

CARON : *Jeanne d'Arc au Crotoy*, s.d.

CANSELIET E. : *Alchimie*, Pauvert, 1964. *L'alchimie expliquée sur ses textes classiques*, Pauvert, 1972. *Deux logis alchimiques*, Pauvert, 1979.

CAUMONT A. : *Abécédaire ou rudiments d'archéologie*, Le Banc Hardel, 1869.

CAZE P. : *La vérité sur Jeanne d'Arc ou éclaircissements sur ses origines*, 1819.

CHARPENTIER J. : *La cathédrale de Chartres*, Robert Laffont, 1966. *La France des lieux et des demeures alchimiques*, Retz, 1980. *Les mystères templiers*, Robert Laffont, Paris, 1967.

Châteaux forts magiques de France

CHATELAIN A. : *Architecture militaire médiévale, principes élémentaires*, Paris, 1970. *Châteaux et guerriers de la France du Moyen Âge*, t. II, Publitotal, 1981.

CHEVALIER J. et GHEERBRANT A. : *Dictionnaire des symboles*, Seghers, 1974.

CHIROL E. : *Jeanne d'Arc et le donjon du château de Rouen*, Lecerf, 1964.

DALMATIE duc de : *Le Plessis-Bourré*, Barry, 1965.

DESCHAMPS P. : *Les châteaux des croisés en Terre Sainte*, Paris, 1939. *Terre Sainte romane*, Zodiaque, 1964.

DUCOLOMBIER P. : *Les châteaux de France*, Fayard, 1960.

DUNKERLEY R. : *Le Christ*, Collection « Idées », Gallimard, 1962.

ÉLIADE M. : *Traité d'histoire des religions*, Payot, 1979.

ENAUD F. : *Les châteaux forts en France*, Paris, 1958. *Le château de Coucy*, 1961.

ENLART C. : *Manuel d'archéologie française*, Picard, 1928-1932.

ERLANGER Ph. : *Charles VII et son mystère*, Le livre de Poche, 1969.

EYDOUX H.-P. : *Cités mortes et lieux maudits de France*, Plon, 1959. *Châteaux fantastiques*, 1969.

FINO J.-F. : *Forteresses de la France médiévale*, Picard, 1967.

FOURNIER G. : *Le château dans la France médiévale*, Paris, 1978.

FORCEVILLE P. de : *Sainte Colette-de-Corbie*, Picard, 1958.

FROISSART : *La guerre de Cent Ans*, U.G.E., 1964.

FULCANELLI : *Le mystère des cathédrales*, Pauvert, 1964. *Les demeures philoso-phales*, Pauvert, 1965.

GÉBELIN : *Les châteaux de France*, P.U.F., 1962.

GILLOT : *Le château de Fougères*, 1949.

Guide de la France mystérieuse, Tchou, 1964.

GUILLOT R.P. : *Le défi cathare*, Laffont, 1975.

HADES : *Les mystères du zodiaque*, Albin Michel, 1973.

HANI : *Le symbolisme du temple chrétien*, La Colombe, 1962.

HÉLIOT : « Les châteaux forts en France du Xᵉ au XIIᵉ siècle », *Journal des savants*, 1965.

HUTIN S. : *L'alchimie*, « Que sais-je ? » P.U.F.

HUTIN S. et CARON M. : *Les alchimistes*, Le Seuil, 1959.

HUTIN S. : *Histoire de l'alchimie*, Marabout, 1971. *La vie quotidienne des alchimistes au Moyen Âge*, Hachette, 1977. *Histoire de l'astrologie*, Marabout, 1970.

JACOBY J. : *Scènes de la vie de Jeanne d'Arc*, Mercure de France, 1942.

KENDALL : *Louis XI*, Le livre de Poche, 1977.

LABOURASSE : *Vouthon et ses seigneurs*, Bar-le-Duc, 1890.

LEFÈVRE-PONTALIS : *La fausse Jeanne d'Arc*, Paris-Orléans, 1895.

LEMERCIER MORIÈRE : *La famille des Armoises*, Nancy, 1881.

LEVRON J. : *Le château fort et la vie au Moyen Âge*, Fayard, 1963.

LUCE S. : *Jeanne d'Arc à Domrémy*, Paris, 1887.

MÉRIMÉE P. et LENOIR P. : *Architecture militaire du Moyen Âge*, Paris, 1849.

MICHEL A. et CLÉBERT J.-P. : *Histoire et guide de la France secrète*, Planète, 1968.

MOTEY vicomte du : *Jeanne d'Arc à Chinon*, Champion, 1927. *Jeanne d'Arc à Vaucouleurs*, Alençon, 1929.

Bibliographie

NELLI R. : *Les cathares*, Marabout, 1981. *Écritures cathares*, Planète, 1968. *La vie quotidienne des cathares languedociens au XIII* siècle*, Hachette, 1969.

NIEL F. : *Montségur, temple et forteresse des cathares d'Occitanie*, Allier, 1967.

PERNOUD R. : *Jeanne d'Arc*, Seuil, 1959.

PILLEMENT G. : *La France inconnue*, Grasset, 1955.

PONS M. : *Bonaguil, château de rêve*, Privat, 1966.

POUS A. de : Le peyrepertuse et ses châteaux, *Bulletin monumental*, 1939. *Le pays et la vicomté féodale de Fenollède*, 1973.

RAHM O. : *La croisade contre le Graal*, Paris, 1934.

RICHEMOND L. de : *La Rochelle au temps de Charles VII*, 1878.

RITTER R. : *L'architecture militaire du Moyen Âge*, Fayard, 1974.

ROCOLLE : *2 000 ans de fortifications françaises*, Paris, 1973.

SALCH C. : *Atlas des châteaux forts en France*, Publitotal, 1977. *Les plus beaux châteaux de France*, Publitotal, 1978. *Dictionnaire des châteaux et des fortifications du Moyen Âge*, Publitotal, 1978.

SÈDE G. de : *Les templiers sont parmi nous*, Julliard. *Le trésor cathare*, Julliard, 1966.

SÉRAND J. : *Le château de Montrottier*, Annecy, 1942.

SERMOISE P. de : *Les missions secrètes de Jehanne la Pucelle*, Robert Laffont, 1970.

VILLEFOSSE H. de : *Histoire de Paris*, Le livre de Poche, 1971.

VILLENEUVE R. : *Gilles de Rais*, Denoël, 1955.

VINCENT H. : *La maison des Armoises*, Menu, 1877.

VIOLLET-le-DUC : *Histoire d'une forteresse*, Paris, 1874. *Dictionnaire raisonné de l'architecture française du XI* au XVI* siècle*, Bance, 1858-1875.

REVUES

Archéologia
Bulletin monumental
Cahiers archéologiques
Château-Gaillard
Historia
L'Histoire
Histoire pour tous
Le miroir de l'histoire

TABLE DES MATIÈRES

ACHEVÉ D'IMPRIMER
LE 14 MAI 1982
SUR LES PRESSES DE
L'IMPRIMERIE HÉRISSEY
À ÉVREUX (EURE)
POUR LES ÉDITIONS
ROBERT LAFFONT

Nº d'Éditeur : M 710
Nº d'Imprimeur : 29761
Dépôt légal : juin 1982
Imprimé en France